Der Alten Teütſhen

Opfer vnd Gottes-dienſt.

Opferplatz und Heiligtum
Kult der Vorzeit in Norddeutschland

Veröffentlichungen des Helms-Museums
Hamburger Museum für Archäologie und die
Geschichte Harburgs
Nr. 86
Herausgegeben von Ralf Busch

Begleitschrift zu einer Ausstellung in
Hamburg-Harburg, Helms-Museum
2. Juni 2000 bis 8. Oktober 2000
Frankfurt am Main, Museum für Vor- und Frühgeschichte
11. November 2000 bis 18. Februar 2001

ISBN 3-529-02010-9

Redaktion: Henrike Lohstroh
Abbildungen: R. Busch, T. Capelle, T. Daly, K. Elle,
K. Grote, M. A. Hampshire, F. Laux, M. Merkel, S. Pigyott,
E. Sánchez, W. Spitta, J. Reichstein, I. Simon, J. Vaross,
Leihgeber und Autoren
Kartengrundlagen: Christoph Morgenstern
Vor- und Nachsatz: Kupferstich von M. Merian aus
Ph. Clüver, Germaniae antiquae libri tres, 1616

Wachholtz Verlag Neumünster 2000
ISBN 3-529-02010-9

Opferplatz und Heiligtum
Kult der Vorzeit in Norddeutschland

Ralf Busch
Torsten Capelle
Friedrich Laux

mit Beiträgen weiterer Autoren

Wachholtz Verlag Neumünster 2000

Autoren

R. B.	Ralf Busch
T. C.	Torsten Capelle
K. D.	Klaus Düwel
S. F.	Stefan Flindt
K. G.	Klaus Grote
H. K.	Horst Keiling
R. K.	Rainer Kossian
F. L.	Friedrich Laux
P. P.	Peter Pieper

Blick aus der Steinkirche in Scharzfeld

Inhalt

Carl Larsson, Wandgemälde in Göteborg (1911–1915) mit der Darstellung einer Opferszene eines Königs in Alt-Uppsala; Beispiel für die Rezeption heidnischer Sitten in der Kunst des 20. Jahrhunderts

1. Einführung

Von Ralf Busch

> „Von den Göttern verehren sie am meisten
> den Merkur / Wodan; sie halten es für gebo-
> ten, ihm an bestimmten Tagen auch Men-
> schenopfer darzubringen. Herkules / Donar
> und Mars / Zio stimmen sie durch bestimmte
> Tiere gnädig …
> Im übrigen glauben die Germanen, dass es
> der Hoheit der Himmlischen nicht gemäß sei,
> Götter in Wände einzuschließen oder irgend-
> wie der menschlichen Gestalt nachzubilden.
> Sie weihen ihnen Lichtungen und Haine."
>
> *Tacitus, Germania, Kap. 9*

Vor mehr als 20 Jahren stöberte ich in einem Antiquariat einen Sonderdruck auf, den ich sogleich wohlfeil erwarb. Es handelte sich um die Schrift eines Herrn H. Delius, „Über die Menschenopfer der Teutschen", nachmals Auscultator in Wernigerode, in Bragur, Ein literarisches Magazin der Teutschen und Nordischen Vorzeit, 1802 in Leipzig erschienen. Es handelte sich um das Exemplar des Autors, mit Blindblättern durchschossen für nachträgliche Eintragungen, die er hie und da angebracht hatte. Mir schien diese frühe Schrift zu unserem Thema wertvoll, ich glaubte einmal davon profitieren zu können, da doch sonst erst die Romantiker sich derartigen Themen viel später zuwendeten.

Es hat aber eine Zeit gedauert, bis daraus ein Ausstellungsprojekt erwuchs. Es schien mir notwendig, da dieses Thema einen zentralen Punkt unserer archäologischen Forschung berührt, die von Relikten lebt, die immer nur bruchstückhaft Beobachtungen erschließen können. Aber dieses ist der einzige Weg, in die Zeit vor Tacitus vorzudringen, der als der entscheidende Vermittler germanischer Gesittung anzusehen ist, auch wenn er manches nicht wusste oder nur partiell in seiner Bedeutung erkannte. Seine Mitteilungen in der „Germania" sind daher interpretationsbedürftig.

Dennoch, von ihm ausgehend haben sich die germanischen Forschungen seit der Romantik dem Thema des Kul-

tes und der Opfersitten gestellt. Die Forschung hat sich in unterschiedlicher Intensität dieses Themas angenommen, dieses wohl auch in Zeiten der germanophilen Bewegung seit dem Beginn des 20. Jahrhunderts. In nationalsozialistischer Zeit ist das übersteigert worden, und hat sich immer mehr von der seriösen Wissenschaft entfernt. Also war es nicht verwunderlich, dass nach 1945 eine Hinwendung zu diesem Forschungsbereich weniger gefragt war. Kolloquien in Göttingen 1968 und Münster 1983, um nur wichtige Stationen der neuen Reflektion zu nennen, haben die Sichtweisen erneut geöffnet, frei von Vorurteilen und ideologischen Ausrichtungen.

Das aber in einer Ausstellung zu reflektieren, ist ein Wagnis. Wir können nur beispielhaft eine Auswahl treffen. Örtlichkeiten sind nur dokumentarisch darstellbar in dem Bezug zwischen Ort und Landschaft. Aber wagen wollten wir es dennoch, da das Thema zentrale Anliegen der archäologischen Forschung berührt. Ein regionaler Bezug als Beschränkung war erforderlich. Wir betrachten den norddeutschen Raum bis an den Rand des Mittelgebirges und schließen den Harz ein.

Zwangsläufig mussten wir aber da ausgreifen, wo Kult im allgemeinen Verständnis sich am ehesten erkennen lässt. Gemeint ist Stonehenge und sein Umfeld, wo nicht nur Monumente unsere Phantasie anregen, sondern diese uns Zugang zu optischen Eindrücken erschließen, die wir nicht negieren können. Ein Bild von Stonehenge aus der Luft betrachtet zeigt uns diese Anlage während einer druidischen Versammlung in der Zeit um 1960, also in einer Nutzung, ja Annahme des Ortes, wie wir Kontinuität sonst kaum fassen. Hier berühren sich Vergangenheit und Gegenwart, auch wenn sich nüchterne Wissenschaft dem entziehen will und muss.

Der Leser wird sogleich bemerken, dass wir uns im norddeutschen Raum bewegen und umgesehen haben. Wir wollten uns bewusst auf die germanische Welt beschränken. Nur an einem Beispiel schauen wir auch in die slawische Welt, da diese uns an der Elbe begegnet.

Die Archäologie kann nur Fakten liefern, ihre Interpretation lässt manchen Spielraum des Verständnisses zu. Davon berichtet diese Ausstellung und diese begleitende Veröffentlichung.

*Der Menhir von Benzingerode, Kr. Wernigerode,
während der Ausgrabung; die Befunde lassen sich mit
denen beim Karlstein im Landkreis Harburg vergleichen.*

aber der Versuch, unsere Vohrfahren dadurch zu verstehen, ist ein legitimes Anliegen. Auch wenn wir dieses nur an Beispielen verdeutlichen können, mag unser Anliegen verständlich werden. Bewerten wir es als einen Schritt hin zum Verständnis, indem sich Vergangenheit und Gegenwart begegnen.

Wenn wir unser Ziel erreichen, das Verständnis für die damaligen Gegebenheiten zu wecken, die nur aus eben dieser Vergangenheit zu verstehen sind, dann ist unser Anliegen angenommen worden und durch das einzelne Beispiel erhellt sich das Allgemeine. Unser Wissen kann nur Bausteine liefern für ein Gedankengebäude, das in seiner letzten Dimension nicht erfassbar ist.

Der treffliche H. Delius, den in Erinnerung zu bringen vielleicht an anderer Stelle sich eine Möglichkeit ergibt, schrieb bereits 1802: „Jedes Volk bildet sich seine Götter nach sich selbst." So auch gestaltet er sich seine Gesittungen, um mit diesen umzugehen, um sich in Opfer und Örtlichkeit dem Unbekannten zuzuwenden.

Sie entstand in regem Kontakt mit Torsten Capelle, den wir für eine enge Mitarbeit gewonnen haben. Ihm und den anderen Autoren ist dafür zu danken und allen Instituten, die uns Leihgaben gewährt haben und Bildmaterial zur Verfügung stellten. Das Vorhaben wurde beflügelt durch das Interesse des Museums für Vor- und Frühgeschichte in Frankfurt, diese Ausstellung zu übernehmen. Das hat uns angespornt, und ihm sowie allen Beiträgern danken wir für ihre Kooperation.

Wir wissen, dass wir ein gewichtiges aber auch gewagtes Thema aufgreifen. Einen Anspruch auf Vollständigkeit können und wollen wir nicht erheben. Aber die gewählten Beispiele stehen für sich, auch in ihrer Begrenzung. Sie ermöglichen uns einen Blick auf den Menschen der Vorzeit, der sein Dasein zu verstehen versuchte, wo er natürliches Walten einer Erklärung zuführen wollte. Wo er Naturgewalten in ihrem Wirken nicht verstehen konnte, zog er sich bereits in vorgeschichtlicher Zeit auf göttliches oder transzendentales Geschehen zurück. Es zeigt den Menschen in dem Versuch, sich selbst zu verstehen und seine Existenz zu definieren. Wir können dieses nur trümmerhaft erschließen,

Literatur

M. Ebert, Reallexikon der Vorgeschichte, Band 9. Berlin 1927: Opfer

A. Haffner (Hrsg.), Heiligtümer und Opferkulte der Kelten. Stuttgart 1995

G. Jacob-Friesen, Einführung in Niedersachsens Urgeschichte. Eisenzeit. Hildesheim 1978

H. Jankuhn (Hrsg.), Vorgeschichtliche Heiligtümer und Opferplätze in Mittel- und Nordeuropa. Göttingen 1970. Frühmittelalterliche Studien 18, 1984

B. Kötting, Opfer in religionsvergleichender Sicht. Frühmittelalterliche Studien 18, 1984, 44–47

M. Müller-Wille, Opferkulte der Germanen und Slawen. Stuttgart 1999

B. Stjernquist, Präliminarien zu einer Untersuchung von Opferfunden – Begriffsbestimmung und Theoriebildung. Meddelanden från Lunds universitets historiska museum 1962–1963, 5–64

Blick über das Sösetal auf den Höhlenhang des Lichtensteins bei Osterode am Harz.
(Foto: Kreisarchäologie Osterode am Harz)

Stonehenge aus der Luft gesehen während einer Druiden-Versammlung, Schulwandbild (Der Neue Schulmann, Stuttgart, Nr. 4128) von 1962 (Aero-Films LTD London)

Stonehenge, Wiltshire (England)

Wenn man sich auf der Landstraße dem Monument Stonehenge nähert, sieht man zunächst in leicht hügeliger Landschaft am Horizont nicht mehr als einen dunklen Punkt. Mit wachsender Nähe wird das Wunder des Bauwerkes optisch immer monumentaler und doch auch unwirklicher in seiner Fassbarkeit. Ohne Zweifel stellt es das populärste prähistorische Bauwerk des Nordens dar. Hat man es endlich erreicht, wirkt es fast erdrückend und weist Fragen nach seinem Sinn aus, zumal nichts Vergleichbares bekannt ist. Auch wenn es nur rudimentär erhalten ist, erfasst man sein einstiges Aussehen rasch.

Im Bewusstsein der Öffentlichkeit ist Stonehenge der Inbegriff eines nordischen Kultplatzes. Angesichts seiner Abmessungen scheint die Frage, ob alles, was hier errichtet wurde, auf kosmischen Beobachtungen und Berechnungen beruht, als nahezu nebensächlich. Zu überwältigend sind die mächtigen Monolithe.

Was man nicht sieht, ist die große historische Tiefe, in der das Denkmal wuchs, von dem wir nur den Endzustand betrachten. Gewachsen ist es in vier Bauphasen, an deren Anfang eine Doppelwallanlage mit dazwischen liegendem Graben steht, die noch in der Jungsteinzeit, um 2750 v. Chr., angelegt wurde, und zu denen nur einige wenige aufgerichtete Stelen gehörten. Erst in der III. Phase wurden die Monolithe aus Blue Stone aufgerichtet.

R. B.

Datierung: Jungsteinzeit
(um 2750 v. Chr.)
Lit.: R. Wernick, Steinerne Zeugen früher Kulturen. Time-Life-International, 1975

Grafik nach Michael A. Hampshire in Wernick 1975

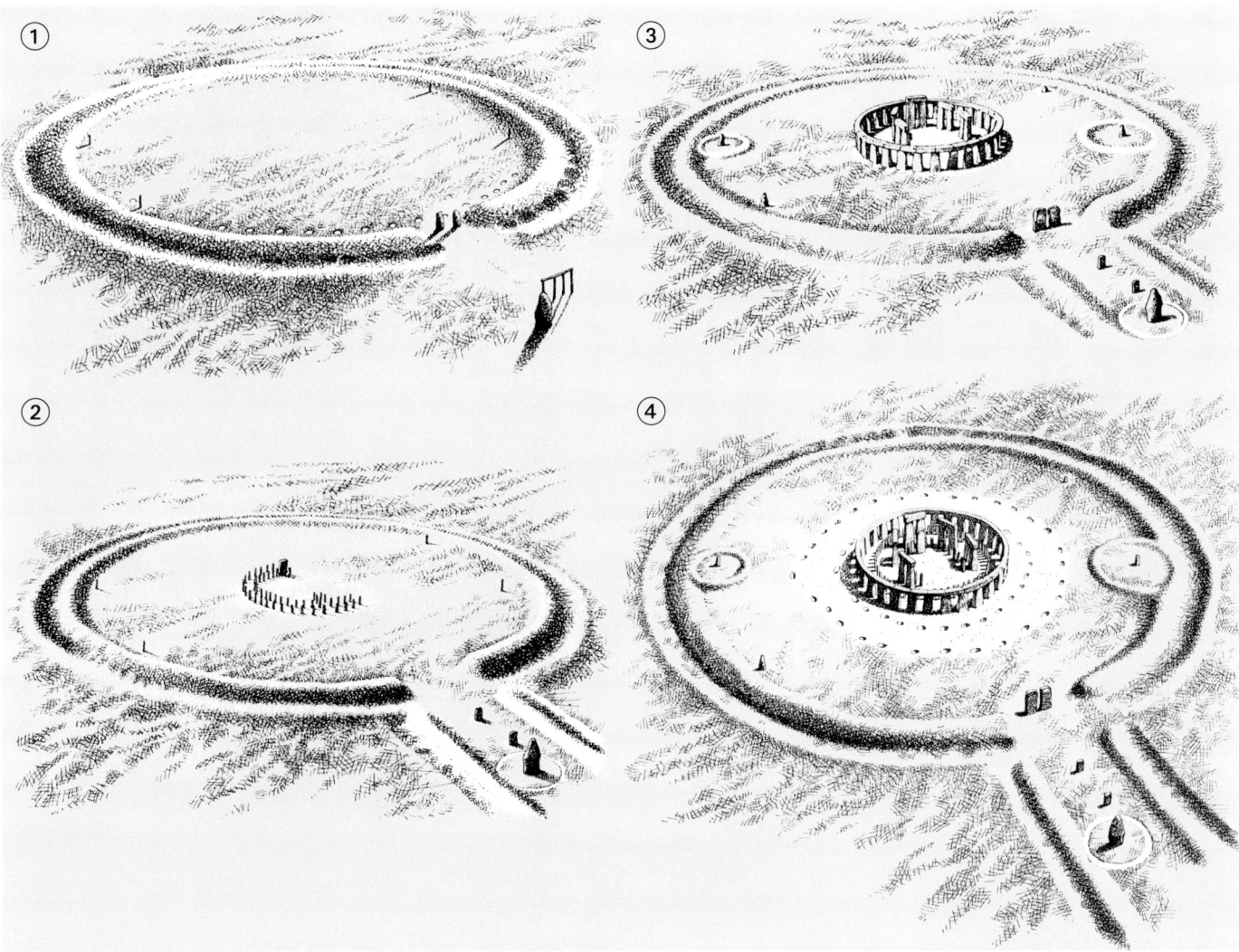

Die Gesamtanlage von Stonehenge

In ihrem heutigen Zustand schildert sie die vierte Phase des Monuments, das in der Bronzezeit, um 1400 v. Chr., diesen Zustand erreichte. Die beiden inneren Steinkreise sind offensichtlich nie vollendet worden.

Das Steinmaterial wird als Blue Stone bezeichnet und ist am Ort nicht vorhanden. Es stammt aus den Presully Mounts, gut 250 km von Stonehenge entfernt. Der Transport und die Aufrichtung erforderte eine umfängliche Logistik, deren Arbeitsleistung wir nur erahnen können.

Aus der Nähe betrachtet erkennen wir sogar die Zapfen, in die die Trägersteine für den äußeren Zirkel eingelassen wurden.

R. B.

Lit.: R. J. C. Atkinson, Stonehenge and Avebury, London 1959

Foto: R. Busch, 1985

Modell von Stonehenge

Modelle und Nachbauten in verkleinertem Maßstab waren in England in der viktorianischen Zeit populär. Auch für wissenschaftliche Zwecke wurden Modelle angefertigt, und H.-J. Eggers hat ein solches in die Sammlungen des Museums für Völkerkunde inkorporiert, um den europäischen Bezug der Sammlung zu betonen. Dauerhaft war es aber nicht ausgestellt und wird nun nach langer Zeit wieder zugänglich gemacht und hier präsentiert.

Das Modell zeigt den Endzustand der baulichen Entwicklung in der Bronzezeit. Über mehr als tausend Jahre hat der Ort sich baulich entwickelt. Diese lange Kontinuität für einen Kultplatz ist bemerkenswert. Jedoch, welche Riten sich hier entfaltet haben, läßt sich nicht erschließen. Was moderne Druiden hier noch um die Mitte des vergangenen Jahrhunderts zelebriert haben, ist ohne jede historische Tiefe geschehen, nur eine Anknüpfung an den Ort.

R. B.

Verbleib (Modell): Helms-Museum, Hamburg
Lit.: C. Chippindale, Stonehenge Complete. New York 1983

Foto: K. Elle

Avebury – Idealrekonstruktion

Avebury, Wiltshire (England)

Die nähere und weitere Umgebung von Stonehenge ist reich an weiteren Spuren menschlichen Daseins in der fraglichen Zeit. Nicht alles davon ist sichtbar, aber Avebury ist betrachtenswert. Das Erdwerk mit Steinkreisen ist zwar weniger monumental als Stonehenge, hingegen in seinen Abmessungen mit mehr als 400 m im Durchmesser bedeutend. Erst die Idealrekonstruktion lässt das einstige Aussehen erkennbar werden, das in zwei Phasen gewachsen ist; zwischen 1700 und 1500 v. Chr. wird es datiert. Eine Allee aus doppelreihigen Steinstelen führt auf die Anlage hin. Die Wall-Grabenanlage weist vier einander gegenüberliegende Zugänge auf. Im Inneren wurde die Erdanlage von einem dicht angelehnten Kranz von Stelen begleitet. Die Innenfläche ist von zwei Steinkreisen eingenommen, deren Mittelpunkte durch weitere Steinsetzungen markiert waren.

R. B.

Datierung: 1700–1500 v. Chr.
Lit.: R. J. C. Atkinson, Stonehenge and Avebury. London 1959; A. Burl, Prehistoric Avebury, London 1979

*Die Anlage von Avebury
(Foto: R. Busch, 1985)*

Woodhenge, Wiltshire (England)

Gleichzeitig mit den „stone circles" entstehen in England „timber circles", die aus Holzposten errichtet die Zeiten nicht überdauert haben und aus den Ausgrabungen erschlossen sind. Das bekannteste Beispiel finden wir in Woodhenge. Sechs leicht ovale Kreise aus Holzposten mit einem maximalen Durchmesser von 44 m wurden festgestellt und sind heute in der Landschaft durch niedrige Pfosten markiert. Im Zentrum wurde eine – vermutlich geopferte – Kinderbestattung beobachtet. Woodhenge ist durch ^{14}C – Daten ca. um 2200–2100 v. Chr. datiert, wogegen andere gleichartige Anlagen schon um 4000 v. Chr. einsetzen und damit ähnlichen Monumenten auf dem europäischen Kontinent näher stehen, wodurch sich die Frage stellt, ob diese Bausitte vom Kontinent auf England übergegriffen hat. Das bleibt Spekulation, solange nur Quenstedt auf dem Kontinent ein frühes Datum geliefert hat.

Eine lange und noch nicht entschiedene Diskussion hat sich über die Rekonstruktion derartiger Anlagen entzündet, die noch nicht entschieden hat, ob die Anlagen überdacht gewesen sind oder nur Pfostensetzungen darstellten.

Ebenso unklar ist die Funktion dieser Anlage. Handelte es sich um monumentale Grabanlagen oder um Kultplätze, an denen Riten stattfanden? Vorerst ist diese Frage offen.

R. B.

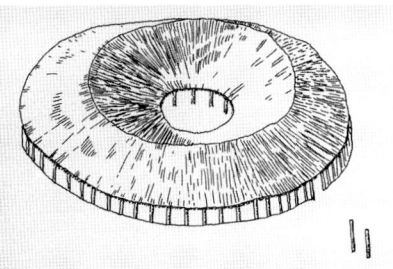

Woodhenge überdacht, rekonstruiert von S. Pigyott

Datierung: ca. 2200–2100 v. Chr.
Lit.: A. Gibson, Stonehenge and Timber Circles, Stroud 1998; H. Behrens, Ein hohes Radiokarbondatum für ein mitteldeutsches neolithisches Woodhenge. Arch. Korresp. Bl. 14, 1984, 259–262

Woodhenge (Foto: R. Busch, 1985)

Bestattungsritus in Woodhenge, zeichnerische Rekonstruktion von Tony Daly

Die jungsteinzeitliche Palisadenanlage auf der „Schalkenburg" bei Quenstedt, Kr. Mansfelder Land

Etwa 800 m südwestlich von Quenstedt, Kr. Mansfelder Land (Sachsen-Anhalt), befindet sich eine im Gelände deutlich hervortretende, an drei Seiten von natürlichen Steilhängen umgebene Anhöhe. Die exponierte Lage des im Volksmund „Schalkenburg" genannten Platzes und vielversprechende urgeschichtliche Oberflächenfunde führten zwischen 1967 und 1986 zu intensiven archäologischen Ausgrabungen durch das Archäologische Landesmuseum in Halle (Saale). Die Untersuchungen ergaben, dass eine umfangreiche Nutzung des Platzes von der Jungsteinzeit bis in die Bronzezeit stattgefunden hat. So konnten an dieser Stelle zwei befestigte Höhensiedlungen der jungneolithischen Bernburger Kultur und der jüngeren Bronzezeit nachgewiesen werden. Dass die Anhöhe darüber hinaus zu verschiedenen Zeiten auch als Bestattungsplatz genutzt wurde, belegen Gräbergruppen der neolithischen Baalberger und der Schnurkeramischen Kultur sowie der frühbronzezeitlichen Aunjetitzer Kultur.

In unserem Zusammenhang ist der in der archäologischen Schichtenfolge älteste Nutzungshorizont von besonderer Bedeutung, dem die noch als Bodenverfärbungen nachgewiesenen Reste einer ehemals hölzernen Palisadenringanlage zuzurechnen sind. Die im Grundriss nicht vollständig freigelegte bzw. erhaltene Anlage bestand ehemals aus fünf, konzentrisch im Abstand von 4 bis 6 m aufeinanderfolgend angeordneten, unregelmäßig ovalen Holzpalisadenreihen. Nach Nordwesten, Südosten und Osten war das ansonsten dicht geschlossene Palisadensystem durch torartige Durchlässe unterbrochen. Der Durchmesser des kleinsten Rondells beträgt 35 m × 44 m, während der größte dokumentierte Durchmesser der Gesamtanlage bei 95 m liegt.

Die Datierung der Gesamtanlage bringt einige Schwierigkeiten mit sich, da nur wenig archäologisch aussagefähiges Fundmaterial aus den Befundverfärbungen selbst stammt. Aufgrund verschiedener Überlegungen wird heute ein Zusammenhang mit der jüngeren mitteldeutschen Stichbandkeramik (Stufe II, etwa 4800–4600 v. Chr.) bzw. der Rössener Kultur (etwa 4700–4600 v. Chr.) oder mit der Baalberger Kultur (etwa 4400 bis 3300 v. Chr.) vermutet. Die besten baulichen Übereinstimmungen mit der Quenstedter Anlage zeigen das genauer datierbare Kreispalisadensystem von Svodín, okr. Nové Zámky (Slowakei, 50 km südöstlich von Nitra), das der frühen Lengyel Kultur (Lengyel I, etwa 4700 v. Chr.) zuzurechnen ist, und die Anlage von Künzing-Unternberg, Ldkr. Deggendorf (Niederbayern), die in die mittelneolithische Kulturgruppe Oberlauterbach-Unternberg (etwa 4700 v. Chr.) datiert werden kann.

Die mittelneolithische Kreispalisadenanlage auf der Schalkenburg bei Quenstedt gehört zu einer interessanten und in vielerlei Hinsicht rätselhaften Gruppe von monumentalen Kreispalisaden-, Kreisgraben- bzw. Wall-Graben-Anlagen

Die topografische Lage der „Schalkenburg"
(Fotos: R. Busch, 2000)

(sog. Erdwerke), die in vielen Kulturen des mittel-, west- und nordeuropäischen Neolithikums offenbar eine wesentliche Bedeutung u. a. im Totenritual gehabt haben. Die tatsächliche Funktion der Quenstedter Palisadenringanlage, für die sich bisher nur wenige unmittelbare Vergleiche anführen lassen, ist derzeit noch nicht eindeutig zu klären. Der erhebliche Arbeitsaufwand lässt hier das Werk einer größeren Siedlungsgemeinschaft vermuten, für die die monumentale Anlage offenbar eine – wie auch immer geartete – zentrale Funktion und Bedeutung gehabt haben muss.

R. K.

Datierung: Mittelneolithikum
(um 4700 v. Chr.)
Verbleib: Prof. H. Behrens
Literatur: H. Behrens, Ein hohes Radiokarbondatum für ein mitteldeutsches Woodhenge. Archäologisches Korrespondenzblatt 14, Mainz 1984, 259–262; H. Behrens / E. Schröter, Siedlungen und Gräber der Trichterbecherkultur und Schnurkeramik bei Halle (Saale). Veröffentlichungen des Landesmuseums für Vorgeschichte in Halle 34, Berlin 1980; J. Petrasch, Kreisgrabenanlagen in Mitteleuropa. Berichte der Römisch-Germanischen Kommission 71, Mainz 1990, 407–564; E. Schröter, Quenstedt, Kr. Hettstedt. In: J. Herrmann (Hrsg.), Archäologie in der Deutschen Demokratischen Republik, Band 2, Denkmale und Funde, Leipzig/Stuttgart 1989, 416–419; E. Schröter, Ein neolithischer Kultplatz auf der Schalkenburg bei Quenstedt. Jahresschrift für mitteldeutsche Vorgeschichte 73, Halle (Saale) 1990, 267–270

Foto: K. Elle

Eine jungsteinzeitliche „Opfergrube" auf der Schalkenburg bei Quenstedt, Kr. Mansfelder Land

Im Rahmen der archäologischen Untersuchungen auf der so genannten „Schalkenburg", einer tafelbergähnlichen Geländekuppe südwestlich von Quenstedt (vgl. Kat.-Nr. 1.6.), wurden auch die Reste einer mit Gräben befestigten Höhensiedlung der jungsteinzeitlichen Bernburger Kultur (etwa 3000–2600 v. Chr.) aufgedeckt. Inmitten der gewöhnlichen Siedlungshinterlassenschaften befand sich eine annähernd kreisrunde Grube von 1,80 m Durchmesser und rund 0,7 m Tiefe, die ein bisher einzigartiges und rätselhaftes Fundinventar enthielt.

Beim Freilegen der sorgfältig mit Lehm ausgekleideten Grube fiel in deren Zentrum zunächst ein sanduhrförmig durchlochter, im Umriss etwa trapezförmiger Muschelkalkstein (Größe ca. 50×35×15 cm) auf, um den herum neun zwischenzeitlich umgestürzte und zerdrückte Tongefäße (Vorratsgefäße) gruppiert waren. Weiterhin enthielt die Grube neben deutlichen Brandspuren u.a. das Oberteil einer verzierten Tontrommel, einen Spinnwirtel aus Ton, verschiedene Feuersteingeräte, einen Knochenpfriem sowie einige Tierknochen.

Besonders bemerkenswert sind jedoch mehrere eigenartig geformte und teilweise verzierte Tonobjekte unklarer Funktion (u.a. kleine „brustförmige" Tonkegel, Tonwulstspiralen, verzierte ringförmige Tonscheibe), für die es bisher keine unmittelbaren Vergleichsfunde gibt. Dieter Kaufmann möchte den Befund als „Opfergrube" und die ungewöhnlichen Tonobjekte als Bestandteile einer relativ kompliziert konstruierten und mit Ritzmustern verzierten „Altar-" bzw. „Opferplatte" von etwa 70 cm Durchmesser interpretieren, an der rituelle Handlungen im Zusammenhang mit dem jungsteinzeitlichen Fruchtbarkeitskult (sog. Libationsriten) vorgenommen worden sein sollen.

Ob es sich tatsächlich um die Reste einer derartigen „Opfergrube mit Altarplatte" gehandelt hat oder eine rein „profane" Erklärung des Befundes und der Tonobjekte in Erwägung gezogen werden muss, werden erst vergleichbare aussagefähige Neufunde abschließend klären können. Neben anderen Interpretationen wäre beispielsweise auch denkbar, dass es sich bei der „Opfergrube" um die Reste einer eingestürzten Ofenanlage handelt, in die dann weitere Siedlungsabfälle, vielleicht die Inventarreste eines abgebrannten Hauses, gelangten. Die verzierte Tonplatte könnte möglicherweise auch als „Backform" zur Herstellung von verziertem oblatenartigen Gebäck verwendet worden sein, und die Tonwulstspiralen sowie die Tonkegel könnten als Spielzeug-Gebäckmodelle für Kinder gedient haben.

R. K.

Datierung: Jungneolithikum (Bernburger Kultur), etwa 3000–2600 v. Chr.
Verbleib: Funde: Landesmuseum für Archäologie Sachsen-Anhalt, Halle (Saale)
Lit.: D. Kaufmann, Eine Opfergrube der Bernburger Kultur von Quenstedt, Ldkr. Mansfelder Land; Jahresschrift für mitteldeutsche Vorgeschichte 79, Halle (Saale) 1997, S. 149–180

Rekonstruktionsversuch einer Opferszene an der „Altarplatte" von Quenstedt (nach Kaufmann 1990, Abb. 12)

Die bronzezeitliche Pfostenanlage von Westerholt-Terheide, Ldkr. Wittmund

Im Rahmen von großflächigen archäologischen Rettungsgrabungen im Vorfeld der Erschließung eines neuen Gewerbegebietes wurden zwischen 1981 und 1983 in Westerholt-Terheide u. a. die als Bodenverfärbungen erkennbaren Reste einer komplexen bronzezeitlichen Pfostensetzung dokumentiert. Neben Gräbern und Siedlungsspuren der neolithischen Trichterbecher- und Einzelgrabkultur bzw. der jüngeren Bronze- bis frühen Eisenzeit konnten im Bereich der etwa 5000 m² großen Untersuchungsfläche 16 kreisförmig (im Abstand von 2,0–2,2 m) angeordnete Pfosten festgestellt werden, die ehemals vermutlich einen flachen Hügel von 14 m Durchmesser umgaben. Etwa im Zentrum dieses Pfostenkreises befand sich eine im Grundriss 1,70 m × 1,30 m große, beigabenlose Grabgrube, in der noch der „Leichenschatten" eines vollständig vergangenen, in angehockter Körperhaltung (sog. Hockerbestattung) beigesetzten Leichnams erkennbar war. Nach bisherigem Kenntnisstand wird das Grab dem Endneolithikum oder der älteren Bronzezeit zugewiesen. Eine weitere, wahrscheinlich bereits einige Zeit vor Errichtung des Pfostenkranzes angelegte Grabgrube enthielt als erhaltene Beigaben einen Feuersteinabschlag und einen kleinen Keramikbecher der endneolithischen Einzelgrabkultur. Pfostenkränze dieses Typs mit innen liegender Bestattung treten mit einem Durchmesser von bis zu 20 m im nordwestdeutschen Raum und den angrenzenden Niederlanden häufiger in Erscheinung und sind anhand der Beigabenausstattung der Gräber überwiegend in die frühe bis mittlere Bronzezeit (etwa 1700 bis 1100 v. Chr.) zu datieren. Der Westerholter Pfostenkranz unterscheidet sich von den üblichen Befunden dieses Typs jedoch durch eine Besonderheit: Im Abstand von etwa 9–10 m schließen östlich an den Pfostenkreis zwei 12 bzw. 15,7 m lange gruppierte Doppelpfostenreihen an, die jeweils alleeartig auf diesen zuführen. Eine gute Parallele zu diesem Befund konnte 1979–80 auf einem Geestrücken im ostfriesischen Wiesens, Stadt Aurich, dokumentiert werden. Hier laufen vier, denen von Westerholt sehr ähnliche Pfostenalleen auf eine ovale, ursprünglich wohl ebenfalls einen Hügel umgebende Pfostensetzung zu. Im Innenbereich des Ovals befand sich eine Doppelbestattung der älteren bis mittleren Bronzezeit. In Wiesens konnte einer der Pfostenreihen, die wie in Westerholt teilweise in kleineren Gruppierungen beieinander liegen, auf einer Länge von etwa 67 m verfolgt werden. Weitere Anlagen mit alleeartigen Pfostensetzungen und gleicher Zeitstellung konnten im westlichen Teil Niedersachsens, in Westfalen und den angrenzenden Niederlanden untersucht werden. Entsprechende Pfostenkonstruktionen sind aber vor allem auch in England untersucht geworden, wo sie nach neueren Erkenntnissen in den Zeitraum zwischen 3000 und 1000 v. Chr., also in das jüngere Neolithikum und die Bronzezeit datiert werden können. In England sind wahrscheinlich auch die unmittelbaren Vorbilder der deutschen und nieder-

Die bronzezeitliche Pfostenanlage von Westerholt-Terheide (Foto: Niedersächsisches Landesamt für Denkmalpflege)

Datierung: wohl frühe bis mittlere Bronzezeit (etwa 1700–1100 v. Chr.)
Verbleib Modell: Niedersächsisches Landesamt für Denkmalpflege
Lit.: A. Gibson, Stonehenge & Timber Circles. Stroud 1998; W. Schwarz, Ältere und mittlere Bronzezeit. In: R. Bärenfänger (Red.), Ostfriesland. Führer zu archäologischen Denkmälern in Deutschland 35, Stuttgart 1999, 54–62; K. Wilhelmi, Pfostengesäumte Zugänge älterbronzezeitlicher Grabanlagen in Nordwestdeutschland und den Niederlanden sowie ihre Vorläufer in England. Archäologisches Korrespondenzblatt 15, Mainz 1985, 151–156; K. Wilhelmi, Älterbronzezeitliche Grabanlagen mit Pfostenzuwegung in Westniedersachsen und ihre englischen Muster. In: K. Wilhelmi (Hrsg.), Ausgrabungen in Niedersachsen. Archäologische Denkmalpflege 1979–1984. Berichte zur Denkmalpflege in Niedersachsen, Beiheft 1, Stuttgart 1985, 163–168

Neolithische und bronzezeitliche „Kultanlagen" mit Pfosten

ländischen Pfostenanlagen zu suchen. Bei den nordwestdeutschen und niederländischen Anlagen dieses Typs konnte bisher nicht abschließend geklärt werden, ob es sich um ehemals z.B. mit Schnitzereien oder Bemalung verzierte, einzeln stehende Pfosten (Stelengruppen) gehandelt hat, oder ob eine konstruktive Verbindung der einzelnen Elemente untereinander, vergleichbar der Decksteinkonstruktion in Stonhenge, bestand. Einige englische Befunde weisen darauf hin, daß mit z.T. aufwändigen Verbindungskonstruktionen bis hin zu regelrechten Gebäuden, in der Art eines zentralen „Kulthauses" oder „Tempels", gerechnet werden kann.

R. K.

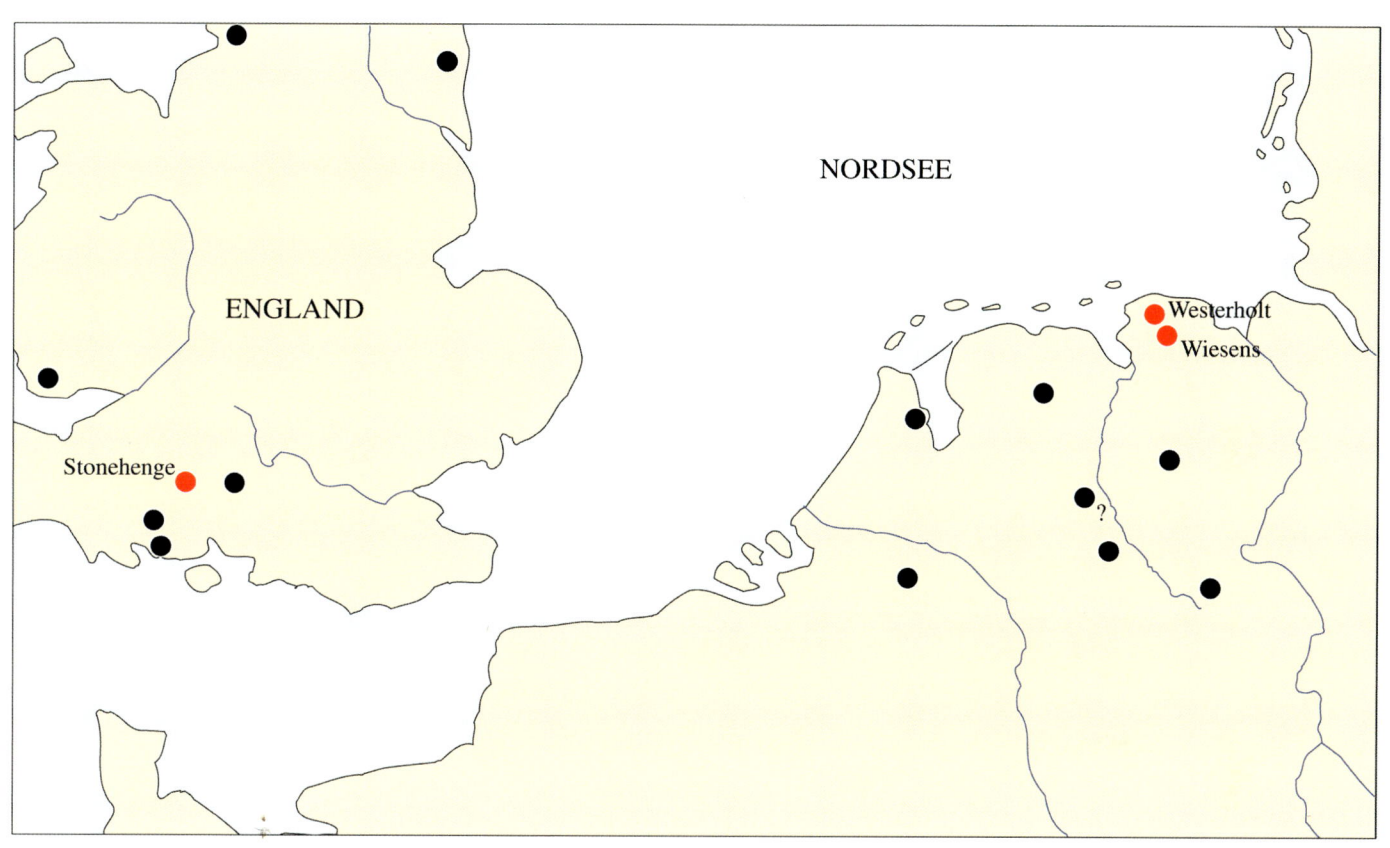

NORDSEE

ENGLAND

Westerholt

Wiesens

Stonehenge

?

2. Fern des Lichts: Höhlen im südniedersächsischen Bergland

Von Ralf Busch

Was mag den Menschen der Vorgeschichte bewogen haben, in das Dunkel der Höhlen am Harz, Ith und Weserbergland einzutauchen? Sein Denken hat keine Mühe gescheut, die zumeist schwer zugänglichen Örtlichkeiten aufzusuchen. Wirtlich waren sie nicht und als Wohnstätten ungeeignet.

Als die Schauhöhlen des Harzes seit dem 16. Jahrhundert nach und nach wiederentdeckt wurden, standen die Naturwunder im Interesse der Besucher. Erst gegen Ende des 19. Jahrhunderts begann man, nach Spuren des Menschen in ihnen zu suchen. Bekannt wurden die Ausgrabungen in Baumanns-Höhle in Rübeland, und seit diesem Zeitpunkt bis heute sind archäologische Ausgrabungen in ihnen begleitet von einer Vielzahl von Erkenntnissen, die mit stetig verfeinerten Untersuchungsmethoden die Geheimnisse zu lüften vermögen.

Schon altsteinzeitliche Funde haben sich – wenn auch nur vereinzelt – auffinden lassen. Verstärkt wurden sie in der älteren Jungsteinzeit, der Bronzezeit und in der frühen Eisenzeit aufgesucht. Danach tritt ein Rückgang ein. Erst im Mittelalter finden derartige Plätze wieder Beachtung, so jedenfalls in der kleinen Klufthöhle bei Scharzfeld, wo eine christliche Kapelle entstand.

Für die vorgeschichtliche Zeit ist bemerkt worden, dass die Phasen intensiverer Höhlenbegehungen mit klimatischen Trockenphasen einhergehen, die einen Rückgang der Erträge der Anbauwirtschaft bedingen. Das mag den Menschen zu verstärkten kultischen Handlungen bewogen haben, um dadurch auf das Naturgeschehen Einfluss nehmen zu können. Ganz allgemein gilt, dass kultische Handlungen als Opfer im Zusammenhang mit den Naturgeschehen standen. Man glaubte, durch Opfer die Erträge für die Lebenshaltung beeinflussen zu können. Das gilt für Jagderfolge wie auch Erntegewinn. Zeiten des Mangels intensivieren kultische Praktiken.

Das im archäologischen Befund wiederzuerkennen, gelingt nicht leicht. Subtil müssen die Ausgräber Indizien sammeln und interpretieren.

Denn es muss nachhaltig betont werden, dass es viele Möglichkeiten menschlicher Aktivitäten in Höhlen zu unterscheiden gilt. So zum Beispiel:

Vorübergehender Rastplatz, u.a. von Hirten
Siedlungsplatz
Werkplatz (z.B. für Metallhandwerker)
Bestattungsplatz
Kultplatz (für Opferung von Menschen, Tieren, Objekten, Speiseopfer; kultischer Festplatz)
Depot (Entsorgungsort) für Gegenstände von anderorts abgehaltenen Ritualen
Zufluchtsort in Gefahrenzeiten
Aufenthaltsort für Ausgeschlossene der Gesellschaft
Fluchtstätte von Rechtsbrechern
Aufenthaltsort von Prospektoren
Spielort für Kinder

Man wird weitere Erklärungen beibringen können, so ist auch an Unglücksfälle zu denken.

Bemerkenswert ist, dass häufiger archäologische Funde an schwer zugänglichen Partien in Höhlen beobachtet wurden, fern des Tageslichts. Häufig sind die alten Zugänge nur schwer zu passieren. In all diesen Fällen ist eine profane Siedlungstätigkeit auszuschließen.

Auffällig bleibt, dass in den Metallzeiten – der Bronzezeit (und besonders in deren jüngerem Abschnitt) sowie in der frühen Eisenzeit – verstärkt kultische Handlungen in Höhlen nachgewiesen werden können.

Das gilt nicht nur für Bestattungen, die in diesen ganz andere Formen annehmen, als wie sie sonst aus der Zeit bekannt sind. Wir sprechen zu Recht von Sonderbestattungen, in der Jungbronzezeit in Form der Körperbestattung, wogegen in dieser Zeit sonst die Brandbestattung in Urnen die Regel darstellt. Wir erahnen nur, welchen Bedeutungswandel derartige ungewöhnliche Riten bedeutet haben, zumal uns über die Religionsvorstellungen der Zeit keine Primärquellen zur Verfügung stehen. Aus den archäologischen Befunden schließen wir hier auf das Allgemeinere, den Glauben jener Menschen, die uns weitgehend anonym bleiben. Ihre Götterwelt – wie es sie in unserem Verständnis gegeben hat – bleibt uns verschlossen, ist jedenfalls nicht personifizierbar. Was wir erahnen ist ein Walten der Natur in ihrem jahreszeitlichen Verlauf. Schon damals ist den Menschen bewusst geworden, dass Wasser und Licht (Sonne) ihr Leben bedingte.

Für die Bronzezeit gibt es manche Hinweise auf einen Sonnenkult.

Der berühmte bronzezeitliche Sonnenwagen von Trundholm symbolisiert Licht und Schatten (nur eine Seite der Sonnenscheibe ist leuchtend vergoldet). Das Dunkel wurde also schon damals als Gegenteil des Lichts verstanden.

Die Welt des Schattens fand man in den Höhlen. Und somit waren deren Erschließung und Nutzung auch ein Teil des Selbstverständnisses der waltenden Naturereignisse.

Die nachstehenden Beispiele beleuchten dieses. Dabei wird man betonen wollen, dass die intensive Erforschung der Lichtensteinhöhle bei Osterode uns eine Vielzahl neuer Erkenntnisse erschließt. Deren Untersuchung dauert an, lässt uns aus dem Dunkel mehr Erhellung unseres Wissens erwarten.

Literatur

M. Geschwinde, Höhlen am Ith. Hildesheim 1988
S. Flindt u. C. Leiber, Kulthöhlen und Menschenopfer im Harz, Ith und Kyffhäuser. Osterode 1998
G. Behm-Blancke, Höhlen, Heiligtümer, Kannibalen. Leipzig 1958; W. Posendahl u. E.-B. Krause (Hrsg.), Im Reich der Dunkelheit. Höhlen und Höhlenforschung in Deutschland. Gelsenkirchen 1996

Innenansicht der Einhornhöhle bei Scharzfeld (Foto: W. Spitta)

Baumanns-Höhle bei Rübeland im Nordharz

Den ersten ausführlichen Reiseführer durch den Harz verdankt man dem Nordhäuser Arzt Georg Henning Behrens. Darin behandelte er auch die Baumanns-Höhle bei Rübeland mit ihren Naturwundern. Diese waren bereits im 16. Jahrhundert entdeckt und beschrieben und hier als Naturgebilde gesehen worden. Ihren Namen erhielt die Höhle von dem vermeintlichen Entdecker, von ihrer einstigen Bedeutung für die Begehung durch den Menschen hatte man damals noch keine Vorstellung.

R.B.

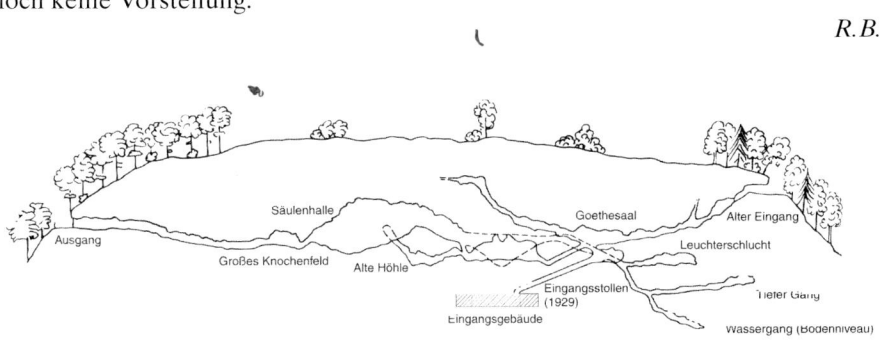

(nach Mucke/Haase 1990)

Lit.: D. Mucke / W. Haase, Wanderatlas Rübeland und seine Tropfsteinhöhlen. Berlin – Leipzig 1990; F. Stolberg, Die alten Abbildungen der Baumanns-Höhle bis 1750. Harz-Zeitschrift 91, 1958, 65 – 90; Reiselandschaft Harz. Hildesheim 1993

G. H. Behrens, Hercynia Curiosa, oder Coriöser Harz-Wald, Nordhausen 1703 (Leihgabe Herzog August Bibliothek Wolfenbüttel)

HERCYNIA CURIOSA,

oder
Curiöser

Hartz-Wald/

Das ist
Sonderbahre
Beschreibung und Verzeichnis
Derer Curiösen
Hölen/ Seen/ Brunnen/ Bergen/
und
vielen andern an= und auff dem Hartz vorhandenen
Denckwürdigen Sachen
mit unterschiedenen Nützlichen und Ergetzlichen
Medicinischen/ Physicalischen und Historischen
Anmerckungen
denen
Liebhabern solcher Curiositäten
zur Lust
heraus gegeben
von
D. GEORG HENNING BEHRENS,
Physico Ordin. Subordin. in Nordhausen.

NORDHAUSEN,
Verlegts Carl Christian Neuenhahn/ Buch-Händler.
1703.

Merians Sicht auf Baumanns Höhle

Oberhalb von Rübeland findet sich auf einem Bergrücken der Eingang zu Bau-
manns Höhle, wie dieses Merian auf zwei Darstellungen bildlich schildert. Be-
zeichnend ist, dass in der Topographie Merians die Höhle in der einleitenden
Schilderung der Landesnatur behandelt wird. Schon zu seiner Zeit gehörte die
Höhle zu den herausragenden Sehenswürdigkeiten im Harz. Damals wurde
sie noch allein unter naturgeschichtlichen Gesichtspunkten behandelt. Von der
menschlichen Begehung der Höhle wusste man nicht, da davon keine Spuren
erkennbar waren.

R. B.

Verbleib: Herzog August Biblio-
thek Wolfenbüttel
Lit.: M. Merian, Topographie und
eigentliche Beschreibung ... der
Herzogtümer Braunschweig und
Lüneburg, Frankfurt 1654

Bode

Flus

Merians Sicht in Baumanns Höhle

Auch das Naturspiel der Tropfsteinhöhle hat Merian bildlich vermittelt und manche damals bekannte Legende aufgezeichnet:

Specus Bumanni, Bumanshöle.

Gehen wir von diesem Ort versus occidentem, nach der Eisenhütten / zum Rübeland / zwischen Blanckenburg und Elbingerode gelegen / so ereuget sich abermahl in der Grafschafft Blanckenburg ein solch Wunderwerck der Natur / die **Bumanshöhle** genant / davon mit Wahrheit wolkan gesagt werden:

Ludit in humanis divina potentia rebus.

Diese Höhle / so etwan von ihrem Erfinder Specus Bumanni, oder Bumanshöhle genant wird / ist hart beym Rübelande / an einem zimlich hohen Berge / von der Natur selbst in einen harten Felsen gemacht / deren Eingang ist rund / und so enge / daß der jenige / so darein will / etliche Lachter weit hinein schlupffen oder kriechen muß / bald darnach eröffnen sich Höhlen von solcher Grösse / daß ganze Häuser darin stehen könten / etliche gegen Abend / etliche gegen Mitternacht / welche nebst den übrigen (davon hernach) in so festen Stein seyn / als wann sie mit grossem Fleiß / in Form eines Gewölbes / hinein gehauen / hinter solchen grossen Höhlen oder Gewölben / finden sich immerfort / nach Abend und Mitternacht / mehr und mehr Höhlen / jedoch daß man offt auß einer in die ander / durch enge Löcher kriechen muß. Wenn man viel hundert Schritt darin fortgangen / und gekrochen / trifft man einen spitzigen Felsen zwischen zwo Klüfften an / das Roß genat / über welchen man hinüber hutschen / und hernach sich unterweilen gar mit Stricken hinunter lassen muß / dann kömpt man erst in die rechten Höhlen / da die Knochen / wovon hernach / gefunden / und grosse Pfeiler oder Seulen / von lauter Tropffstein / angetroffen werden. Und dieweil per rerum naturam, in diesen locum subterraneum kein Tageslicht hinein fallen kan / danebensothane Höhlen sampt und sonders / mit stetigen dicken Dünsten und Nebeln angefüllet / und dazu stets Wasser von oben herab darein tröpffelt ohn daß auch der Ort / wegen darin befindlicher Gespenst / sehr beschryen ist / als versamlen sich gemeiniglich der jenigen / so den Ort zu besehen willens / eine ziemliche Gesellschafft / und versehen sich mit einer Menge Fackeln / oder Liechter / sampt einem oder anderm Feuerzeuge / auff daß / wann etwa durch die dicke Dünste / oder Gespenst / die Lichter außgelöschet würden / dieselben wieder angezündet werden könten / brauchen auch / wann sie keinen Führer haben / der dieser Höhlen sehr wohl kündig / das Mittel / so Theseus von der Ariadne gelernet / und in dem Labyrinth gebrauchet / binden an dem Ort / da sie hinein gehen / oder kriechen / einen Strick / damit sie sich wieder herauß finden können / zumahl wann sich einer einmahl in den unzehlich vielen Höhlen verwirret / unmöglich ist / sich wieder herauß zufinden / wie

Eingang der Bümans-Höhle, auff dem Hartse.
A. Das Loch, wo man Eingehet, einer Elen hoch.

man dessen Exempel an denen darin gefundenen todten Körpern oder sceletis hat / sondern darin bleiben / sterben und verderben muß.

Es ist aber kein Mensch / der da sagen könne / daß er dieser grausamen unzehligen Höhlen ein Ende wüste / oder gefunden hätte / wiewol ihrer viel gewesen / welche sich etliche Tage darin auffgehalten / und mit mehren demonstrationibus (daran es deß Orts Bergwerckskundigen Leuten nicht ermangelt) dargethan / daß sie unter der Erde fast in die Gegend der Kaiserl. freyen Reichsstadt Goßlar kommen / welche vier grosser Teutscher Meilen vom Eingange dieser Hölen ist.

Etliche die gar weit hinein kommen / berichten / daß sie von ferne ein sehr grosses Wasser brausen gehöret / als wann ein starcker Fluß von einem hohen Felsen sich herab stürtzet. Viel wollen auch zwar fürgeben / als ob sie durch unterschiedliche Gespenst / lange darinnen umbgetriben / und endlich starcke / eiserne / verschlossene Kisten / unglaublicher Grösse / darin angetroffen / welche von greulichen Hunden verwahret würden / welches alles man aber auff seinen Würden und Unwürden / weil es illusiones deß bösen Feindes seyn können / beruhen lässet.

Dieses ist gewiß / und mit glaubhafften Leuten zu bezeugen / daß ungefehr für 65. Jahren / ein junger starcker Viehehirte auß dem Hartze sich allein hinein gewaget / und weil er sich verirret / und ihm die Liechter darüber verloschen / gantzer acht Tage darinnen / mit grosser Angst und Schrecken / zugebracht / biß er endlich / durch Gottes sonderbahre augenscheinliche Schickung / herauß kommen / und noch eine gute Zeit gelebet; Es ist aber derselbe in solcher Zeit gantz eißgrau / und von den Gespensten über alle Maß geängstiget worden / zumahl er von etlichen ergriffen / als ein Dieb angeklaget / und zum Galgen verdammet / geführet / und ihm der Strick umb den Hals gethan worden / wann er von selbigen kaum erlediget / ist er einer andern Parthey in die Hände gerahten / von denen er als ein Mörder zum Tode verdammet / und also fort von vielen andern / auff viel andere Manier / auffs äusserste geplaget / und geängstiget worden.

Uber solche wunderbahre struktur dieser erschröcklichen Höhlen / davon kein Mensch biß dahero einige beständige Ration beybringen können / befinden sich noch andere denckwürdige Sachen darinnen / zumahl bald im ersten Gang ein Brünnlein sehr klaren Wassers ist / welches von vielen für die Schmertzen deß Blasensteins täglich nicht ohne Nutzen gebrauchet wird; wann gedachtes Wasser in einem Glase auffgehoben / hält sich über ein und mehr Jahr / wider alle corruptiones / und hat man nicht befunden / daß sich die geringste feculenta materia darunter gesetzet. Und demnach / wie vor gemeldet / das Wasser in der Höhlen stets von oben herab Tropffenweise niederfället / so hängen sich oben an die Steine von solchen Tropffen / in Gleichnüß der Eißzapffen / lange dünne Steine / ganz weisser Farben / welche mit Verwunderung in grosser Menge herauß gebracht / verkaufft / zu Pulver gestossen / und dem schadhafften Viehe in die Wunden mit grossem Nutzen gestreuet werden. Zu dem wird eine grosse Menge allerhand Knochen und Beinlein / so theils fast vermodert / von unbekanten Thieren / hinter dem Roß / fast in

Das Inwendige theil der Bůmans Höhle/ mit sehr grossen Stein=
Klippen oder Tropffsteine/   A. Das Röslin vber welches man hinauff vnd=
hinunter Rietschen muss/ vmb in die Tiefffste Höhle zu kommen   .

allen Höhlen gefunden / und dem gemeinen Mann für Einhorn obtrudiret / unter
solchen Knochen werden zum öfftern Zähne gefunden / unglaublicher Grösse / wie
dann vor etlichen Jahren drey herauß gebracht / deren einer viel stärcker / als drey
Pferds-Zähne gewesen / worauß leicht abzunehmen / was für ungeheure Thiere
solche Zähne gebrauchet haben; inmassen auch vor Jahren ein ganz Sceleton eines
Menschen / unglaublicher Grösse / darin gefunden worden.

Souvenir-Album
„Die Baumannshöhle bei Rübeland am Harz"

Erschienen ist das Souvenir-Album im Verlag Oehme u. Müller, Braunschweig, um 1850 (Umschlag mit Darstellung des Einganges und sechs lose eingelegten Lithographien).

Die wachsende Bewunderung der Baumanns-Höhle haben zahlreiche Reiseschriftsteller wie Uffenbach gefördert. Auch J. W. Goethe hat auf seiner ersten Harzreise 1777 die Baumanns-Höhle aufgesucht, die schon damals als die herausragendste Sehenswürdigkeit im Harz galt. Literarisch hat er diesen Eindruck nicht verarbeitet. Ihm ging es nur um die geologischen Formationen, prähistorische Funde waren damals noch nicht bekannt, denen er auch wenig Bedeutung beimaß. Zwar hat er auch einige Objekte dieser Art bewahrt, aber ihnen nur wenig an Erkenntnis abgewinnen können. Sein Interesse galt mehr der klassischen Antike. Doch schrieb er 1816: „Alle mehr oder weniger gebildeten Völker hatten eine gewisse Natur durch Künste um sich erschaffen, die aus Überlieferung, Nationalcharakter und klimatischen Einflüssen hervorwuchsen; deswegen uns alle altertümlichen Reste, von Götterstatuen bis zu Scherben und Ziegeln herab, respectabel und belehrend bleiben."

Goethe konnte noch nichts von menschlichen Spuren in der Höhle ahnen, sein Besuch dort aber hob die Popularität des Ortes, ein Abschnitt wurde nach ihm benannt.

Durch die so angesagte Volkstümlichkeit des Ortes wuchs das Interesse an der Höhle. Populargraphik der hier vorgestellten Art war als Souvenir für die Reisenden im 19. Jahrhundert alsbald beliebt.

R. B.

Lit.: R. Denecke, Goethes Harzreisen. Hildesheim 1980; S. Neumann, Goethes Sammlung vor- und frühgeschichtlicher Altertümer. Jahresschr. Halle 36, 1952, 184–242

Baumanns-Höhle prähistorisch

Als die Baumanns-Höhle 1536 entdeckt wurde war dies ein Blick in das Innere der Erde. Die Naturwunder waren im Fackelschein nur unvollkommen erlebbar. Erst 1888 wurde die neue Baumanns-Höhle entdeckt, die von der dritten Abteilung durch einen schmalen Spalt erreichbar wurde. Zwei Jahre danach fanden hier Ausgrabungen statt, die alsbald nicht nur zahlreiche Tierknochen, sondern auch altsteinzeitliche Flintwerkzeuge erschlossen. Der Fundplatz ist vom alten Höhleneingang so weit abgelegen, dass er völlig im Dunkel lag. Das Alter der Fundstücke liegt bei ca. 50 000 Jahren, sie gehören also in die Zeit des Neandertalers.

Neuere Ausgrabungen 1965/66 erbrachten in der Perlengrotte jungsteinzeitliche Keramikfunde, ca. 4000 v. Chr. zu datieren. Auch diese Fundstelle liegt abseits des Tageslichtes.

Beide zeitlich so weit auseinanderliegende Fundkomplexe bezeugen, dass die Höhle schon lange vor 1536 begangen wurde. Die Lage der Fundstellen weitab des Eingangs lassen kaum an eine Siedlungsnutzung denken. Eher könnte das Aufsuchen der Höhle zu kultischen Zwecken denkbar sein, wenn auch die Lagerung der Funde und diese selbst uns dazu nichts Handgreifliches bezeugen.

R. B.

Lit.: W. Blasius, Spuren paläolithischer Menschen in den Diluvial – Ablagerungen der Rübeländer Höhlen. In: Beiträge zur Anthropologie Braunschweigs. Braunschweig 1898, 1–37; H. Behrens, Gibt es eine mitteldeutsche Gruppe der Michelsberger Kultur? In: Jahresschrift Mitteldt. Vorgesch. 53, 1969, 285–307; S. Flindt u. C. Leiber, Kulthöhlen und Menschenopfer im Harz, Ith und Kyffhäuser. Osterode 1998

Sieben paläolithische Geräte (nach W. Blasius), ca. 50 000 Jahre alt.

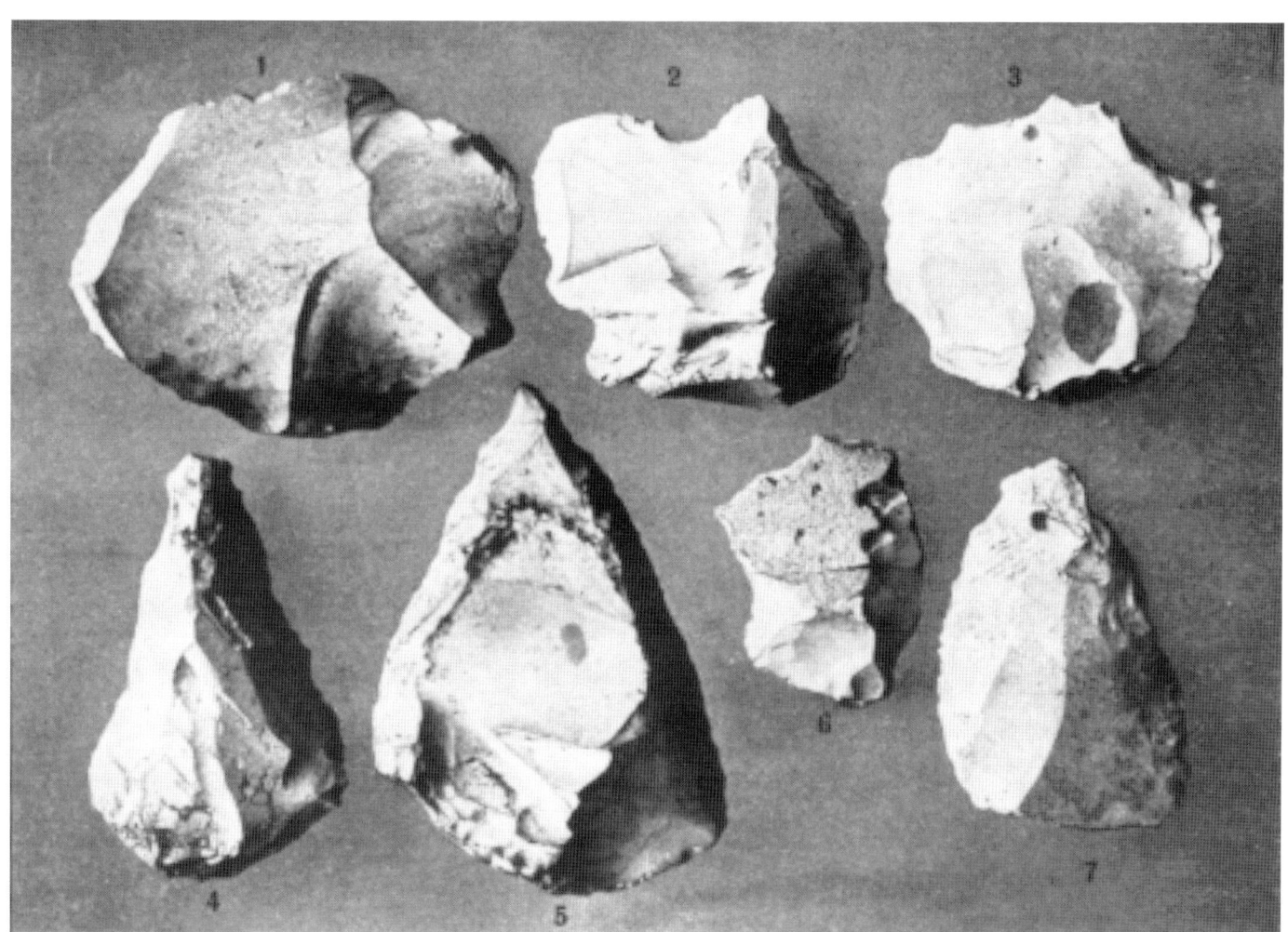

Die „Rothesteinhöhle" bei Holzen, Ldkr. Holzminden

Seit dem späten 19. Jahrhundert fanden in der „Rothesteinhöhle" Ausgrabungen statt. Dabei zeigte sich, dass diese Höhle an den Hängen des Ith, einem Höhenzug im südhannoverschen Bergland, gelegen, wiederholt von vorgeschichtlichen Menschen aufgesucht worden ist.

Bei der „Rothesteinhöhle" handelt es sich um eine Höhle, die nicht durch die Kraft des Wassers entstanden ist, sondern um eine Abrisskluft. Über einen Eingangsspalt von etwa 1,0 m Breite und ungefähr 4,0 m Höhe führt die Kluft zunächst schnurgerade in das Innere, um dann nach einer Stufe ein wenig breiter werdend im rechten Winkel nach rechts abzuknicken. Nach weiteren 25,0 m erreicht man hier das Ende des Ganges, über dem noch eine Oberkammer liegt. Von dem Hauptgang zweigen verschiedene kurze Stichgänge und Spalten ab.

Der aufsehenerregendste Fund kam 1954 in einem kleinen Gang zutage, der etwa 16,0 m hinter dem Höhlenzugang abzweigte. Dieser Gang verbreitete sich an einer Stelle zu einer kleinen Kammer, deren Fortsetzung zugeschüttet war. Die Kammer war mit Steinen verfüllt. Darunter fand man hinter einem aufrecht stehenden Stein eine flache Platte, die mit einer Schicht von Fledermausknochen bedeckt war. Darunter entdeckte man verschiedene Gegenstände aus Bronze und Knochen, die dort offensichtlich aus kultischen Gründen niedergelegt worden waren. Es handelt sich um einen Bronzedolch mit linsenförmigem Klingenquerschnitt, um einen weiteren mit vier Nieten und von der Klinge deutlich abgesetzten Schneiden, um einen Bronzepfriem, der noch in seiner knöchernen Schäftung steckte, um einen bronzenen Spiralfingerring, der in einen Schleifenring gesteckt war; ferner um zwei weitere Schleifenringe und ein blechförmiges Bronzefragment, vielleicht das Kopfbruchstück einer frühbronzezeitlichen Ruderkopfnadel, um eine Knochennadel sowie um einige menschliche Fingerknochen und das Fragment eines Rinder- oder Rothirschschädels. Die genannten Gegenstände datieren in die Zeit der frühbronzezeitlichen Aunjetitzer Kultur Mitteldeutschlands und stammen wohl auch größtenteils von dort.

Auch bei den älteren Grabungen (1883) waren bereits verschiedene Gegenstände geborgen worden. So fand man am Ende der Höhle zwischen Holzkohlestückchen, Knochen und Scherben („Herd I") auch ein Randleistenbeil Aunjetitzer Herkunft und einen kleinen dreinietigen Dolch mit flachem Klingenquerschnitt, an anderer Stelle („Herd IV") einen Knochenpfriem und einen bronzenen Spiraltutulus, der aus dem Verbreitungsbereich der Frühbronzezeitgruppen des Voralpenlandes stammen wird, und aus einem Haufen unbeschädigter menschlicher Knochen, die als zu fünf Individuen, darunter einem Kind gehörend, bestimmt werden konnten, eine Knochennadel mit umlaufender Kopfriefe. Weitere menschliche Knochen, die von acht Erwachsenen und sechs Jugendlichen stammen, wurden an verschiedenen Stellen der Höhle aufgesammelt.

Foto: I. Simon

Verbleib (Funde): Braunschweigisches Landesmuseum, Wolfenbüttel
Lit.: G. Jacob-Friesen, Einführung in Niedersachsens Urgeschichte, Teil II (Bronzezeit). Hildesheim 1963, 246–252; M. Claus, Frühbronzezeitliche Funde aus der Rothesteinhöhle im Ith. Studien aus Alteuropa, Teil I [Tackenberg-Festschrift] Köln-Graz 1964, 153–165; M. Geschwinde, Höhlen im Ith. Urgeschichtliche Opferstätten im südhannoverschen Bergland. Hildesheim 1988

Einzelne der Knochen zeigen Schnittstellen. In den folgenden Jahrzehnten wurden ein zweiter Bronzepfriem, verschiedene Pfrieme aus Knochen und verschiedene Scherben geborgen. Vor 1883 hatte man bereits einen kleinen zweinietigen Bronzedolch mit ausgeprägter Mittelrippe neben einem vollständigen Skelett liegend aufgefunden. Anders als die übrigen schon genannten Funde muss dieser Dolch in die beginnende ältere Bronzezeit datiert werden. Hier könnte die einzige gesicherte Bestattung aus dieser Höhle vorliegen.

Bei den Grabungen der Jahre 1963 und 1964 wurden dann im Höhlenschutt südlich der schon genannten Opferplatte eine Auswahl eisenzeitlicher Scherben zusammen mit einer eisernen gekröpften Nadel gefunden, was belegt, dass nach fast einem Jahrtausend die Höhle wiederum als Opferplatz genutzt wurde.

F. L.

Grundriss der Rothesteinhöhle (Grafik: J. Vaross)

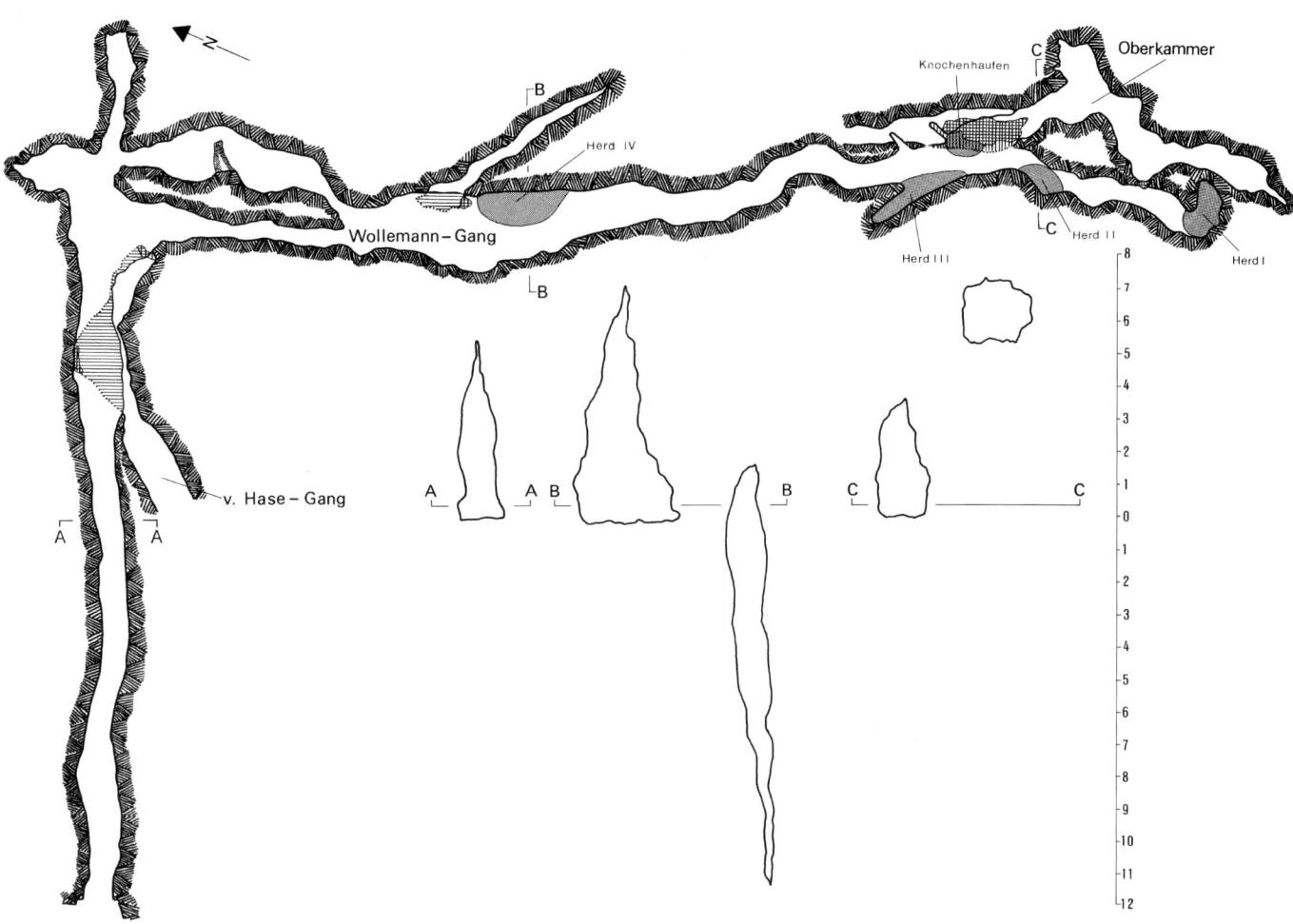

Oberkammer

Knochenhaufen

Herd IV

Herd III

Herd II

Herd I

C

C

Wollemann – Gang

v. Hase – Gang

B

B

A

A

A

A

B

B

C

C

8
7
6
5
4
3
2
1
0
1
2
3
4
5
6
7
8
9
10
11
12

Die Einhornhöhle bei Scharzfeld, Ldkr. Osterode

Ihren Namen erhielt die Höhle nach dem legendären Einhorn, dessen vermeintliche Knochen man im Mittelalter für medizinische Zwecke verwendete.

1541 ist die Höhle erstmals erwähnt und genauer durch J. Letzner 1583 beschrieben worden. G. W. Leibnitz hat 1686 hier noch nach dem Einhorn geforscht und darüber berichtet. Goethe besuchte die Höhle 1784. K. H. Jacob-Friesen hat hier 1924–26 archäologische Grabungen durchgeführt. Neben diesen haben ältere und jüngere Ausgrabungen bezeugt, dass der Mensch diese Höhle von der Jungsteinzeit an über die Bronzezeit bis hin zur vorrömischen Eisenzeit aufgesucht hat. Dabei kam es zu Bestattungen, aber nicht alle Funde lassen sich durch den Totenkult verstehen. Auffällig ist, dass diese Bestattungen Körperbeisetzungen waren, wogegen sonst Brandbestattungen üblich waren. D. h., hier war ein Kult geübt, der von der Regel abwich. Vermutlich sind durch den Deckeneinsturz in der Blauen Grotte auch Opfergaben in die Höhle versenkt worden. Daneben dürften einige Spuren auch auf die Bewohnung der Höhle in vorgeschichtlicher Zeit verweisen.

So steht sie als Beispiel für eine Höhle, die in verschiedener Funktion zu bewerten ist. Aber eine Wohnhöhle ist sie dann doch nicht allein gewesen.

R. B.

Lit.: M. Claus, Archäologie im südwestlichen Harzvorland. Hildesheim 1978

Die Blaue Grotte
Blick in die Einhornhöhle
(Fotos: W. Spitta)

Die Steinkirche bei Scharzfeld, Ldkr. Osterode

Ausgrabungen in den Jahren 1925–26, 1928 und 1934 haben die Benutzung der Höhle zu verschiedenen Perioden erschlossen. Die ältesten Funde stammen von einem späteiszeitlichen Lagerplatz einer Rentierjägerhorde, die im Eingang der Höhle ein Lagerfeuer entzündet hatte. Spärlicher stellen sich einige Funde der Mittelsteinzeit dar, wobei es sich nur um wenige Flintgeräte und solche aus Kieselschiefer handelt.

Einige Scherben weisen in früheisenzeitliche und frühgeschichtliche Zeit.

Wann die Höhle in eine Kirche gewandelt wurde, ist nicht bekannt. Die Funde weisen in das 13. bis 15. Jahrhundert. Die Ausgrabungen haben auf dem Vorplatz und in der Höhle bis auf die Höhe des Altars mittelalterliche Bestattungen nachgewiesen. Die Kapelle ist 1586 letztmalig erwähnt und scheint alsbald aufgegeben worden zu sein.

Die vorgeschichtlichen Funde bezeugen Siedlungstätigkeit an diesem Platz. Hinweise auf Opferpraktiken ließen sich nicht erkennen.

R. B.

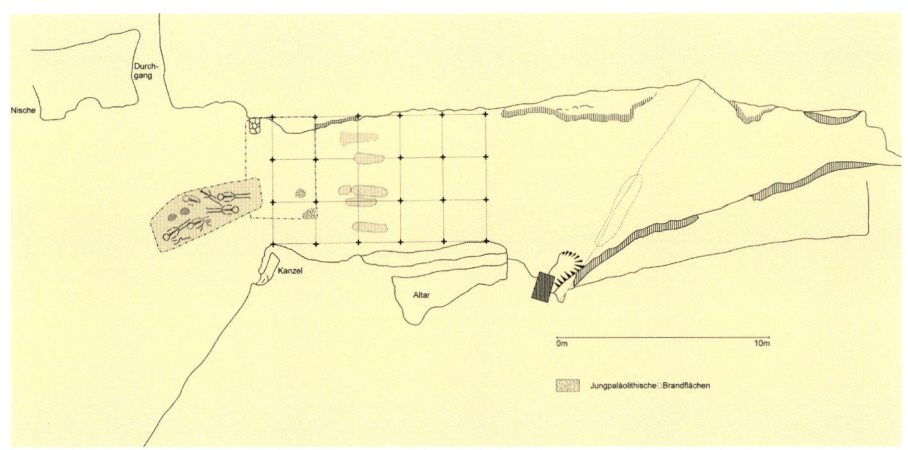

Plan der Steinkirche und der Grabungsflächen von 1925–1928 (nach Nowothnig 1970)
Lit.: W. Nowothnig, „Steinkirche", Ritterstein und Einhornhöhle. In Führer zu vor- und frühgeschichtlichen Denkmälern 17, 1970, 89 ff.; M. Claus, Archäologie im südwestlichen Harzvorland. Hildesheim 1978

1. Die Lage der Höhle

2. Blick über den Vorplatz mit Nische

3. Der sog. Durchgang

4. Felskammer mit Weihwasserbecken (Fotos: R.Busch, 2000)

Die Steinkirche bei Scharzfeld, Ldkr. Osterode, romantisch gesehen

In der Reihe „Das malerische und romantische Deutschland" erschien als V. Sektion von W. Blumenhagen „Wanderungen durch den Harz" (1838) mit Illustrationen nach Ludwig Richter.

Darin befindet sich auch eine Ansicht der Steinkirche. Die Höhle ist von innen nach außen betrachtet. So war es möglich, alle wichtigen Details zu schildern, links der Altar, rechts das Weihwasserbecken und rechts hinten der Eingang zur Felskammer. Im Vordergrund belebt eine Ziegenherde mit Hirt und jugendlichem Liebespaar die Szene. Ein weiter Bereich öffnet sich in das Tal.

R. B.

Verbleib: Privatbesitz

Stahlstich von W. Buckle nach einer Zeichnung von Ludwig Richter, Leipzig 1838. 10,4 x 15,9 cm

Die Lichtensteinhöhle bei Osterode am Harz

1980 entdeckten Höhlenforscher in der Lichtensteinhöhle eine bis dahin unbekannte Fortsetzung, die über mehrere extreme Engstellen hinweg zu einer unversehrt erhaltenen Kultstätte aus der Bronzezeit führte. Zunächst tat sich eine kleine Kammer von nur 60–80 cm Höhe auf, in der sich dem ersten Menschen, der diesen Raum nach mehr als 2700 Jahren wieder betrat, ein wahrhaft atemberaubender Anblick bot. Auf dem Boden der Kammer lag ein vollständiges menschliches Skelett mitsamt einer Schmuckausstattung aus bronzenen Ringen und Spiralröllchen. Es folgten vier weitere Kammern, die wiederum nur auf dem Weg durch enge Klüfte zu erreichen waren. Darunter auch die Fiddi-Kluft, deren nördliches Ende hier als Nachbildung gezeigt wird (Abb. 1). Alle neuentdeckten Räume enthielten zahlreiche archäologische Funde als stumme Zeugen einer schaurigen und überaus rätselhaften Vergangenheit.

Meist überdeckt von einer dicken Sinterschicht hatten sich auf dem Boden der ungemein engen Höhle die verstreut umherliegenden Reste von 36 Menschen erhalten (Abb. 2). Offenbar Angehörige der in Thüringen verbreiteten sogenannten Unstrutgruppen-Kultur – hierauf deuten jedenfalls einige besonders charakteristische Stücke unter den zahlreich zwischen den Knochen entdeckten Schmuckgegenständen und Trachtbestandteilen der Toten hin.

Von entscheidender Bedeutung für die Interpretation des Gesamtbefundes bleibt die Frage, ob die Menschen einst lebend in die Höhle kamen und erst vor Ort starben, oder ob sie dort als Tote bestattet wurden (Abb. 3). Eine sichere Entscheidung ist bisher noch nicht möglich, doch scheint es sich wohl eher um eine Kulthöhle mit lebend hineingelangten Menschenopfern als um eine Grabstätte zu handeln. Nach welchen Kriterien die laut Aussage von DNA-Analysen teilweise miteinander verwandten Menschen ausgesucht wurden, und auf welche Art sie in der Höhle starben, ist aber noch weitgehend ungeklärt.

Eine von den übrigen Kammern abweichende Fundsituation, die eine Interpretation der Höhle als Kultstätte sehr deutlich unterstützt, zeigte sich neben den auch hier vorhandenen flächendeckenden Knochenlagen im Hauptraum der Höhle. In diesem Raum von nur etwa 8 m² nutzbarer Grundfläche fand sich ein umfangreiches Paket aus Erdschichten, die zumeist durch große Mengen von Holzkohle tiefschwarz gefärbt waren (Abb. 4). Inmitten dieser Schichten ließen sich auf engstem Raum mehr als 15 übereinander liegende Feuerstellen nachweisen. In Verbindung mit den Funden von fast unversehrt erhaltenen Tongefäßen, zerschlagenen Tierknochen sowie zahlreichen Fischwirbeln und auffällig geformten natürlichen Kieselsteinen und Fossilien, deren letzteren man wohl magische Kräfte zumaß, bleibt kaum ein Zweifel daran, daß es in der Höhle immer wieder zu rituellen Handlungen und Kultmahlzeiten gekommen ist.

Was trieb aber die in der Nähe des Lichtensteins lebenden Leute dazu, außer Feldfrüchten, Getreidebrei und Haustieren, deren Reste man hier ebenfalls fand,

Abb. 1 Blick in die Fiddi-Kluft
(Foto: Kreisarchäologie Osterode am Harz)

Abb. 2 Menschenknochen in den engen Klüften der Lichtensteinhöhle
(Foto: Kreisarchäologie Osterode am Harz)

so viele Menschen zu opfern? Wem brachten sie diese dar und welche Rolle spielten hierbei die mehr als 20 bisher entdeckten Hunde im Welpenalter?

Funde und Befunde der Lichtensteinhöhle aber auch anderer vergleichbarer Höhlenfundplätze deuten darauf hin, daß Höhlen wohl als ein Zugang zum Erdinneren verstanden wurden und daß an diesen Orten eine unbekannte Gottheit chthonischer, also mit der Erde verbundener Wesensart verehrt wurde, die für die Regelung von Leben und Tod sowie die Fruchtbarkeit der Felder und des Viehs zuständig war.

Im 8. Jahrhundert v. Chr. endet mit der Unstrutgruppen-Kultur auch die Nutzung der Lichtensteinhöhle. Es ist möglich, daß mit der jetzt beginnenden Eisenzeit andere religiöse Vorstellungen Einzug hielten, in denen es für die alten Kulte keinen Platz mehr gab.

Ein natürlicher, vielleicht aber auch absichtlich herbeigeführter Versturz des bronzezeitlichen Zuganges versiegelte zu einem unbekannten Zeitpunkt den ursprünglichen, bis heute nicht geöffneten Eingang des Heiligtums.

S. F.

Lit.: S. Flindt, Die Lichtensteinhöhle. In: S. Flindt und C. Leiber, Kulthöhlen und Menschenopfer im Harz, Ith und Kyffhäuser. Holzminden 1998, 50–80; S. Flindt, Die Lichtensteinhöhle bei Osterode, Landkreis Osterode am Harz. Eine Opferhöhle der jüngeren Bronzezeit im Gipskarst des südwestlichen Harzrandes. In: Die Kunde N. F. 47, 1996, 435–466; M. Geschwinde, Höhlen im Ith. Urgeschichtliche Opferstätten im südniedersächsischen Bergland. Hildesheim 1988

Abb. 3 Flächendeckende Lagen von Menschenknochen im zentralen Kultraum des Höhlenheiligtums. (Foto: A. T. Da Silva)

Abb. 4 Bernd Saal. Unter einem Gewirr von Menschenknochen kommen die schwarzen Holzkohleschichten mit den Resten der Kulthandlungen zutage. (Foto: Kreisarchäologie Osterode)

Die Funde aus der Lichtensteinhöhle

In der bronzezeitlichen Kulturschicht und dem Gewirr der zahllosen Menschenknochen kamen mehr als 130 Bronzegegenstände zutage, die einst zum persönlichen Besitz der 36 Toten gehört hatten. In der großen Mehrzahl handelt es sich um schlichten, oft auffallend einfach und scheinbar nachlässig gearbeiteten Tracht- oder Körperschmuck. Vorherrschend sind Ohr-, Arm- oder Fingerringe aus dünnem Draht oder Blech (Abb. 5), zum Teil mit deutlichen Abnutzungsspuren vom jahrelangen Gebrauch. Von besonderer Bedeutung sind vor allem zwei aufwendiger gearbeitete Gehänge aus mehreren Bronzeringen und einer Glas- bzw. Bernsteinperle (Abb. 6), denn sie gehören zu den wenigen Bronzefunden aus der Lichtensteinhöhle, die zeitlich und kulturell recht sicher eingeordnet werden können. Aus der Masse der Funde ragt auch eine kleine Noppenperle aus blau/weißem Glas (Abb. 6) heraus, die einst durch Tausch oder Handel aus dem Mittelmeerraum bis an den Harzrand gelangt war. Verhältnismäßig selten belegt sind Bronzenadeln (Abb. 7) und kleinere Beschlagbleche für Ledergürtel. Mehrere Knebel aus durchbohrten Eberhauern (Abb. 8) oder Bronzeknöpfe dienten ebenso wie die Nadeln vermutlich zum Verschließen der Kleidung.

Nur in Ausnahmefällen gelang noch der Nachweis, wo am Körper ein bestimmter Bronzeschmuck einst getragen wurde. Besonders deutlich wird die Situation bei einem unversehrt aufgefundenen Kinderarm, an dem sich noch ein bronzener Armring und mehrere Fingerringe in der ursprünglichen Lage fanden (Abb. 9).

Eine völlig andere Fundsituation zeigte sich im eigentlichen Kultraum der Höhle, wo sich in großer Zahl die Überreste der regelmäßig wiederholten Opferhandlungen erhalten hatten. Eingebettet in tiefschwarze Holzkohleschichten fanden sich neben vollständigen Tongefäßen unter anderem hunderte Scherben von zertrümmerter Keramik, zerschlagene und z.T. angebrannte oder mit Schnittspuren versehene Tierknochen sowie durchbohrte Knochenscheiben und ein sorgfältig geschnitzter Knochenlöffel (Abb. 8). Hinzu kommen die Reste von verkohltem Getreide und sonstigen Feldfrüchten sowie zahlreiche Klumpen von ebenfalls im Kultfeuer verkohltem Hirsebrei. Einigen auffällig geformten Flußkieseln und Fossilien hatte man offensichtlich magische Kräfte zugemessen.

Das Heiligtum in der Lichtensteinhöhle kann anhand des Fundmaterials zeitlich und kulturell in die Mittel- und Spätphase der vorwiegend in Thüringen verbreiteten Unstrutgruppe eingeordnet werden. Es ist sicher, daß man die Kultstätte über mehrere Generationen hinweg nutzte, wobei der Schwerpunkt offenbar in der Spätphase und damit dem Zeitraum etwa zwischen 900 und 700 v. Chr. (Ha B2/3) lag.

S. F.

Abb. 5 Gegossene oder aus Draht und Blech gebogene Ringe und Spiralen kommen am häufigsten vor. Der große Armring hat einen größten Durchmesser von 10 cm. (Foto: A. T. Da Silva)

Lit.: wie vorstehend

Abb. 6 Verschiedene Ringgehänge u. a. mit blauer Glasperle und brauner Bernsteinperle. Die blau-weiße Noppenperle in der Mitte stammt aus dem Mittelmeerraum. (Foto: A.T. Da Silva)

Abb. 7 Bronzenadeln dienten zum Verschließen der Gewänder. Für den Ring in der Mitte wurde eine Rollenkopfnadel zusammengebogen. (Foto: A.T. Da Silva)

Abb. 8 Aus Zähnen und Knochen hergestellte Gegenstände. Die mittig durchbohrten Eberhauer dienten als Verschlussknebel, die durchbohrten Knochenscheiben als Anhänger. Der aus Knochen geschnitzte Löffel hat eine Länge von 9 cm. (Foto: A.T. Da Silva).

Abb. 9 Am Unterarm eines Kleinkindes fand sich noch dessen Armreif. Ein Indiz dafür, dass der Arm nach dem Tod des Kindes nicht mehr verlagert wurde. (Foto: Kreisarchäologie Osterode am Harz)

3. Felsbilder und Schalensteine

Von Torsten Capelle

Im Norden Europas ist eine der eindrucksvollsten Denkmälergruppen der Urgeschichte ungestört erhalten. Dabei handelt es sich um tausende von Bildern, die aus der Zeit weit vor eigener Schriftführung regelrecht gezielt der Nachwelt einiges zu erzählen scheinen. Die Bilder sind in den anstehenden Fels und auch auf größeren Blöcken eingepickt oder eingeschliffen. In einigen Fällen gibt es auch aufgemalte Motive, die darauf hinweisen könnten, dass auch die vielen eingetieften Bilder ehemals noch mit Farbe zur Akzentuierung ausgemalt waren oder dass zu diesen noch weitere Darstellungen mit ausschließlich Farbe als eigenständigem Ausdrucksmittel gehört haben könnten.

Die durch den Gletscherschliff des zurückweichenden schmelzenden Eises gleichsam durch Planierung vorbereiteten meist begehbaren Felsflächen boten ideale Ebenen für die Anbringung von Bildern. Das harte Material setzte allerdings der äußeren Ausdrucksform von vornherein verhältnismäßig enge Grenzen: Die Bilder sind nur wenige Millimeter eingetieft, und in dem spröden Granit oder Gneis sind die Kanten inzwischen durch Witterungseinwirkungen stets etwas ausgebrochen, jedoch ohne dass dadurch die Linienführungen unscharf wirken. Doch ist deshalb in der Regel nicht mehr feststellbar, ob manche bereits vorhandenen Bilder zu einem späteren Zeitpunkt auffrischend oder ergänzend einer Nachbearbeitung unterzogen worden sind.

Auf der gesamten skandinavischen Halbinsel und auf Bornholm sind fast ausschließlich anstehende Felsen bebildert worden. Oft sind die Zeichnungen dabei in kleinen Gruppen anzutreffen, seltener aber in größeren beisammenliegenden Arealen wie z.B. die umfangreichen Komplexe im nördlichen Bohuslän an der schwedischen Westküste. Auf den anderen dänischen Inseln sowie in Jütland und Norddeutschland wurden dagegen mangels massiver Bergflächen lose Blöcke dafür ausgewählt, die ursprünglich mit dem Eis von Mittel- und Nordskandinavien aus dorthin transportiert worden waren.

Zwar ist eine sehr genaue Datierung der Bilder nur schwer möglich, doch da – neben einigen anderen Anhaltspunkten – zum Teil übereinstimmende Darstellungen als Gravuren auf Kleinbronzen in chronologisch gut fixierten Gräbern auftreten, ist deren Gleichzeitigkeit in der jüngeren Bronzezeit weitgehend gesichert. Was es an entsprechenden Äußerungen in anderen, leicht vergänglichen Materialien wie beispielsweise Holz zeitgleich eventuell gegeben hat, wird wohl für immer unbekannt bleiben.

Die nordischen Felsbilder wirken zunächst wie erzählende dauerhafte Demonstrationen einer sonst unbekannten Lebensvielfalt. Doch sind sie zugleich ausgesprochen rätselhaft, da sie sowohl Alltägliches als auch Außergewöhnliches wiederzugeben scheinen, und zwar in einer oft geradezu verblüffenden Mischung, die schwer zu entschlüsseln ist, obgleich die einzelnen Motive in der Regel ohne weiteres zu lesen, das heißt zu identifizieren sind. Die Tatsache, dass die Anregungen jeweils aus der allgegenwärtigen unmittelbaren Umwelt entnommen wurden, die Zusammenstellungen und inneren Bezüge der einzelnen Bildflächen aber oft so unverständlich erscheinen, zuweilen aber ohne Zweifel festlich anmuten, hat schon früh dazu veranlasst, diese Bildwelt insgesamt als religiöse Urkunden anzusprechen, zumal sie im Gegensatz zu anderen ur- und frühgeschichtlichen Hinterlassenschaften keinen unmittelbar lebenspraktischen Zweck erkennen lassen. Unabhängig von jeder Deutungsweise ist aber festzuhalten, dass die Anfertigung der Bilder einen großen Aufwand erforderte und dass demnach die Anbringung dieser nahezu unvergänglichen Zeugnisse in dem harten Gestein für ihre Hersteller allenthalben nicht ein spielerisches, sondern ein wichtiges Anliegen gewesen sein muss.

Die Motive treten in einer erstaunlich großen Variationsbreite auf. Es sind Menschen, Tiere, Fahrzeuge sowie Symbole, Waffen, Kleidungsstücke und manches andere mehr, die zuweilen auch zu kleinen Szenen vereinigt sind – falls jeweils tatsächlich absolute Gleichzeitigkeit gegeben ist.

Innerhalb der einzelnen Bildflächen, die in seltenen Fällen auch bis zu hundert und mehr pictogrammähnliche Motive enthalten können, ist häufig eine große Unregelmäßigkeit zu beobachten. Besonders auffallend sind das Fehlen jeglicher Perspektive, variierende Proportionen in ein und derselben Figur, ungleiche Größenverhältnisse sowie eingestreute, zum Teil auf den Kopf gestellte Figuren. Ohne Zweifel ist daraus häufig eine unorganische Entstehung der Einzelflächen abzuleiten. In den meisten Fällen handelt es sich demnach nicht jeweils um insgesamt entworfene Kompositionen, sondern vielmehr um voneinander unabhängige Bilder oder auch Bildgruppen, die allmählich zur heutigen Gesamterscheinung angewachsen sind. Sogar nebeneinander stehende Figuren müssen nicht unbedingt Bestandteile einer zusammengehörigen Szene sein. Oft überschneiden sie sich störend oder sogar radikal, das heißt, es wurde bei einer Neuanfertigung nicht unbedingt Rücksicht auf bereits Vorhandenes genommen, so dass zuweilen der Eindruck von kurzfristigen Verbrauchsbildern entsteht. Bei einem ausschließlich religiösen Hintergrund wäre das im Gegensatz zu einer gezielten entweihenden Vernichtung nur schwer verständlich, da dann doch gewiss eine gewisse Scheu vor Zerstörung älterer Dokumente bestanden haben müsste.

Die Bilder einer Fläche sind folglich mit Sicherheit oft nicht gleichzeitig entstanden. Vielmehr wurden die Felsen mehrfach aufgesucht und gleichsam angereichert. Doch gibt es auch zahlreiche Szenen, bei denen die Einzelbilder einwandfrei direkt aufeinander bezogen sind. Bei diesen wird es gerechtfertigt sein, auch an eine gleichzeitige Entstehung zu denken. Nur in Ausnahmefällen wird eine bestimmte Szene aus besonderem Anlass zu einem späteren Zeitpunkt noch inhaltlich erweitert worden sein. Das bedeutet, dass thematisch wahrnehmbare Einheiten in den meisten Fällen auch von einer Hand stammen werden. Im Übrigen kann sich aber die Ausschmückung einer einzigen Felsfläche über sehr lange Zeit hingezogen haben.

Im Süden Skandinaviens herrschen Bilder vor, die am ehesten mit sesshaften, Ackerbau und Viehzucht betreibenden Menschen in Verbindung gebracht werden können, wie Pflüge, Rinder, Pferde und Wagen, während weiter nördlich die vielen Bilder von Hirschen, Elchen und Fischen in besonderem Maße auf Jagd und Fang als Wirtschaftsgrundlage verweisen. Damit ist in beiden Regionen ein Schwergewicht des Bildschaffens der jeweiligen Lebensgrundlage angehörig. Demnach können durchaus Wünsche fortdauernder Fruchtbarkeit damit einhergegangen sein und diese durch magisch-kultische Maßnahmen – eben dem beschwö-

renden mühevollen Einschlagen von entsprechenden Bildsymbolen – sichtbar gemacht worden sein. Sonnensymbole sowie Darstellungen von Prozessionen und außergewöhnlich Festlichem wie Lurenbläser passen in einen solchen Zusammenhang mit kultisch-religiösem Gepräge.

Gemeinsam sind dem gesamten Norden die zahllosen Schiffsbilder mit deutlich unterscheidbaren Konstruktionsdetails, die in erster Linie wohl als Ausdruck einer seefahrenden und auf großräumige Kommunikation bedachten Bevölkerung zu verstehen sind. Auch hinter diesen können Wunschvorstellungen stehen, war doch der gewaltige wirtschaftliche Aufschwung Nordeuropas in der Bronzezeit, der vor allem einen Niederschlag in dem aus weiten Entfernungen bezogenen Buntmetall erfahren hat, von der Aufrechterhaltung guter Fernverbindungen abhängig.

Wer die Adressaten dieses größten, auch rein antiquarisch bedeutenden Bildquellenmaterials aus der europäischen Urgeschichte waren, bleibt leider unbekannt. Sicher sind die Bilder jedoch nicht um ihrer selbst willen entstanden. Waren es in Fels eingeschlagene, Historienmalereien vergleichbare Mitteilungen, waren es tatsächlich religiöse Urkunden oder gar beides? Für die zeitgenössischen Betrachter waren sie in ihrer Bedeutung gewiss problemlos zu erfassen, doch gilt das für den heutigen Menschen nicht mehr.

Gerade aus der Randzone (Norddeutschland, Dänemark, südlichstes Schweden) der Felsbildwelt gibt es nun aber Hinweise auf einen unbestreitbaren kultischen Zusammenhang. Denn hier waren die Standorte nicht durch die anstehenden Felsflächen vorgegeben, sondern die losen Blöcke konnten – wenn auch sicher nur mühsam – an die gewünschten Orte transportiert und damit gezielt aufgestellt werden. Dabei handelt es sich sowohl um frei postierte Exemplare als auch um solche, die in Grabanlagen eingebunden waren.

Am weitesten verbreitet sind die sogenannten Schalensteine. Dieses sind Findlinge, in die meist mehrere uhrglasförmige Schälchen hineingepickt sind. Auch wenn die Schalensteine heute sehr oft von ihren ehemaligen Standorten verschleppt sind, so deuten die wenigen bewahrten Fundsituationen doch darauf hin, dass sie ursprünglich alle an oder auf Gräbern gestanden oder gelegen haben. Sie müssen demnach in irgendeiner Form mit dem Totenkult zusammenhängen. In seltenen Fällen finden sich neben den Schälchen auch einzelne andere Zeichen – meist nur ein Kreis. Die Bedeutung der Schälchen ist unklar. Vielleicht galt es, aus volksmedizinischen Gründen an das Gesteinspulver zu gelangen. So etwas ist noch aus neuerer Zeit bekannt. In Schleswig-Holstein haben Messungen nahe beieinander liegender Steine mit und ohne Schälchen ergeben, dass erstere eine höhere Radioaktivität aufwiesen. Eventuell hat sich die mögliche Heilwirkung am benachbarten Pflanzenwuchs erkennen lassen.

Wesentlich aufschlussreicher ist ein Bildstein, der das Kopfende einer überhügelten bronzezeitlichen Grabkammer in Anderlingen bei Bremervörde bildete. Der unterste unregelmäßige Teil war im Erdboden verankert. Darüber ist in der Mitte eine im Profil gesehene, nach rechts gewandte menschliche Figur eingeschlagen, die in den erhobenen Händen eine Axt oder ein Beil trägt; axttragende Figuren gibt es auch auf skandinavischen Felsbildern innerhalb von feierlichen Prozessionsdarstellungen. Links davon ist in Anderlingen eine nach links gewendete Menschenfigur wiedergegeben, deren leicht eingedrückte Knie zeigen, dass sie in einer Bewegung erfasst sein soll; sie hat die Hände mit gespreizten Fingern adorantenartig erhoben. Am rechten Bildrand ist eine nach rechts gewendete Figur mit angehobenen Händen zu sehen. Wahrscheinlich trägt sie einen nicht mehr erkennbaren Gegenstand vor sich her. Im Gegensatz zu den beiden erstgenannten Personen ist diese mit einem fast bis zu den Knöcheln reichenden Gewand bekleidet. Hinzu kommen weniger deutlich eine kleinere, eingezwängt wirkende Figur und unten ein Vierfüßler, die wohl beide erst nachträglich angebracht wurden.

In Kivik in Schonen ist sogar eine Steinkammer bekannt, die mit acht Bildsteinen ausgestattet war. Neben ornamentalen Motiven handelt es sich auch dort um szenische Darstellungen. In beiden Fällen werden Ausschnitte aus Zeremonien wiedergegeben sein, die unmittelbar mit dem Bestattungskult für herausragende, in aufwendigen Kammern beigesetzte Persönlichkeiten in Verbindung standen. Im Gegensatz zu den freiliegenden Felsbildern, die wohl jederzeit zugänglich waren, sollten solche Bildsteine ihre Wirkung im Verborgenen ausüben, denn sie waren nach den

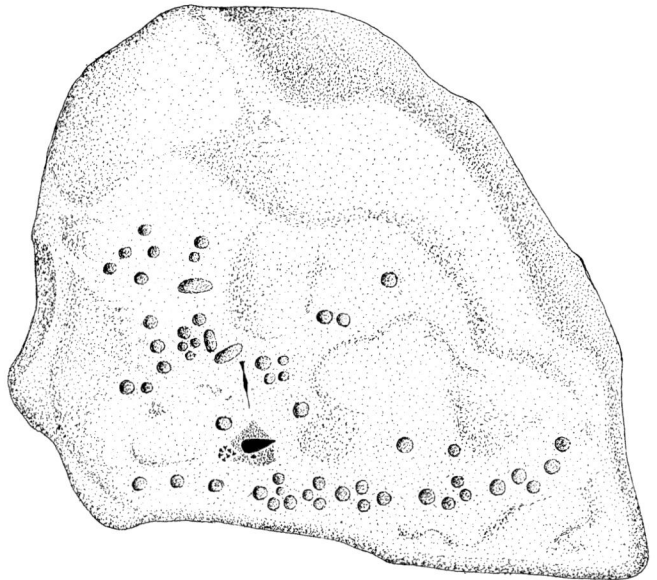

Der Schälchenstein von Wiershausen, Ldkr. Göttingen

Bestattungsfeierlichkeiten für die Lebenden unsichtbar und nur noch den Toten vorbehalten.

Ebenfalls mit dem Totenkult hängt die 2,80 × 2,30 m weite und 75 cm starke Steinplatte von Wiershausen nahe Hannoversch Münden zusammen, die in einem ursprünglich mindestens 20 Grabhügel umfassenden Gräberfeld liegt. Auf der Oberfläche sind 55 Schälchen eingepickt. Viel bemerkenswerter ist aber, dass darauf ein 18 cm langes bronzenes Dolchblatt mit Ziernieten am Griff und eine bronzene Schmucknadel lagen. Aufgrund seiner Lage in dem Gräberfeld kann dieses Denkmal wohl am ehesten als ein zu den Grabhügeln gehöriger Opferplatz angesprochen werden, auf dem mit den Bestattungen zeitgleiche Bronzegaben niedergelegt wurden.

Für die Öffentlichkeit dagegen werden drei norddeutsche Steine bestimmt gewesen sein, die in Horsten, Harpstedt und Beckstedt, alles Orte westlich der Weser, aufgefunden wurden und die sich durch auffallende gemeinsame Merkmale auszeichnen. Sie sind 90 bis 110 cm groß, ihre

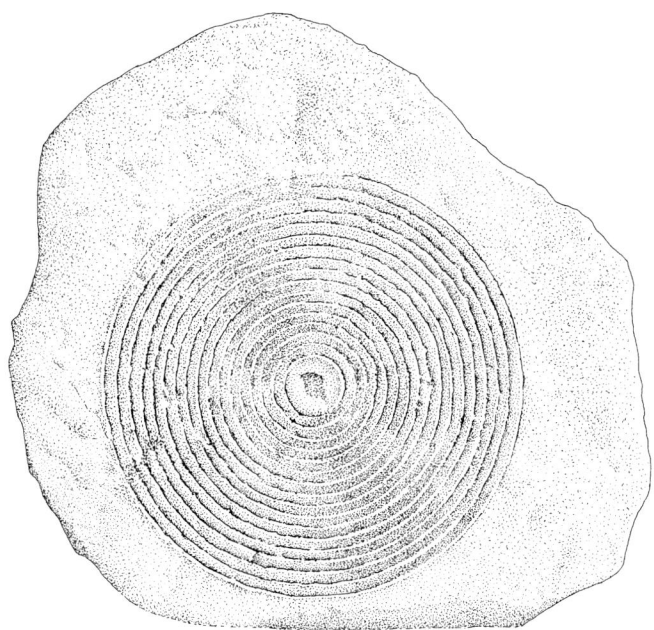

Der Sonnenstein von Horsten, Kr. Wittmund

Schauseiten sind plan vorgearbeitet worden, sie bestehen alle aus rötlichem Granit, und sie sind jeweils um ein zentrales Schalengrübchen mit konzentrischen Kreisen – 17, 12 beziehungsweise 11 – in geradezu geometrischer Präzision versehen. Vergleichbare Steine gibt es sonst nicht. Aber ähnliche etwas einfachere Zeichen in Skandinavien, auf die sich dort zum Teil offensichtlich anbetende Personen mit erhobenen Händen beziehen, legen ebenso wie der berühmte Sonnenwagen von Trundholm auf Seeland – eine von einem Pferd gezogene goldbelegte Scheibe mit konzentrischer Verzierung – eine Ansprache als Sonnensymbole nahe. Vermutlich werden die drei niedersächsischen Sonnensteine (die leider alle von ihren ursprünglichen Standorten verschleppt in sekundärer Lage gefunden wurden) mit ihrer so gezielt ausgewählten Farbe an zentralen Kultplätzen aufgestellt gewesen sein, um bei ihnen die lebenspendende Kraft der Sonne feierlich mit uns heute unbekannten Zeremonien zu verehren.

Dass es solche aufgestellten Steine als wohl weithin sichtbare Bezugspunkte für vergleichbare Handlungen tatsächlich in der Bronzezeit gegeben hat, erweist ein erst jüngst bei Sandagergaard auf der dänischen Insel Seeland entdeckter Kultbau (Tempel?), dem außerhalb vier aufrecht stehende Steine zugeordnet waren, auf denen erhobene und damit offensichtlich anbetende Hände eingeschlagen sind.

Ohne Zweifel ist die eigentümliche Welt der bronzezeitlichen Felsbilder in Nordeuropa sehr vielfältig. Die meisten Darstellungen sind jedoch für den heutigen Betrachter ohne weiteres erkennbar, aber damit ist noch keine Deutung gegeben. Die Spannweite reicht vom rein antiquarisch Alltäglichen bis zu kultisch-religiösen Inhalten. Es müssen ja auch keineswegs alle Bilder ihre Entstehung der gleichen Ursache verdanken. Manche können durchaus einen eher spielerisch-erzählenden Charakter haben. Andere sollten dagegen eine magische Wirkung ausüben, das heißt Jagd, Viehzucht und Wohlstand fördern. Darin kann auch die Verehrung der Sonne einbezogen gewesen sein. Auch gibt es solche, die von kultischen Prozessionen und anderen Handlungen mit feierlichem Gepräge zeugen. Schließlich sind manche Bildsteine nachweisbar in Verbindung mit Gräbern und anderen für die zeitgenössische Umwelt zentralen Plätzen aufgestellt worden, an denen wiederkehrende Kulthandlungen wie etwa Gedenkfeiern oder jährliche Feste zur Wiederkehr der Sonne stattgefunden haben können.

Die Geheimnisse dieser Felsbilder sind bei weitem noch nicht alle gelüftet. Auch in Zukunft wird nur schwer zu ermitteln sein, was die bronzezeitlichen Bewohner Nordeuropas mit ihren Zeichnungen zum Ausdruck bringen wollten und warum sie diese so dauerhaft für ihre Nachwelt gestalteten. Opfer – auch symbolisch-bildliches – und Heiligtum haben dabei aber sicher eine entscheidende Rolle gespielt.

Literatur

O. Almgren, Nordische Felszeichnungen als religiöse Urkunden. Frankfurt 1934

C.-A. Althin, Studien zu den bronzezeitlichen Felszeichnungen von Skåne. Lund 1945

T. Capelle, Kunst und Kunsthandwerk im bronzezeitlichen Nordeuropa. Neumünster 1974

T. Capelle, Norddeutsche Felsbilder. Hildesheim 1984

P. V. Glob, Helleristninger i Danmark. Kopenhagen 1969

K. Randsborg, Kivik – Archaeology and Iconography. Acta Archaeologica 64, 1993, S. 1–147

J. Röschmann, Schalensteine. Offa 19, 1962, S. 133–138

M. Stenberger, Nordische Vorzeit IV: Vorgeschichte Schwedens. Neumünster 1977

Der Bildstein von Anderlingen, Ldkr. Rotenburg

Bei Anderlingen, Ldkr. Rotenburg, wurde im Oktober 1907 ein großer, von einem Steinkranz eingefasster Hügel von 2,0 m Höhe und 25,0 m Durchmesser abgetragen, um Steine und Sand zu gewinnen. Abseits des Zentrums, im südöstlichen Teil des Hügels, fanden die Arbeiter eine mannslange, aus großen Steinplatten erbaute Steinkiste, die noch mit zwei Decksteinen abgedeckt war. Der dritte, der nördlichste, war bereits in alter Zeit abgerutscht. Dieser Teilbereich der Steinkiste war bereits durchwühlt, als Ende Oktober der in der dortigen Gegend nicht unbekannte Sammler und Forscher Hans Müller-Brauel eine Untersuchung des noch ungestörten südlichen Teilbereiches vornahm. Dabei wurden auch die noch aufliegenden Decksteine entfernt. Auf dem Boden der NNW-SSO ausgerichteten Kammer, deren lichte Maße 2,0 × 0,7 m betragen, fand er nahe dem südlichen Abschlussstein einen dreinietigen Dolch, ein nordisches Absatzbeil und eine Rundkopffibel. Diese Fundstücke erlauben ebenso wie die Steinkiste selbst eine Datierung in die ältere Bronzezeit (Periode II) der Stader Gruppe.

Auf der Innenfläche des südlichen Abschlusssteins der Steinkiste erkannte Müller-Brauel einen „schwärzlichen, schmierigen Überzug", der sich auf die benachbarten Seitensteine ausdehnte. Im Laufe des Winters wurden dann – von Wind und Wetter freigewaschen – auf diesem Abschlussstein einige, in den Stein eingemeißelte menschliche Figuren entdeckt. Am 28. Januar 1908 war Müller-Brauel erneut an der Fundstelle, hat die Figuren gesehen und von dem noch anhaftenden Sand befreit, und schon wenige Tage später, am 30. Januar, nahm Dr. Hans Hahne vom Provinzial-Museum in Hannover eine erste Untersuchung vor, der die eigentliche Ausgrabung folgte.

Auf dem südlichen Abschlussstein der Steinkiste sind drei etwa 0,5 m hohe Figuren eingemeißelt. Die linke der drei Gestalten hat ihre Hände in Adorantenhaltung erhoben mit den Handflächen und den fünf Fingern zum Beschauer hin gewendet. Der Körper dieser leicht tänzelnden Figur ist nach links gerichtet und damit von der mittelsten Figur abgewandt, die sich ihrerseits nach rechts gerichtet in dieser Richtung fortbewegt. In den Händen hält sie ein geschäftetes Beil. Rechts außen steht eine weitere, ebenfalls nach rechts gewandte, nun allerdings etwas kleinere Figur mit angewinkelten Armen, mit denen sie etwas hält oder trägt, das nicht mehr zu erkennen ist. Die beiden zuletzt genannten Figuren werden von zwei Schälchen voneinander getrennt.

Schon bald nach der Entdeckung der Figuren tauchten Gerüchte auf, dass an diesen Figuren von Unbefugten „herumgebickert" worden ist. Dies ist nach Lage der Dinge eigentlich nicht möglich, da die Figuren durch Regen erst freigewaschen werden mussten, zumal ein „schwarzer, schmieriger Überzug" einen Teil des Steines noch zusätzlich bedeckt hat. Auch die „Spuren von frischen Beklopfungen", die Hahne an der mittelsten und der rechten Figur zu erkennen meinte,

dürften ihre Ursache eher in einer bereits von ihm festgestellten unterschiedlichen Oberfläche des Steines haben, der auf der linken Seite glatt und auf der rechten uneben und rauh ist. Die drei auf dem Stein von Anderlingen dargestellten Personen können nur im Zusammenhang mit den skandinavischen Felsbildern gesehen werden, wo Figuren, mit zum Teil im Detail genau entsprechendem Aussehen anzutreffen sind. Diese dürfte kaum einer der Einwohner von Anderlingen gekannt haben.

Die Deutung dessen, was hier dargestellt werden sollte, reicht von einer „Dreigötter-Darstellung" bis hin zu einer Prozession zu Ehren des Verstorbenen und in der Steinkiste Beigesetzten. Möglicherweise ist die linke der dargestellten Figuren, die betende Person, der Verstorbene selbst, zumal Götter keine betenden Stellungen einnehmen. Anders ist dies bei den beiden anderen Figuren, die sehr wohl Götter sein können, die dann ihre kennzeichnenden Attribute in den Händen halten, die eine das geschäftete Beil, die andere einen nicht mehr erkennbaren Gegenstand. Da das Axt (Beil)-Symbol im östlichen Mittelmeerraum als ein Attribut des Wettergottes gilt, könnte es sich bei der mittleren Gestalt des Steines von Anderlingen möglicherweise um diesen Gott handeln. Schwieriger wird die Deutung für die rechte „Götterfigur". Durch die neuen durch Asmus veranlassten Abreibungen konnte geklärt werden, dass diese Figur kein Gewand trägt, sondern ebenfalls nackt dargestellt ist, aber etwas fülliger zu sein scheint als die beiden anderen und daher wohl als weibliches Wesen angesprochen werden muss, als Göttin, vielleicht eine Ernte- oder Fruchtbarkeitsgöttin.

F. L.

Datierung: Ältere Bronzezeit (1500–1300 v. Chr.)
Verbleib: Nieders. Landesmuseum Hannover, Urgeschichtsabteilung
Lit.: T. Capelle, Norddeutsche Felsbilder. Hildesheim 1984, 54–59; H. Hahne, Bericht über die Ausgrabung eines Hügels bei Anderlingen, Kreis Bremervörde. Jahrbuch des Provinzial-Museums zu Hannover 1907/1908 [1908] 13–23; G. Jacob-Friesen, Einführung in Niedersachsens Urgeschichte, Teil II (Bronzezeit). Hildesheim 1963, 286–290; Wolfgang Dietrich Asmus, Der Bildstein von Anderlingen und seine Verbindungen zu Skandinavien. Die Kunde N.F. 41/42, 1990/91, 211–221; F. Laux, Unbekannte und wenig beachtete Steinkisten aus dem Bereich der bronzezeitlichen Stader Gruppe. Die Kunde N.F. 41/42, 1990/91, 193–210

Frottage vom Anderlinger Bildstein (nach Asmus, 1990/91)

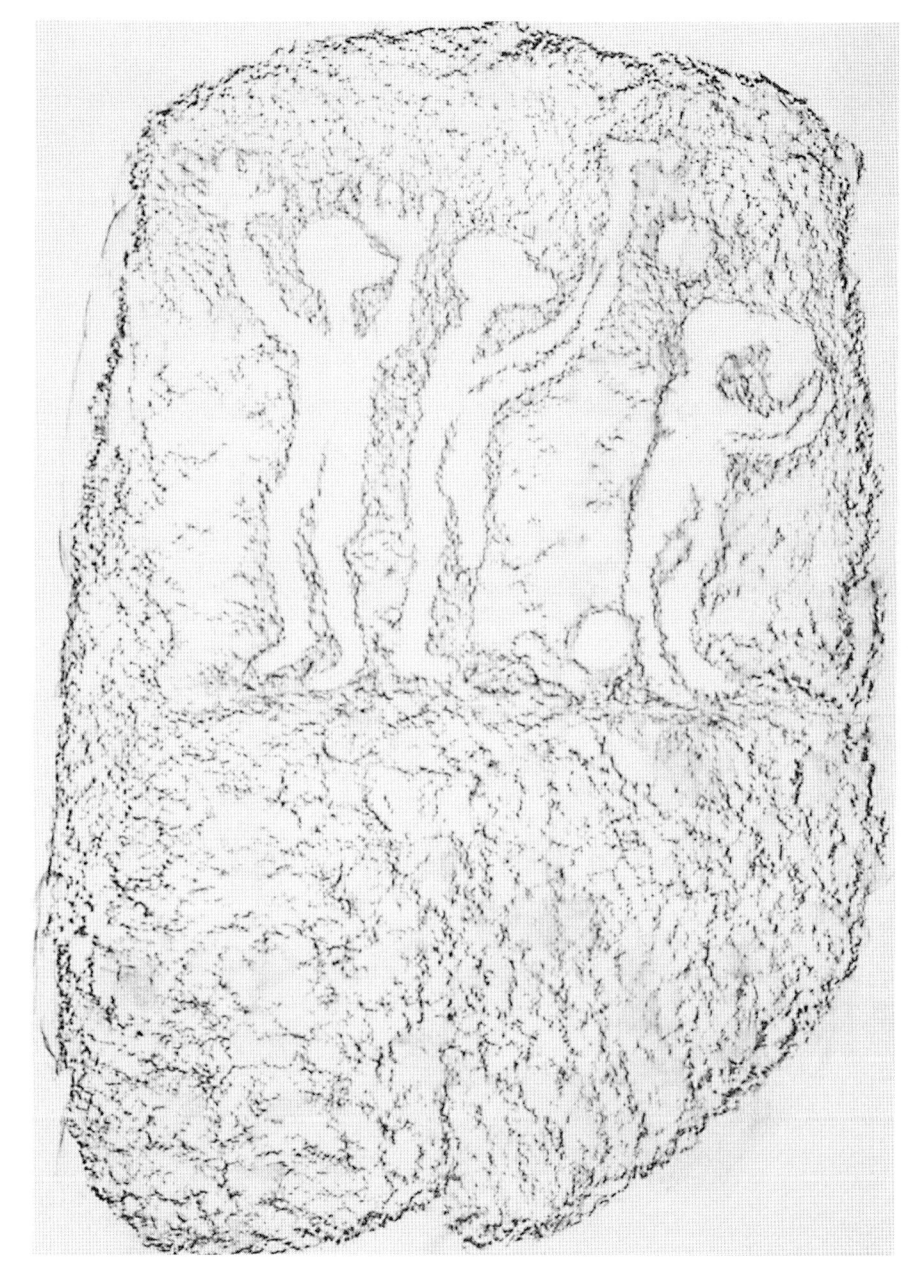

Der „Giebichtenstein" bei Stöckse, Ldkr. Nienburg

In dem Waldgebiet „Forst Krähe", einem Höhenzug östlich von Nienburg, liegt einer der größten Findlinge Niedersachsens, der Giebichtenstein und etwa 30 m davon entfernt der Überrest eines ehemals imposanten Großsteingrabes. Der Findling, ein mächtiger Granit von 7,5 m Länge, 4,5 m Breite und 2,75 m Höhe über heutigem Bodenniveau reicht noch weitere 0,9 m in den anstehenden Boden hinein. Sein Gewicht wird auf 330 Tonnen geschätzt.

Dass ein derartig großer Findling schon sehr früh die Gemüter der Menschen bewegt hat, machen allein schon die Sagen und Erzählungen von Riesen und Zwergen deutlich, die sich um die Herkunft und Entstehung des Steines „ranken". So hat er auch seinen Namen nach einem den Menschen hilfreichen Zwergenkönig, der sich später verärgert von eben diesen Menschen abgewandt hat.

Die am Fuße des Findlings und in seinem Umfeld vorgenommenen Ausgrabungen (Nowothnig 1957/58) ergaben, dass auf der südöstlichen Seite des großen Steines ein zeitweiliger Lagerplatz von späteiszeitlichen Rentierjägern der Hamburger Stufe angelegt worden war, mit einem Zeltplatz und einigen Werkplätzen, die z.T. im Windschatten des mächtigen Findlings lagen.

In der Nachbarschaft eines dieser Werkplätze, die sämtlich 0,54 m unter dem heutigen Bodenniveau – was der Bodenaufhöhung seit Verlassen des Lagerplatzes entspricht – angetroffen wurden, fand sich ein kleines Depot aus einem Kernhobel und 6 großen Abschlägen. Zwei von diesen passten genau aufeinander, und ein drittes dazugehörendes Stück wurde auf dem benachbarten Werkplatz gefunden. Diese Fundstücke wurden sicher in voller Absicht in einiger Entfernung von dem Werk- und Wohnplatz niedergelegt, doch ist es wenig wahrscheinlich, dass sie in irgendeinem Zusammenhang mit dem großen Findling gesehen werden müssen.

Eher gilt dies für das Steingrab in seiner unmittelbaren Nähe, das an einem „geheiligten" Ort errichtet worden ist. Es handelt sich dabei um eine große überbreite Kammer aus 6 Paaren einander gegenüberstehender Wandsteine, die mit fünf Decksteinen abgedeckt waren. Der Zugang liegt auf der Mitte der südlichen Langseite. Dieser Bautyp geht auf Kammern zurück, die aus dem westlichen Europa, vermutlich aus dem Tal der Loire, vom Westen her nach Niedersachsen gelangt sind.

F. L.

Datierung: beginnend mit der jüngeren Steinzeit (um 2000 v. Chr.)
Lit.: W. Nowothnig, Untersuchungen am „Giebichtenstein" und am Großsteingrab im Staatsforst „Krähe" bei Stöckse, Kreis Nienburg (Weser). Neue Ausgrabungen und Forschungen in Niedersachsen 4, 1969, 37–47; W. Nowothnig, Der Giebichtenstein bei Stöckse, Kreis Nienburg/W., und die vorgeschichtlichen Denkmäler. Hildesheim 1973; W. Nowothnig/E. Cosack, Der archäologische Wanderweg am Giebichtenstein bei Stöckse, Kr. Nienburg/Weser. Vom Rentierjäger zum Bauern. Hildesheim 1979

Foto: F. Laux, 2000

„Der Giebichtenstein auf der Krähe bei Nienburg"

(Archiv Bodendenkmalpflege Hannover)

Der „Opferstein" von Melzingen, Gem. Schwienau, Ldkr. Uelzen

Südöstlich von Melzingen liegt in der „Melzinger Heide" einer der wenigen „Opfersteine" bei denen nicht nur am Stein selbst, sondern auch in seiner unmittelbaren Nachbarschaft wissenschaftliche Ausgrabungen stattgefunden haben (Wolfgang-Dietrich Asmus 1954 – 1957).

Es handelt sich bei dem „Opferstein" um einen liegenden, mehr oder weniger Ost-West ausgerichteten Findling von 2,3 m Länge und 1,7 m Breite, der an seinem westlichen Ende eine breite, künstlich eingetiefte Rille aufweist, die allerdings nur auf einer Seite des Steines zu finden ist. Der Stein – er wurde im Zuge der Ausgrabung angehoben – lag nicht in einer natürlichen Bettung, sondern auf einem Fundament aus größeren Rollsteinen. Der Findling befand sich im Mittel einer flachen, von Menschenhand in die alte Oberfläche eingetieften Mulde von etwa 30,0 × 21,0 m Durchmesser. Um die ovale Mulde herum war ein flacher Erdwall aufgeworfen worden. Der Untergrund der Senke wurde von Geschiebemergel gebildet, der seinerseits wiederum Geschiebelehm aufliegt; es handelt sich demnach um Wasser stauende Schichten. Das Innere dieser künstlich angelegten Senke war feucht und sumpfig, so dass der Stein selbst nur schwer zu erreichen war.

Bei der Ausgrabung zeigte sich, dass unter dem östlichen Ende des Steines eine kleine, etwa 0,5 m tiefe Grube angelegt worden war, deren Füllung mit Holzkohlepartikeln durchsetzt war. Die Bedeutung dieser Grube ist unklar, es sei denn, man sieht in ihr die Standgrube, in der dieser Findling aufgerichtet werden sollte. Die unter dem großen Stein beobachteten Feldsteine hätten dann als Widerlager für die Hebebäume gedient. Wenn der Findling in seiner jetzigen Lage aufgerichtet worden wäre, müsste er als Menhir angesprochen werden. In diesem Falle würde die nur halbseitig umlaufende Rille einen kleineren Oberteil von einem größeren Unterteil trennen. Die abstrakte menschliche „Figur" wäre dann nach Osten hin ausgerichtet.

Auf der Oberfläche der künstlich geschaffenen Senke wurden zahlreiche Feldsteine angetroffen, die sich auffällig um den Opferstein herum konzentrieren. Zwischen diesen Feldsteinen fanden sich auch ein kleines Flintovalbeil, das in die frühe Megalithkultur der Lüneburger Heide datiert werden muss, eine nackengebogene Axt aus der jüngeren Bronzezeit, ein Schlagstein, ein Schleifsteinfragment, eine querschneidige Pfeilspitze und einige scheinbar bearbeitete Steine (Naturspiele). Bei der vor der amtlichen Ausgrabung bereits erfolgten Abtragung des umgebenen Erdwalles wurde ein bronzenes Absatzbeil gefunden. Phosphatanalysen haben um den Findling herum eine höhere Konzentration ergeben als in dessen Umgebung.

Diese Befunde erfordern eine Deutung. Bei dem „Opferstein" von Melzingen handelt es sich um einen eigens herbeigeschafften Findling, der mit einer halbum-

Foto: F. Laux, 2000

laufenden Rille versehen wurde. Dieser Findling sollte – oder wurde auch – in einer künstlich angelegten Senke aufgerichtet werden (Menhir), ist dann aber wohl wieder umgefallen. In der Senke selbst konnte sich das Niederschlagswasser sammeln, so dass sich hier im Laufe der Zeit auch eine entsprechende Vegetation herausbilden konnte. Auf diesen Findling (Menhir) wurden vom dem 11,0 – 14,0 m entfernten Rand aus Steine geworfen, nämlich jene, die um den „Opferstein" herum angetroffen wurden. So dürften auch die beiden Steinbeile hierher eher als „Wurf-Steine" denn als Beile gelangt sein.

    Die querschneidige Pfeilspitze, die auf der Oberfläche der künstlich geschaffenen Senke aufgefunden wurde, datiert in die Zeit der großen Steingräber. Sie kann an ihren späteren Auffindungsort eigentlich nur dann gelangt sein, als die Senke schon vorhanden war. Dies würde dafür sprechen, dass der „Opferstein" von Melzingen eigentlich ein Menhir ist. Erst später, nachdem er umgefallen war, wurden die Steine nach ihm geworfen. Wann es zu diesen Handlungen, die eher auf eine Bannung als auf eine Opferhandlung hindeuten, kam, kann mit archäologischen Mitteln nicht festgestellt werden.

F. L.

Datierung: Jungsteinzeit
(ca. 2000 v. Chr.)
Verbleib (Funde): Nieders. Landesmuseum Hannover, Urgeschichtsabteilung
Lit.: W.-D. Asmus, Untersuchung des stein-bronzezeitlichen „Opfersteines" von Melzingen, Kr. Uelzen. Germania 36, 1958, 179;
P. B. Richter, Der „Opferstein" von Melzingen, Ldkr. Uelzen. Die Kunde N.F. 47, 1996, 409 – 434

Der Schälchenstein von Emmendorf, Ldkr. Uelzen

Aus dem norddeutschen und angrenzenden südskandinavischen Raum sind eine Vielzahl von so genannten Schälchensteinen bekannt, die durch die Anbringung einfacher uhrglasförmiger Vertiefungen charakterisiert sind. Allein aus Schleswig-Holstein und Dänemark sind über 1000 Exemplare unterschiedlichster Form und Größe, die von Faustgröße bis zu mehreren Metern Durchmesser reichen kann, bekannt, und auch in Niedersachsen und Mecklenburg-Vorpommern sind sie in größerer Zahl belegt.

Ein typisches Beispiel für einen solchen Schälchenstein stellt das Exemplar aus Emmendorf, Ldkr. Uelzen, dar. Der Stein wurde 1938 aus der Grundmauer eines Wohngebäudes geborgen, in die er zum Zeitpunkt der Hausbaus zu Beginn des 19. Jahrhunderts eingemauert wurde. Über den ursprünglichen Standort des Steins ist leider nichts Näheres bekannt. Der 67 cm lange, 46 cm breite und 34 cm dicke, stellenweise beschädigte Findling, weist heute noch 15 unregelmäßig verteilte, eingepickte runde Näpfchen von 5 bis 7,5 cm Durchmesser und 1 bis 2,5 cm Tiefe auf. Er besteht aus hellbraunem, z.T. rötlich schimmerndem feinkörnigem Granit und dürfte mit Bezug auf ähnliche Schälchensteine wahrscheinlich in die Bronzezeit zu datieren sein.

Die bisher spärlichen Anhaltspunkte für die archäologische Datierung der in der Regel als Einzelfunde auftretenden Schälchensteine legt zusammengefasst ein Aufkommen dieses Brauchs frühestens während der mittleren Phase der Jungsteinzeit, wahrscheinlicher jedoch erst während des Spätneolithikums (etwa 2400–1700 v. Chr.) bzw. der frühen und älteren Phase der Bronzezeit (etwa 1700–1300 v. Chr.) nahe. Mit dem Ende der Bronzezeit scheint offenbar ein weitgehender Niedergang der Schälchensteinsitte verbunden gewesen zu sein, gelegentlich treten sie aber auch noch im Zusammenhang mit Befunden der älteren Eisenzeit in Erscheinung.

Unklar bleibt auch die Funktion bzw. Bedeutung der Schälchensteine. Der Durchmesser der einzeln oder in größeren Gruppen angebrachten Schälchen schwankt zwischen zwei und acht Zentimetern, die Tiefe liegt in der Regel zwischen einem halben und drei Zentimetern. Die eingepickten oder eingeschliffenen Eintiefungen können sowohl regellos auf dem Stein verteilt als auch regelmäßig angeordnet oder gruppiert sein.

Der Großteil der Schälchensteine wurde ohne erkennbaren archäologischen Fund- und Befundzusammenhang angetroffen, so dass eine Datierung im Allgemeinen schwer möglich ist. Bemerkenswert ist ihr relativ häufiges Auftreten in Verbindung mit jungsteinzeitlichen Megalithgräbern, auf deren Decksteinen sie vor allem in Mecklenburg-Vorpommern und Schleswig-Holstein, wahrscheinlich überwiegend während der Bronzezeit nachträglich angebracht wurden. Auffällig

Foto: Niedersächsisches Landesmuseum Hannover

ist auch die gelegentliche Vergesellschaftung mit bronzezeitlichen Grabhügelgruppen und Urnengräberfeldern.

Hinsichtlich der anscheinend im weitesten Sinne kultisch-rituellen Bedeutung der Schälchen gibt uns vor allem die volkskundliche Literatur Hinweise darauf, dass derartige Steine noch bis in die Neuzeit und sogar Gegenwart eine Bedeutung in der Volksmedizin und dem Aberglauben gehabt haben. So herrschte z. B. die Vorstellung, dass das aus den Schälchen herausgekratzte Gesteinsmehl, als Medizin eingenommen, bei Mensch und Tier gegen verschiedene Leiden helfen sollte. Auf eine andere Funktion deuten bis in die Neuzeit übliche Traditionen z. B. in Schweden, wo man kleine Opfergaben in Form von Butter, Blut oder Honig für die „Elfen" (daher dort z. T. auch „Elfenmühlen" genannt) und andere Fabelwesen in die Schälchen gab. In Irland legte man noch bis in die jüngere Zeit Münzen hinein, um Fruchtbarkeit für Mensch und Tier zu erlangen. Ob diese Traditionen jedoch auf die urgeschichtlichen Schälchensteine übertragbar sind, kann nur vermutet werden.

Neuere Beschädigungen, Reste von Kerzenwachs und Brandspuren an einigen noch frei im Gelände zugänglichen Schälchensteinen zeugen davon, dass diese noch in vielerlei Hinsicht rätselhafte Denkmalgruppe auch heute wieder vermehrt in mitunter fragwürdige pseudo-kultische Handlungen einbezogen wird.

R. K.

Datierung: vermutlich bronzezeitlich (etwa 1700–800 v. Chr.)
Verbleib: Original im Niedersächsischen Landesmuseum Hannover, Inv.-Nr. 1098:92
Lit.: T. Capelle, Schalen- und Rillensteine. In: ders., Norddeutsche Felsbilder. Wegweiser zur Vor- und Frühgeschichte Niedersachsens 14, Hildesheim 1984, 20–30;
K. H. Jacob-Friesen, Der Schalenstein von Emmendorf, Kr. Uelzen. Die Kunde 8, Hannover 1940, 181–189; K. W. Struve, Zur Verbreitung, Datierung und Deutung der Schalensteine. Die Heimat 83, Kiel 1976, 101–107; G. Wegner, Schalenstein (Emmendorf, Ldkr. Uelzen). In: G. Wegner (Hrsg.), Leben – Glauben – Sterben vor 3000 Jahren. Bronzezeit in Niedersachsen, Begleithefte zu Ausstellungen der Abteilung Urgeschichte des Niedersächsischen Landesmuseums Hannover 7, Hannover 1996, 410, s. a. 195–198

Der Schälchenstein von Putensen, Ldkr. Harburg

Erst als im Jahre 1945 ein bis dahin im Dorf Putensen, Ldkr. Harburg, als Gedenkstein genutzter Findling entfernt wurde, stellte man fest, dass sich auf seiner Rückseite etwa 40 künstlich eingetiefte Näpfchen mit einem Durchmesser von 4–5 cm befanden und es sich demzufolge um einen urgeschichtlichen Schälchenstein handelte. Der 2,40 m lange, 1,30 m breite und bis zu 0,70 m dicke Findling wurde ursprünglich am Rande einer Sandgrube im nordwestlichen Teil der Feldmark Putensen gefunden. Form und Größe des Steins lassen vermuten, dass es sich ursprünglich möglicherweise um den Deckstein eines zerstörten Megalithgrabes handelt, auf denen, wie uns das Beispiel von Bunsoh (Kat.-Nr. 3. 6.) zeigt, nicht selten derartige Schälchen zu finden sind. Da Schälchensteine dieser Größe im Niederelbegebiet nicht sehr häufig erhalten geblieben sind, wurde der etwa 3 Tonnen schwere Findling 1962 mit Hilfe eines Kranwagens der Bundeswehr in das Helms-Museum transportiert, wo er in den Grünanlagen vor dem ehemaligen Eingang des Helms-Museums (Ecke Knoopstraße / Museumsplatz) heute besichtigt werden kann.

R. K.

Datierung: vermutlich bronzezeitlich (etwa 1700–800 v. Chr.)
Verbleib: Helms-Museum (vor dem ehemaligen Eingang Ecke Knoopstraße / Museumsplatz)
Lit.: W. Wegewitz, Arbeitsbericht des Helms-Museums für die Zeit vom 1. Januar 1961 bis zum 31. Dezember 1962. Harburger Jahrbuch 10, Hamburg-Harburg 1961/62 (1963), 137–139

Foto: K. Elle

Der Schälchen- und Bildstein von Bunsoh, Kr. Dithmarschen

Bereits im Jahre 1874 hatte der Meldorfer Amtsgerichtsrat Westedt wenige hundert Meter westlich der Ortschaft Bunsoh, Kr. Dithmarschen, einen mit über 20 m Durchmesser und 4–5 m Höhe auffallend großen Grabhügel untersucht, der bis dahin von neuzeitlichen Störungen weitgehend verschont geblieben war. Westedt hatte von oben trichterförmig in der Hügel hineingraben lassen und stieß in etwa 2 m Tiefe auf die Decksteine eines Megalithgrabes der jungsteinzeitlichen Trichterbecherkultur (errichtet etwa zwischen 3300 und 3200 v. Chr.). Es handelte sich um ein Ganggrab (sog. Holsteiner Kammer) mit 3,75 m × 1,55 m lichter Innenweite und drei großen Decksteinen. Über dem mittleren Deckstein traf Westedt auf eine ca. 2 m lange und 1 m breite begleitfundlose Steinpackung aus gespaltenen Steinplatten und einer Einfassung aus kopfgroßen Feldsteinen, die von einer hier nachträglich, wahrscheinlich während der älteren Bronzezeit (etwa 1500–1300 v. Chr.) vorgenommenen Baumsargbestattung zeugt.

Das Besondere des Grabes stellte der 2,20 m × 1,50 m große westlichste Deckstein dar, von dem wir eine Kopie in der Ausstellung sehen können. Der im Original aus weichem Sandstein (der im Norden ansonsten nur sehr selten zum Bau von Megalithgräbern verwendet wurde) bestehende Deckstein eignete sich sehr gut zur Anbringung von Schälchen und anderen Symbolen, mit denen seine Oberseite in ungewöhnlich großer inhaltlicher Vielfalt flächendeckend versehen ist. Erkennbar sind zunächst etwa 150 kleinere und größere Schälchen von bis zu 11 cm Durchmesser und 6–7 cm Tiefe, die gelegentlich auch auf den Decksteinen anderer Megalithgräber zu beobachten sind. Einige der Bunsoher Schälchen sind durch tief eingepickte Rinnen miteinander verbunden. Besonders interessant sind jedoch die symbolischen Darstellungen an der spitz zulaufenden Schmalseite des Steins. Es handelt sich um zwei stilisierte Handpaare von bis zu 12 bis 20 cm Länge und, etwas höher auf dem Stein gelegen, ein vierspeichiges Radsymbol (Radkreuz) von 11 cm Durchmesser sowie daneben ein 6 cm weites Schälchen, umgeben von einer 12–13 cm messenden ringförmigen Eintiefung. Entsprechende Symbole sind auch von anderen Bildsteinen Nord- und Mitteldeutschlands und vor allem von den bronzezeitlichen Felsbildern Schwedens bekannt (vgl. Capelle 1984). Weniger deutlich erkennbar sind darüber hinaus einige andere Symbole, darunter eine bis zu 25 cm lange Eintiefung, die wohl als Darstellung eines menschlichen Fußabdruckes zu interpretieren ist. Derartige Fußdarstellungen sind z.B. auch auf einem Schalenstein von Klein Meinsdorf, Kr. Plön (Schleswig-Holstein), sichtbar.

Hinsichtlich der Datierung des Schälchensteins von Bunsoh, die sich bei den meisten Schälchen- und Bildsteinen mangels ursprünglichem Befundzusammenhang bzw. fehlenden Begleitfunden problematisch gestaltet, gibt uns die über den

Foto: J. Reichstein

Decksteinen des Ganggrabes angelegte Baumsarg-Nachbestattung einen relativen Anhaltspunkt. Dem leider beifundlosen Grabtyp zufolge können die Symbole spätestens während der älteren Bronzezeit (etwa 1500–1300 v. Chr.) angebracht worden sein, ein jungsteinzeitliches Alter ist aber ebenfalls nicht grundsätzlich auszuschließen.

Eine der Bunsoher ähnliche Befundsituation konnte bei einem Megalithgrab in Harrislee, Kr. Schleswig-Flensburg, dokumentiert werden. Auf dem mit 34 Schälchen versehenen Deckstein der Steinkammer wurde dort ebenfalls eine von einer Nachbestattung herrührende Steinpackung angetroffen, die aufgrund eines darin gefundenen Flintdolches wahrscheinlich in das Spätneolithikum (etwa 2400–1700 v. Chr.) oder die Frühbronzezeit (etwa 1700–1500 v. Chr.) zu datieren ist und damit den spätesten Entstehungszeitraum des Schälchensteins markiert.

R. K.

Datierung: vermutlich ältere Bronzezeit (etwa 1500–1300 v. Chr.)
Verbleib: Original im Gelände, Abgüsse im Schleswig-Holsteinischen Landesmuseum Schleswig und im Museum Heide
Lit.: T. Capelle, Norddeutsche Felsbilder. Wegweiser zur Vor- und Frühgeschichte Niedersachsens 14, Hildesheim 1984, 47–48; P. V. Glob, Helleristninger i Danmark (Rock carvings in Denmark). Jysk Arkæologisk Selskabs Skrifter 7, Kopenhagen 1969; C. Rothmann, Die Grabkammer mit dem Schalenstein bei Bunsoh in Dithmarschen. Mitteilungen des Anthropologischen Vereins in Schleswig-Holstein 19, Kiel 1911, 20–25; K. W. Struve, Zur Verbreitung, Datierung und Deutung der Schalensteine. Die Heimat 83, Kiel 1976, 101–107

Foto: J. Reichstein

Datierung: vermutlich ältere Bronzezeit (etwa 1500–1300 v. Chr.)
Verbleib: Schälchenstein im Gelände, Funde: Kreisarchäologie Göttingen
Lit.: T. Capelle, Norddeutsche Felsbilder. Wegweiser zur Vor- und Frühgeschichte Niedersachsens 14, Hildesheim 1984, 25–28; A. Hahner, Schalenstein von Wiershausen. In: K. Grote u. S. Schütte (Bearb.), Stadt und Landkreis Göttingen. Führer zu archäologischen Denkmälern in Deutschland 17, Stuttgart 1988, 202–203; O. Höckmann, Schalenstein und Hügelgräber von Wiershausen. In: Führer zu vor- und frühgeschichtlichen Denkmälern 16, Mainz 1979, 153–156; G. Jacob-Friesen, Die Sonnensteine aus dem Kreise Grafschaft Hoya und die Schalensteine. In: ders., Einführung in Niedersachsens Urgeschichte, Teil II: Bronzezeit, Veröffentlichungen der urgeschichtlichen Sammlungen des Landesmuseums zu Hannover 15, Teil II, 4. Auflage, Hildesheim 1963, 252–256; A. Metzler, Münden: Wiershausen. In: H.-J. Häßler (Hrsg.), Ur- und Frühgeschichte in Niedersachsen. Stuttgart 1991, 485–486
Nachbildungen der stark korrodierten Originale (Foto: K. Elle)

Der Schälchenstein mit Bestattung der älteren Bronzezeit von Wiershausen, Ldkr. Göttingen

Im Bereich einer heute weitgehend zerstörten, ehemals rund 20 bronzezeitliche Hügelgräber umfassenden Gräbergruppe auf dem Röhrberg bei Wiershausen, Ldkr. Göttingen (Niedersachsen), wurde 1952 auf einer Ackerfläche ein Schälchenstein von 2,80 m × 2,20 m Größe und ca. 0,75 m Dicke freigelegt. Der bei der Ausgrabung flach im Boden liegend vorgefundene Block aus tertiärem Kieselsandstein weist insgesamt 55 unterschiedlich große, rundliche und ovale schälchenförmige Eintiefungen von bis zu 8 cm Durchmesser und 2,5 cm Tiefe auf. Ein Jahr nach der Auffindung wurde der Stein etwa 150 m entfernt von seinem Fundort vor dem letzen dort noch erhaltenen Hügelgrab niedergelegt.

Von besonderer Bedeutung ist eine Entdeckung, die bei der Freilegung des Steins gemacht wurde. Direkt auf der Oberfläche des Schälchensteins befanden sich in offenbar ursprünglicher Niederlegungsposition eine bronzene Gewandnadel und ein 18 cm langes Bronzedolchblatt mit anhaftenden Resten einer Erlenholzscheide. Während es sich bei dem Dolch wahrscheinlich um ein regionales Produkt mit trapezförmiger Griffplatte mit Nieten und zusätzlichen Ziernägeln im Knaufbereich und schwacher Mittelrippe auf der Klinge handelt, zeigt die Bronzenadel mit ihrem verdickten Hals und dem konischen Petschaftkopf hingegen typische Formmerkmale der süddeutschen Hügelgräberbronzezeit.

Die Befundsituation lässt im Wesentlichen zwei Deutungsmöglichkeiten zu. Einerseits könnte es sich um ein Opferdepot handeln, andererseits – und dieser Deutung soll hier der Vorzug gegeben werden – könnte es sich um die Beigaben und die Reste einer während der älteren Bronzezeit direkt auf dem Schälchenstein vorgenommenen Körperbestattung eines Mannes handeln, die ursprünglich von einem Grabhügel überdeckt wurde. Wie der Befund von Bunsoh (Kat.-Nr. 3. 6.) liefert der Fundkomplex von Wiershausen einen der seltenen Anhaltspunkte für eine relative Datierung der Schälchensteine.

R. K.

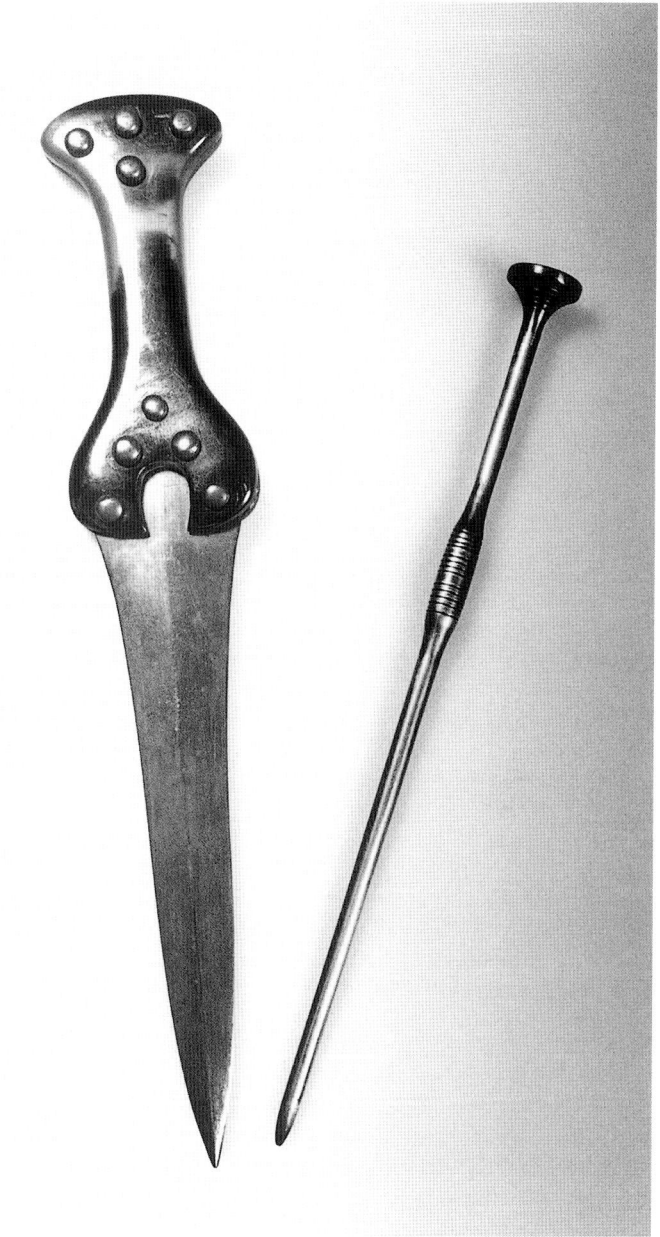

Der „Karlstein" bei Schwiederstorf, Ldkr. Harburg

In der Gemarkung Schwiederstorf, Ldkr. Harburg (Niedersachsen), befindet sich in dem ausgedehnten Waldgebiet „Rosengarten", auf einer Anhöhe inmitten der Saale-Grundmoräne, ein auffallend großer Granit-Findling, der im Volksmund „Karlstein" genannt wird. Auf dem heute etwa 1,70 m aus dem Boden ragenden Stein sind neben nicht eindeutigen Symbolen mindestens vier, wahrscheinlich bereits in prähistorischer Zeit eingemeißelte „hufeisenförmige" Vertiefungen (zwei nach unten und zwei nach oben geöffnete Halbbögen) sowie tiefe Verwitterungsrinnen erkennbar.

Im direkten Umfeld des rund 2 m hohen, 2,2 m breiten und bis 1,5 m dicken Steins wurden in den 1950er Jahren Ausgrabungen durch das Helms-Museum unternommen. Dabei stellte sich heraus, daß u. a. bei planlosen Grabungen in den 1930er Jahren die Bodenschichten in der unmittelbaren Umgebung des Steins tiefgreifend durchwühlt und für wissenschaftliche Fragestellungen zerstört worden sind. Etwa 7 m südöstlich des Findlings wurde 1953 eine wohl bereits während der Eiszeit von dem Karlstein abgebrochene, flach im Boden liegende Steinplatte von 2,05 × 1,25 × 0,60 m Größe freigelegt. Unmittelbar an der dem Karlstein zugewandten Seite der Platte befanden sich in 20 cm Tiefe in ungestörter Lage ein 8,9 cm langes Feuersteinflachbeil und zwei 7,8 bzw. 9,6 cm lange klingenförmige Feuersteinabschläge. Da Hinweise auf eine Grablegung an dieser Stelle nicht festgestellt werden konnten, deuten die Fundumstände am ehesten darauf hin, dass die Steingeräte hier während der Jungsteinzeit als Opfergaben im näheren Umfeld des Karlsteins deponiert wurden. Der volkstümliche Benennung des Steins und die Erklärung der darauf erkennbaren Rinnen und hufeisenförmigen Symbole liegt in einer variantenreich erzählten Sage begründet, die im Wesentlichen folgenden Inhalt hat: Während eines Feldzuges gegen die aufständischen Sachsen soll sich Karl der Große an einem großen Stein zur Ruhe niedergelegt und seinen Gefolgsleuten bei Todesstrafe verboten haben, ihn zu wecken. Als nun aber die sächsischen Krieger bedrohlich näherrückten, habe – um die Strafe zu umgehen – ein Getreuer schließlich einen Hund auf den Schlafenden geworfen. Erschreckt und im Zorn soll Karl daraufhin mit seinem Schwert eine tiefe Kerbe in den Stein geschlagen und eilig sein Pferd bestiegen haben, mit dem er kurzerhand direkt über den Findling hinweg davonritt. Dabei seien die heute noch sichtbaren hufeisenförmigen Eintiefungen auf dem Stein entstanden.

Die tatsächliche Bedeutung und die genaue Entstehungszeit der in den Stein eingemeißelten hufeisenförmigen Symbole, die in ähnlicher Form auch an einigen anderen Orten Niedersachsens, z. B. auf dem sog. „Bickelstein" in der Bickelsteiner Heide bei Wittingen, Ldkr. Gifhorn, zu beobachten sind, bleibt vorerst ungeklärt. Von verschiedenen Autoren wird der Karlstein als prähistorische Kultstätte (vgl. den „Giebichtenstein", Kat.-Nr. 3. 6., und den „Opferstein" von Melzingen, Kat.-Nr. 3. 3.), Gerichtsstätte bzw. als markanter Grenzstein interpretiert.   *R. K.*

Datierung: zum Teil Mittel- bis Endneolithikum (etwa 3100–2500 v. Chr.)
Verbleib: Stein am Originalstandort im Gelände, Funde: Helms-Museum
Lit.: H. A. Lauer, Archäologische Wanderungen, Teil 2. Nördliches Niedersachsen, westliche Lüneburger Heide, Mittelwesergebiet. Ein Führer zu Sehenswürdigkeiten der Ur- und Frühgeschichte. Angerstein 1983, 127–128; Peregrinus pedestris, Der Holsteinische Tourist oder Wegweiser für Fußreisende in der Umgegend von Hamburg. Hamburg 1833; W. Wegewitz, Arbeitsbericht des Helms-Museums für die Zeit vom 1. April 1950 bis zum 31. März 1954. Harburger Jahrbuch 5, Hamburg-Harburg 1955, 176–179; W. Wegewitz, Der Karlstein und die Karlsquelle. Hammaburg N. F. 8, Neumünster 1988, 186–189

J.E.M. del.   Hamb: Stdr: v. Speckter & C⁰

DER KARLOFF'S STEIN.

Der „Sonnenstein" von Beckstedt, Ldkr. Oldenburg

Beim Abbruch eines alten Bauernhauses in Beckstedt, Ldkr. Oldenburg (Niedersachsen), kam 1921 in dessen Fundament eine trapezförmige Steinplatte aus rotem Granit zutage. Wie der Stein dorthin gelangte, ist nicht bekannt. Der ca. 0,90 m lange, maximal 0,60 m breite und bis zu 0,40 m dicke Stein gehört zu der kleinen Gruppe der so genannten „Sonnensteine" aus dem Gebiet zwischen Weser und Ems, die durch ein „schießscheibenartiges" Motiv aus elf, zwölf bzw. siebzehn regelmäßig konzentrisch eingepickten Kreisen gekennzeichnet sind. Das Beckstedter Exemplar weist elf zwischen 10–15 mm breite und 4–5 mm eingetiefte Kreise auf, von denen der größte einen Durchmesser von 54 cm hat; das Zentrum markiert eine grübchenförmige Vertiefung. Das schmaler werdende Stück der Steinplatte zeigt keine Bearbeitungsspuren und diente möglicherweise zur Verankerung der Platte im Boden.

Zwei sehr ähnliche „Sonnensteine" stammen aus Harpstedt, Ldkr. Oldenburg, und Horsten, Ldkr. Wittmund. Der heute vor dem dortigen Rathaus aufgestellte, 0,90 × 0,87 × 0,10 m große und annähernd rhombisch geformte Sonnenstein aus dem nur 7 km von Beckstedt entfernten Harpstedt stammt ursprünglich vom Harpstedter Galgenberg und war zwischenzeitlich auf dem dortigen Schützenplatz aufgestellt worden, da man ihn für eine steinerne Schießscheibe des Mittelalters hielt. Der flache, ebenfalls aus rotem Granit bestehende Stein verfügt über zwölf regelmäßig konzentrisch angebrachte Kreise mit maximal 67 cm Durchmesser.

Der dritte Sonnenstein aus Horsten stellt mit 1,10 × 1,10 × 0,11–0,25 m das größte bisher bekannte Exemplar dar. Er ist aus einer rötlich-grauen Granitporphyrplatte hergestellt worden und weist 17 mit verhältnismäßig großer Genauigkeit eingearbeitete konzentrische Ringe um ein zentral gelegenes Schälchen auf. Der äußere Kreis mißt 77 cm im Durchmesser. Leider ist auch über den ursprünglichen Standort dieses Steins, der zuletzt auf einem Bauernhof in Horsten aufgestellt war, nichts bekannt.

Bei allen drei Sonnensteinen handelt es sich um Einzelfunde ohne datierenden Fund- oder Befundzusammenhang. Mit Bezug auf vergleichbare Kreissymboldarstellungen auf den Britischen Inseln und solchen auf schwedischen Felszeichnungen werden die „Sonnensteine" im Allgemeinen in die Bronzezeit datiert und mit einem Sonnenkult-Symbol in Verbindung gebracht, worauf auch die Bezeichnung zurückzuführen ist. Unklar ist, ob sie ursprünglich offen sichtbar, vielleicht als Grabstele auf einem Hügelgrab aufgestellt waren oder ehemals den schmalseitigen Abschluss von Steinkisten bildeten, wie es z. B. bei dem Bildstein von Anderlingen (Kat.-Nr. 3.1.) der Fall war.

R. K.

Datierung: vermutlich bronzezeitlich (etwa 1700–800 v. Chr.)
Verbleib: Focke-Museum Bremen
Lit.: T. Capelle, Norddeutsche Felsbilder. Wegweiser zur Vor- und Frühgeschichte Niedersachsens 14. Hildesheim 1984, 39–45; B. Dierking, Die beiden Sonnensteine von Beckstedt und Harpstedt im Landkreis Hoya, Reg.-Bez. Hannover. Die Kunde N. F. 7, Hildesheim 1956, 89–91; G. Jacob-Friesen, Die Sonnensteine aus dem Kreise Grafschaft Hoya und die Schalensteine. In: ders., Einführung in Niedersachsens Urgeschichte, Teil II (Bronzezeit), Veröffentlichungen der urgeschichtlichen Sammlungen des Landesmuseums zu Hannover 15, Teil II, 4. Auflage., Hildesheim 1963, 252–256; A. Metzler, Der Sonnenstein von Harpstedt. In: Stadt und Landkreis Oldenburg. Führer zu archäologischen Denkmälern in Deutschland 31, Stuttgart 1995, 207–209; W. Nowothnig, Zur Deutung der kreisverzierten Steine von Beckstedt und Harpstedt, Kreis Grafschaft Hoya. Die Kunde N. F. 7, Hildesheim 1956, 91–95; G. Wegner, Die Sonnensteine. In: G. Wegner (Hrsg.), Leben – Glauben – Sterben vor 3000 Jahren. Bronzezeit in Niedersachsen, Begleithefte zu Ausstellungen der Abteilung Urgeschichte des Niedersächsischen Landesmuseums Hannover 7, Hannover 1996, 203–205, s. a. 409

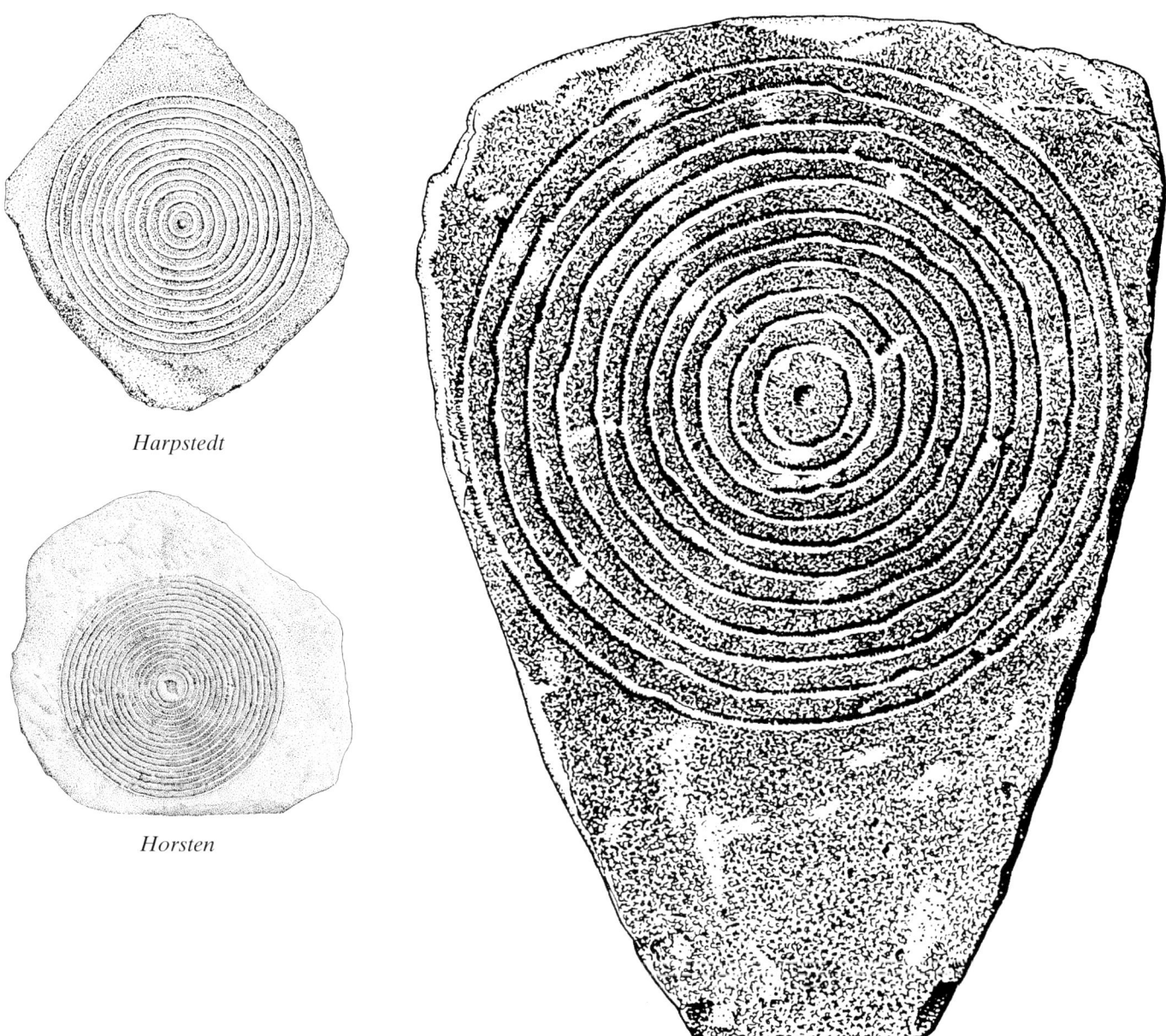

Harpstedt

Horsten

Beckstedt

Der Bildstein aus Gerkenhof, Ldkr. Verden

Bei der Ausgrabung des jungbronzezeitlich/früheisenzeitlichen Urnenfriedhofes bei Gerkenhof wurde ein 35,0 cm langer und etwa 18,0 cm breiter flacher Stein gefunden, der auf einer Seite eine eingemeißelte bildliche Darstellung aufweist. Schon während der Ausgrabung wurde dieser Stein dokumentiert, und zwar als Steinplatte. Die eingemeißelte Darstellung wurde allerdings erst 16 Monate später zufällig erkannt, da der Stein bei der Ausgrabung mit der Bildseite nach unten liegend angetroffen wurde. In den Stein (Porphyr) sind zwei unregelmäßige, konzentrische Kreise eingeschlagen worden, wobei über dem inneren noch der Ansatz eines dritten Kreises sichtbar ist. Es handelt sich vermutlich um einen großen Schild, unter dem ein Bein mit angedeutetem Fuß zu erkennen ist. Über dem Schild befindet sich ein Kopf mit zwei hörnerartigen Aufsätzen. Die Darstellung fällt – durch das Material bedingt – allerdings sehr grob aus.

Dargestellt ist offensichtlich eine männliche Figur mit Rundschild und Hörnerhelm; die Arme sind nicht sichtbar, da sie durch den übergroßen Schild verdeckt werden. Was die Figur in der anderen Hand getragen haben könnte, lässt sich nur im Vergleich mit den verwandten skandinavischen Felsbildern vermuten, nämlich einen Speer. Auf diesen Felsbildern sind bewaffnete Männer mit Hörnerhelmen wiederholt dargestellt worden. Sie werden häufig als Götter gedeutet und sind Teile einer größeren szenischen Darstellung. Der Stein von Gerkenhof könnte möglicherweise einen Kriegsgott darstellen.

Die Bildplatte aus Gerkenhof stand ursprünglich unmittelbar neben der Steinpackung für eine Urne, die zudem noch auf einem Standstein stand. In der gedrungenen Kegelhalsurne mit zwei kleinen Henkeln am Halsansatz fand sich außer Leichenbrand nur eine Bernsteinperle. Die Urne – und damit auch die umgestürzte Stele – datieren ebenso wie zwei weitere in der Nachbarschaft gefundene Urnen in die Spätphase der jüngeren Bronzezeit und in die beginnende frühe Eisenzeit.

F. L.

Datierung: Jüngere Bronzezeit / Frühe Eisenzeit (um 700 v.Chr.)
Verbleib: Historisches Museum Verden
Lit.: T. Capelle, Norddeutsche Felsbilder (Hildesheim 1984) 53–54; D. Schünemann, Ein spätbronzezeitlicher Bildstein in Gerkenhof, Gem. Schafwinkel, Kr. Verden. Nachrichten aus Niedersachsens Urgeschichte 35, 1966, 81–84

Foto: nach Schünemann, 1966

4. Quell- und Brunnenopfer

Von Torsten Capelle

Sowohl natürliche Quellen als auch künstlich angelegte Brunnen müssen schon sehr früh als schützenswerte und zugleich verehrungswürdige Plätze angesehen worden sein, da sie auf direktem Wege das unmittelbar genießbare und Leben spendende Wasser lieferten. Da in beiden das Grundwasser verfügbar ins Freie tritt, werden sie durch diese verbindende Erscheinung gleichermaßen geschätzt und bewertet worden sein. Für beide galt die Hoffnung – gefördert durch Reinigung und erhaltende Einbauten beziehungsweise Herrichtungen –, dass der Wasserfluss niemals versiegen möge. Daher ist es auch kaum möglich, eine Grenze in der Bedeutung zwischen Quellen und Brunnen für die jeweils zeitgenössischen Benutzer zu erkennen. Auf eine solche weitgehende Gleichrangigkeit verweist ebenfalls die Tatsache, dass das Wort ‚Brunnen‘ in der alten Form ‚Born‘ auch eine Quelle bezeichnet.

Bei aufgefundenen Gegenständen, die in einem sichtbar deutlichen Bezug zu Quellen als Ursprung ständig fließenden Wassers liegen, ist an einer absichtlichen Niederlegung nicht zu zweifeln, das heißt, die – oft auch wertvollen – Objekte sind den Quellen zugeordnet. Dabei kann es sich ebenso um Votivgaben handeln wie um Überreste – etwa ausgewählter Tiere als Zeugnisse ‚heiliger‘ gemeinsamer Speisen – von besonderen Zeremonien, die zu Ehren einer Wasser gewährenden Macht stattgefunden haben.

Dass solche kultischen Handlungen tatsächlich in großem Umfang an bestimmten Orten immer wieder vorgenommen wurden, ergibt sich unter anderem aus der schriftlichen Überlieferung der regional jeweils unterschiedlichen Missionsphasen, da solches Tun natürlich für die Christen als besonders verwerflich galt. Diese heidnischen Bräuche mussten daher regelrecht ausgerottet werden, um das Seelenheil der betroffenen Menschen zu retten. Entsprechend sind die damit einhergehenden Zerstörungsabsichten oder gar erfolge in der Missionsliteratur als besonders erwähnenswert verzeichnet, beziehungsweise in den weltlichen Verordnungen, da es doch eine der vornehmsten Aufgaben eines christlichen Herrschers war, der neuen Kirche zum Durchbruch zu verhelfen.

So drohte zum Beispiel im Jahre 727 der langobardische König Liutprand, dass „wer an einem Baum, den die Landleute einen heiligen Baum nennen, oder an Quellen betet oder heidnischen Gottesdienst oder Beschwörungen treibt, der soll die Hälfte seines Wergeldes als Strafe zahlen" müssen. Hier wird also einem Quellenkult der gleiche Stellenwert beigemessen wie einem (heidnischen) Gottesdienst. Ähnlich umfassend ist die Verordnung Karls des Großen aus dem Jahre 783, mit der er beabsichtigte, die so unchristlichen Kulthandlungen der widerborstigen Sachsen auszumerzen, doch waren nun die angedrohten Strafen bei Zuwiderhandlung wesentlich drakonischer. So wird in der *Capitulatio de partibus Saxoniae* jedwede heidnische Religion mit den dazugehörigen Praktiken unter Androhung der Todesstrafe verboten.

Dass entsprechende Kulte in der germanischen Welt in der Tat im wahrsten Wortsinne tief verwurzelt waren, wird in der nordischen Mythologie besonders deutlich. Demgemäß gab es unter dem Weltenbaum Yggdrasil und dessen drei bis nach Niflheim (= Nebelheim), Jötunheim (= Riesenheim) und Midgard (=Weltenmitte) reichenden Wurzeln jeweils eine fließende Quelle. Und in Midgard selbst befand sich Urds Lebensbrunnen, aus dem die drei Nornen als Schicksalsschwestern alles Leben verjüngende Wasser schöpften.

Ebenso überzeugend wie Kirchengeschichte, staatliche Strafandrohungen, Volkskunde und Mythologie die Verehrung des Lebenswassers bei seinen sichtbaren Anfängen belegen, sind die archäologisch erfassbaren Anzeichen dafür – doch verweisen diese mit ihren Befunden ergänzend dazu auch in wesentlich weiter zurückliegenden schriftlosen Zeiten auf analoge Erscheinungen.

Einer der wenigen gut untersuchten Plätze sind die Röekillorna (= rote Quellen) im südlichen Schweden. Diese wasserreich sprudelnde Quelle war direkt umgeben von einem vielfältigen Fundmaterial aus Menschen- und Haustierknochen, Felsgestein- und Feuersteingeräten, Keramik und Knochengeräten sowie aus einigen Eisenmessern. Vieles wird sich auch in der Quelle selbst befunden haben, jedoch von der Kraft des Wassers herausgespült worden sein. Die Funde stammen aus einem weiten Zeitraum von der jüngeren Steinzeit bis zur Eisenzeit. Sie sind Zeugnisse einer starken Kontinuität im religiös-kultischen Lebensbereich. Der Platz muss geradezu eine magische Anziehungskraft gehabt haben, und er muss daher stets wieder aufgesucht worden sein, um dort Opfer von Lebewesen vorzunehmen oder eine Art Opfermahlzeiten einzunehmen. Dafür sprechen die auffallend vielen schneidenden Geräte, die nach den Opferhandlungen am Ort verblieben oder verbleiben mussten. Unter den Tierknochen befanden sich viele gespaltene Markknochen. Ein wesentlicher Teil der fortgesetzte Lebenskraft beschwörenden Zeremonien hat hier wohl aus Mahlzeiten bestanden. Aber auch andere Opfertötungen müssen dazugehört haben. Dafür sprechen 44 Knochen von menschlichen Individuen sowie das im Gegensatz zu Siedlungen deutliche Übergewicht von Pferde- und Hundeknochen (die nie gespalten waren).

Ebenfalls von der Steinzeit bis in die Eisenzeit wurden in den Quellen der Apenteiche beim niedersächsischen Alfeld zu verschiedenen Zeiten zum Teil zumindest aus heutiger Sicht auch materiell ziemlich wertvolle Gegenstände versenkt. Dazu gehörten unter anderem Schmucknadeln und Fibeln als erlesene Importstücke aus dem Süden.

Befunde dieser langdauernden Art veranschaulichen, dass naturgegebene Plätze von herausragender Bedeutung auch ohne lokale Bevölkerungskontinuität über Jahrtausende stets erneut aufgesucht wurden, um sich der Gunst der das lebensnotwendige Wasser schenkenden Kräfte durch gebende Einflussnahme immer wieder zu versichern.

Andere Plätze sind kurzfristiger, aber zuweilen auch intensiver benutzt worden. Das gilt etwa für einen leider schon 1882 in der sogenannten Riesenquelle bei Dux im böhmischen Erzgebirge zufällig bei Regulierungsarbeiten aufgetauchten Fund des 3. und 2. vorchristlichen Jahrhunderts. Viele Stücke daraus sind durch den Ende des 19. Jahrhunderts blühenden Antiquitätenhandel in zahlreiche in- und ausländische Museen und Privatsammlungen verschlagen worden, so dass die genaue Größenordnung nicht mehr bekannt ist. Es sollen aber bis zu 2000 Stücke gewesen sein, dabei mehrere hundert Fibeln und ein Bronzekessel. Bei solchen Zahlen kann es sich nicht um Verlustgegenstände handeln, sondern nur um gezielt der Quelle anvertraute

Gaben. Doch bleibt zunächst unklar, warum eine so deutliche Dominanz der Fibeln gegeben ist (siehe aber unten zu Pyrmont).

Klarer anzusprechen ist weit außerhalb des hier eigentlich behandelten mittel- und nordeuropäischen Raumes ein regelrechtes Quellheiligtum an der Seinequelle nordwestlich von Dijon. Hier wurden römische Tempelreste des 1. Jahrhunderts freigelegt, die zum Teil ein älteres keltisches Heiligtum störten. Geprägt wird der Ort vor allem durch zahlreiche Holzschnitzwerke, unter anderem 27 menschengestaltige Figuren, 56 Köpfe, 14 Torsoi und verschiedene Extremitäten. Diese gehörten entweder zur Ausstattung des galloromanischen Quellheiligtums oder sie wurden dort als Votive – vielleicht in Verbindung mit Heilungswünschen – dargebracht.

Eine ähnlich positive Wirkung mag man sich in der römischen Kaiserzeit von einer Mineralquelle in Niedernau bei Tübingen erhofft haben. Hier fanden sich außer einem Relief des Apollo Grannus zahlreiche Ringe, Fibeln und Perlen sowie etwa 300 römische Münzen des 1. bis 4. Jahrhunderts. Es entsteht der Eindruck, dass dadurch eine Förderung der Gesundheit regelrecht erkauft werden sollte.

Auch an mehreren anderen Orten Süd- und Westdeutschlands, wo schon weit früher als in Norddeutschland münzwirtschaftliche Verhältnisse bestanden, waren Münzen offensichtlich ein beliebtes Opferobjekt. Der Brauch, solche genormten Werteinheiten in der Hoffnung zu versenken, dass einem dadurch ein Wunsch erfüllt wird, reicht vielerorts bis zum heute noch vorgenommenen Münzwurf in Brunnen.

Aus dem norddeutschen Raum ist für die römische Kaiserzeit vor allem der so genannte Brodelbrunnen von Bad Pyrmont zu nennen, eine Quelle, die leider unsystematisch geborgene Funde ergeben hat. Wieviele Objekte tatsächlich vertreten waren, ist daher unbekannt. Überliefert sind aber zwei hölzerne Schöpfgefäße, eine emaillierte römische Bronzekelle als kostbares und seltenes Importstück, drei römische Silbermünzen aus der Zeit vom späten 1. Jahrhundert (Domitian) bis zum frühen 3. Jahrhundert (Caracalla), die zugleich grob die Nutzungszeit der Quelle als Opferplatz andeuten, sowie etwa 250 überwiegend einheimische, das heißt germanische Fibeln des 1. bis 3. Jahrhunderts.

Opferszene (linker Bereich) auf dem Kessel von Gundestrup

Warum hier über einen längeren Zeitraum in so großem Umfang gerade Fibeln niedergelegt wurden, ist wie bei dem älteren oben genannten Befund von Dux etwas rätselhaft. Auf jeden Fall muss man sich aber aus einem bestimmten Grund immer wieder von diesem wichtigen Trachtenbestandteil getrennt haben. Vielleicht geschah das als Dank oder Entgelt nach dem Ablegen der Kleidung für ein Bad in der heilbringenden Quelle.

Im Gegensatz zu den Quellen, die durch das ständig sprudelnde Wasser eine gleichmäßige Selbstreinigung erfuhren, sind Brunnen stärker durch Verunreinigungen und damit Verseuchungen, insbesondere durch organische Materialien, gefährdet. Das ist sicher einer der Gründe, warum sie im Vergleich zu den Quellen nur sehr kurzfristig als Opfer-

plätze dienten und zwar in der Regel am Ende ihrer regulären Nutzungsweise. Darüber hinaus ist ihre Verwendungszeit als Stätten für Opfer natürlich auch durch ihre Zugehörigkeit zu Siedlungen mit begrenzter Existenzdauer bedingt.

Auf der dänischen Insel Møn wurde 1903 ein ausgehöhlter Baumstamm geborgen, der durch die Erdoberfläche in eine Wasser führende Sandschicht eingelassen war. Auf dessen Grund befanden sich Knochen von Rind, Schaf, Pferd, Schwein und Hund, das heißt alle wichtigen Haustiere sind vertreten. Weiterhin gehörte dazu kostbarer bronzener Frauenschmuck – zwei Hängebecken, eine gewölbte Gürtelplatte und drei Spiralarmringe –, die eine Datierung dieses Befundes in die jüngere Bronzezeit bieten. Die dichte

Lagerung der Gegenstände beieinander vermittelt den Eindruck, dass sie alle auf einmal als Opfergaben deponiert wurden. Eine Deutung als vorübergehendes Versteck von Wertgegenständen kommt wegen des gesicherten Verbundes mit den Tierknochen nicht in Frage.

Ebenfalls in die jüngere Bronzezeit zu datieren ist der Inhalt eines hohlen Eichenstammes in der Siedlung Berlin-Lichterfelde, der nach seiner Funktion als Brunnenfassung sorgfältig gefüllt worden ist. Hier fanden sich fast hundert tönerne Kannen und Tassen, das heißt ausschließlich Gefäße, die dem Trank dienten. Diese waren systematisch ein-

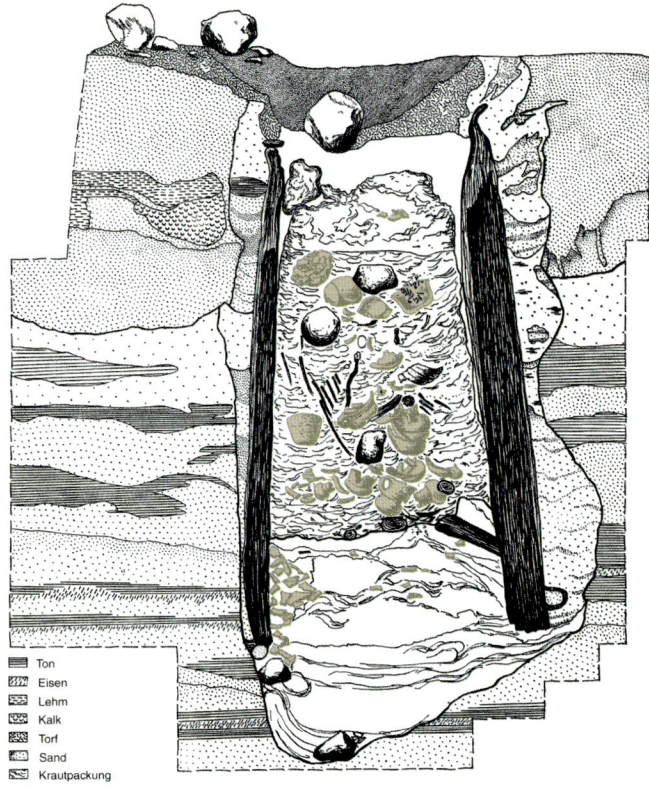

Ton
Eisen
Lehm
Kalk
Torf
Sand
Krautpackung

Schnitt durch den Brunnen von Berlin-Lichterfelde
(nach A. v. Müller, 1964)

gelagert worden. Die Gefäße waren merkwürdigerweise zum Teil mit Weiden- und Birkenkätzchen sowie mit Wildgemüse, Gewürzen und Getreide gefüllt – gewiss Gaben an unterirdische Mächte, die man hoffte diese Verbindungsmöglichkeit zu erreichen hoffte. Zwischen den einzelnen Gefäßschichten lagen schützende Graspolster, und das Ganze war oben mit Reisig und Schilf abgedeckt. Vermutlich stand hinter diesen fürsorglichen Maßnahmen der Wunsch, dass der versiegende Brunnen Kraft für das Fortbestehen von Pflanzen entwickeln möge – deren Wachstum ja auf Wasser angewiesen war – oder sie waren einfach ein Dank für lange gewährtes Wasser.

Vergleichbar sind einige Befunde in den spätkeltischen sogenannten Viereckschanzen – Zeremonialplätze der letzten beiden Jahrhunderte vor Christi Geburt – in denen vereinzelt sorgfältig hergerichtete Brunnen wie in Fellbach-Schmiden in Baden-Württemberg mit Gaben gefüllt wurden oder regelrechte Opferschächte unergründliche Tiefen von weit mehr als 30 m erreichten. Dort wurden nachweisbar auch Menschen geopfert. Eine Fortführung dieses schaurigen Brauches findet sich etwa noch in einem kaiserzeitlichen Brunnen von Pforzheim.

Vielleicht ist in verkürzter Form auf dem im Norden Jütlands in Gundestrup als Import aus dem keltischen Süden gefundenen Silberkessel ein solches Menschenopfer in einem Schacht oder Brunnen dargestellt: Eine überdimensional große Figur hält einen Mann mit dem Kopf nach unten über die Öffnung einer Fassung, um ihn offensichtlich gleich darin versinken zu lassen (siehe Abb. auf S.103).

Noch in der befestigten wikingerzeitlichen Siedlung von Trelleborg auf der dänischen Insel Seeland waren in einem Brunnen zwei Kinder im Alter von etwa vier und sieben Jahren versenkt worden. Unmittelbar im Anschluss daran ist der Brunnen zugeschüttet und ein Firstständer eines Hauses darin verankert worden. Bei einem so deutlichen zeitlichen Zusammenhang und einem so klaren räumlichen Bezug wird dieser Befund gewiss als ein Bauopfer verstanden werden dürfen: Lebensdauer und/oder Stabilität des Hauses sollten durch Beeinflussung der darunter wirkenden Kräfte gewährleistet werden (vergleiche dazu auch Beitrag 9.).

Ein einheitliches Schema für das Aufsuchen von Quellen

und Brunnen als heilige Stätten ist nicht erkennbar. Sicher ist lediglich, dass über beide Arten ein Kontakt zu in der Tiefe wirkenden Mächten gesucht wurde und zwar manchmal sogar in einer langwährenden Kontinuität, jedoch mit unterschiedlichen Schwerpunkten der dargebrachten Gaben. Die entscheidende Rolle für die so gezielte Auswahl dieser Plätze muss das Leben spendende Wasser gespielt haben, dessen heilende und kräftigende Eigenschaften gewiss bekannt gewesen sind. Es galt nicht nur, von diesen durch Trank und Bad zu profitieren, sondern auch deren Fortbestand durch Pflege möglichst zu sichern. Vermutlich geschah das vor allem im Frühjahr und im Sommer, da zu diesen Jahreszeiten noch in der Neuzeit die aus abgewandelten heidnischen Bräuchen entstandenen christlichen Brunnenwallfahrten bevorzugt stattfanden. Schließlich spiegelt sich die Bedeutung von Brunnen im Volksglauben auch noch im Märchen von Frau Holle.

Literatur

J. Brøndsted, Nordische Vorzeit III: Eisenzeit in Dänemark. Neumünster 1963

S. Deyts, Les bois sculptés des Sources de la Seine. Paris 1983

A. v. Müller, Die jungbronzezeitliche Siedlung von Berlin-Lichterfelde. Berlin 1964

D. Planck, Eine keltische Viereckschanze in Fellbach-Schmiden, Rems-Murr-Kreis. Germania 60, 1982, S. 105–172

B. Stjernquist, Germanische Quellenopfer. In: H. Jankuhn (Hrsg.), Vorgeschichtliche Heiligtümer und Opferplätze in Mittel- und Nordeuropa. Göttingen 1970, S. 78–99

G. Wieland (Hrsg.), Keltische Viereckschanzen. Einem Rätsel auf der Spur. Stuttgart 1999

W. H. Zimmermann, Urgeschichtliche Opferfunde aus Flüssen, Mooren, Quellen und Brunnen Südwestdeutschlands. Neue Ausgrabungen und Forschungen in Niedersachsen 6, 1970, S. 53–92

Die Rhumequelle – Ein Quellopferplatz im südwestlichen Harzvorland

Auffällige Elemente in der natürlichen Landschaft, beispielsweise Bergkuppen, Felsen, Höhlen, Moore, Seen und Quellen, haben in ur- und frühgeschichtlicher Zeit oftmals eine zentrale Rolle in der mythisch-naturbeseelten Vorstellungswelt der Menschen gespielt. Dies gilt in besonderem Maße für Quellen und Quellteiche, da sich hier – neben dem Phänomen des Wasseraustritts – auch ein Zugang in das grundlose Unterirdische darstellte. Der wissenschaftliche Nachweis früherer kultischer Handlungen an solchen Plätzen ist dagegen nur bei einwandfrei interpretierbaren archäologischen Befunden und Funden möglich. An der Rhumequelle im südwestlichen Harzvorland ist vor kurzem ein solcher Nachweis in Ansätzen gelungen.

Die Rhumequelle (bei Rhumspringe am Rande des Untereichsfeldes im Landkreis Göttingen, Südniedersachsen) gehört mit Schüttungsmengen zwischen 1500 und 5500 l pro Sekunde zu den größten Quellen Mitteleuropas. Es handelt sich um eine typische Karstquelle, ihr Wasserreservoir speist sich aus unterirdischen Zuläufen von benachbarten Harzflüssen, die im Zechstein rund 3 bis 7 km weiter östlich teilweise versickern. Der Hauptquellaustritt befindet sich in einem engen, bewaldeten Tal am Rande des Rotenbergs zwischen Rhumspringe und Pöhlde, in einem zentralen Teich von 30 × 40 m Größe und bis 6,5 m Tiefe. Auch in den unmittelbar umgebenden Flachwasserzonen und Verlandungsbereichen treten mehrere hundert weitere Quellen aus. Die Rhume fließt ab hier in der stattlichen Breite von 6–10 m durch das Untereichsfeld und mündet bei Northeim in die Leine.

Im Rahmen einer umfassenden landschaftspflegerischen Umgestaltungsmaßnahme ergab sich im Winter 1998/99 für die archäologische Forschung erstmals eine Möglichkeit zur Prospektion des Untergrundes des Quellteiches. Die außergewöhnliche Dimension der Quelle und die topografische Situation mit dem sedimentgefüllten Teich ließen von vornherein Funde einer ur- und frühgeschichtlichen, vermutlich kultischen Nutzung erwarten. So wurde eine größere Menge von Sediment aus dem Teichzentrum entnommen und durchgesiebt. Das dabei geborgene Fundgut umfasst eine rund 7000 Jahre lange Spanne von der frühen Jungsteinzeit bis zur Neuzeit, es erlaubt archäologische und volkskundliche Rückschlüsse auf frühere und heutige Opfervorgänge, aber auch auf andere Motive der Deponierung.

Die ältesten Funde stammen aus der frühneolithischen Kultur der Linienbandkeramik (ca. 5300–4800 v. Chr.). Deren Siedlungen sind in den Lössgebieten des Untereichsfeldes und des südwestlichen Harzvorlandes nachgewiesen, die nächstgelegenen Plätze befinden sich in 7–10 km Entfernung. Mit einem geschliffenen Flintbeil ist auch eine mittlere Phase des Neolithikums (ca. 4000–3000 v. Chr.) so-

Foto: R. Busch, 2000

1. Scherben von Gefäßen der Linienbandkeramik mit typischer Ritzlinien- und Einstichverzierung sowie Beilklingen (sog. Flachhacken) aus geschliffenem Felsgestein. Sie repräsentieren die früheste Bauernkultur in Mitteleuropa während des Neolithikums um 5000 v. Chr.
2. Beilklinge aus Flint, allseitig geschliffen. Im südniedersächsischen Bergland, südlich des natürlichen Flintvorkommens, sind solche Beile relativ selten. Das Stück kann formenkundlich nur allgemein in eine mittlere bis jüngere Phase des Neolithikums (ca. 4000 – 3000 v. Chr.) datiert werden.
3. Bügel einer bronzenen Gewandfibel vom Nauheimer Typ, die Spirale, Nadel und Nadelrast sind alt abgebrochen. Die Fibel lässt sich in die jüngere vorrömische Eisenzeit, in das letzte Jahrhundert v. Chr. datieren, sie verweist auf den süddeutsch-keltischen Kulturkreis der Spätlatènezeit.
4. Auswahl neuzeitlicher Münzen aus der Rhumequelle, mit einer zeitlichen Spanne von der Mitte des 19. Jahrhunderts bis um 1998. Der Brauch, in Brunnen oder Quellen eine Münze zu werfen, verbunden mit bestimmten und diskreten Wünschen, lebt bis in die heutige Zeit als fortdauernde rudimentäre Opfersitte an vielen Plätzen fort.

wie mit dem Fragment einer bronzenen Nauheimer Fibel die jüngere vorrömische Eisenzeit (Spätlatènezeit, letztes Jahrhundert v. Chr.) in der Quelle vertreten. Weitere Funde liegen aus dem Spätmittelalter (13./14. Jahrhundert) vor. Reichhaltig ist das Fundspektrum der Neuzeit. Hier handelt es sich einerseits um sichere bzw. mutmaßliche „Opfergaben", und zwar um Münzen, einen Kruzifixus und eine bronzene Schiffsglocke aus dem frühen 20. Jahrhundert mit der nachträglich eingeschlagenen Aufschrift TITANIC. Münzen werden auch heute gern von den Besuchern mit bestimmten, heimlichen Wünschen in die Quelle geworfen. Andererseits lassen zahlreiche Fundstücke auf das unvermeidbare Abfallverhalten der Anwohner wie Besucher schließen, so z. B. Munition vom Ende des Zweiten Weltkriegs und normaler Touristenmüll.

Da an der Rhumequelle aufgrund der engen Talverhältnisse und der Randversumpfung die Annahme einer urgeschichtlichen Besiedlung sehr unwahrscheinlich ist, können die Bandkeramik- und Steinwerkzeugfunde des Frühneolithikums, das Feuersteinbeil sowie die Bronzefibel plausibel nur als absichtliche Deponierungen erklärt werden. Funde von latènezeitlichen (und kaiserzeitlichen) Fibeln in Gewässern, Quellen und Brunnen sind im mitteleuropäischen Raum nicht selten, sie stehen zweifellos im Zusammenhang kultisch-religiöser, vorchristlicher Opferbräuche. Für die Kultur der Linienbandkeramik sind rituelle Opferungen ebenfalls archäologisch nachgewiesen (z. B. in der Jungfernhöhle bei Tiefenellern in Franken), mit der Rhumequelle ist nun erstmals ein Quellopferplatz für dieses früheste bäuerliche Milieu angedeutet.

Die archäologische Maßnahme an der Rhumequelle blieb nur sehr ausschnitthaft. Für die weiteren Bereiche des Quellteiches, besonders auch für die Flachwasser- und Versumpfungszonen, besteht nach den jetzt bekannten Ergebnissen ebenfalls eine hohe Funderwartung.

K. G.

Datierung: Frühneolithikum (ca. 5300 – 4800 v. Chr.) bis frühes 20. Jh.
Verbleib Funde: Kreisarchäologie Göttingen
Fotos: Landkreis Göttingen, Kreisdenkmalpflege

Der Pyrmonter Brunnenfund

Der 1863 entdeckte Fund aus dem Brodelbrunnen von Pyrmont enthielt ca. 320 Fundstücke, von denen heute noch 253 nachweisbar sind. Überwiegend befinden sie sich im Museum im Schloß in Bad Pyrmont. Dem Opferplatz wurden hauptsächlich Fibeln verschiedener Formen, aber auch einige römische Münzen und die emaillierte Schöpfkelle übergeben. Der Charakter des Fundes ist ganz persönlicher Art, es fehlt jeder militärische Bezug, wie wir ihn aus gleichzeitigen Opferfunden des Nordens kennen. Die Opferung begann in spätaugustäischer Zeit und währte die ganze Römische Kaiserzeit hindurch. Die höchste Intensität liegt in der jüngeren Zeit dieser Epoche. Die Zusammensetzung weist darauf hin, dass hier Frauen wie Männer opferten.

Die seltene Schöpfkelle – ähnliche Stücke sind nur in sechs Exemplaren bekannt – ist kurz vor 200 n. Chr. entstanden und zwar möglicherweise in Britannien.

Bemerkenswert an diesem Fund ist, dass an einem Ort über mehr als vier Jahrhunderte geopfert wurde. Diese lange Kontinuität spricht für einen überregional bedeutsamen Ort.

                                                                                                          R. B.

Verbleib: Museum im Schloß, Bad Pyrmont (ausgestellt die Schöpfkelle und zwei Tierfibeln, Nachbildungen)
Datierung: 3. Jahrhundert n. Chr.
Lit.: W.-R. Teegen, Studien zu dem kaiserzeitlichen Quellopferfund von Bad Pyrmont. Ergänzungsbände zum Reallexikon der Germ. Altertumskunde 20, Berlin 1999

Die Objekte des Brunnenfundes, soweit sie heute in Bad Pyrmont aufbewahrt werden.
(Foto: Museum im Schloß, Bad Pyrmont)

Zwei Fibeln aus dem Pyrmonter Brunnenfund

Schon bei der Auffindung wurde der Fund auseinandergerissen. Einzelne Stücke gelangten in Privatsammlungen und auswärtige Museen. Einzelne Formen wurden kunstgewerblich nachgearbeitet und gelangten so in den Handel. Das Helms-Museum besitzt neben einer solchen Nachahmung zwei originale Fibeln, die aus der Sammlung Wellenkamp stammen (Armbrustfibel Almgren 15 und zweigliedrige Armbrustfibeln Almgren VII, 199).

R. B.

Datierung: Ältere Römische Kaiserzeit
Verbleib: Helms-Museum
Lit.: R. Articus, Pyrmonter Quellnadeln. In: Verborgene Schätze in den Sammlungen. 100 Jahre Helms-Museum, Neumünster 1998, 64

Fotos: K. Elle

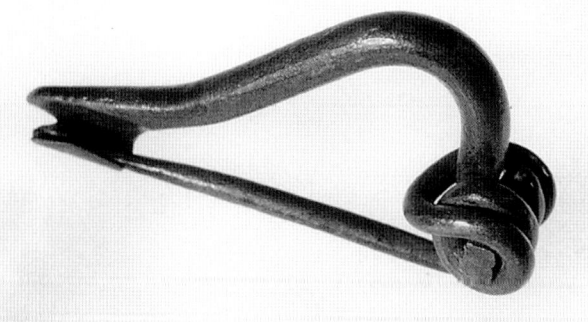

Das Brunnenopfer von Berlin-Lichterfelde

Der Brunnen 2 der jungbronzezeitlichen Siedlung Berlin-Lichterfelde lag auf halber Strecke zwischen dem Siedlungsareal und dem Flüsschen Bake, 37 m von der Siedlung entfernt. Die Brunnenwandung ist aus einem Eichenstamm herausgeschlagen. Nach Aufgabe des Brunnens wurde dieser verfüllt. Eingelagert waren zahlreiche ganze oder beschädigte Gefäße. Offensichtlich waren diese teilweise mit Graspolstern umgeben. Bei den ca. 90 Gefäßen handelt es sich um Tassen, Schalen und Kannen, also Gefäßtypen, die mit Trank verbunden sind. Doch waren diese mit Pflanzen angefüllt, u.a. Birkenkätzchen, Weide, Beifuß, Farne, die zum Teil derart konzentriert auftraten, dass sie intentionelle Einfüllungen darstellen. Etliche Arten haben Gewürzcharakter.

    Die ganze Art der Deponierung ist als Opfer zu erklären, und die Befunde weisen darauf hin, dass dieses in mehreren Vorgängen geschah. Damit liegt hier eines der eindrucksvollsten Beispiele für einen Brunnenopferplatz vor.

Datierung: Jungbronzezeit, um 1000 v. Chr.
Verbleib: Museum für Vor- und Frühgeschichte Berlin (SMPK)
Lit.: A. v. Müller, Die jungbronzezeitliche Siedlung von Berlin-Lichterfelde. BBV 9, 1964

Eine Auswahl aus der Keramik Foto: Museum für Vor- und Frühgeschichte Berlin (SMPK)

5. See- und Flussfunde

Von Ralf Busch

Wo immer und wie Opfer niedergelegt wurden, versuchen wir, einen Zugang zu den Hintergründen aus den Umständen zu erkennen. Die Weihung von Heeresausrüstungen, wie wir sie aus dem großen Opferfund von Thorsberg kennen, ist durch die militärischen Gegenstände deutlich auf Kriegsglück ausgerichtet. Kriegsglück und Niederlage des Feindes bedeuten die Existenzgrundlage für eine unangefochten bestehende Gemeinschaft, also ist letztlich eine Frage des Überlebens.

Licht = Sonne wurde auch von den vorgeschichtlichen Menschen als eines der Elemente des Lebens schlechthin begriffen. Das schlägt sich in der reichhaltigen Sonnensymbolik der Bronzezeit nieder und triumphiert im Sonnenwagen von Trundholm, der Licht und Dunkel (Leben und Tod) symbolisiert. Auch im Wasser haben prähistorische Menschen die Existenzgrundlage ihres Daseins erkannt. Schon bandkeramische Ornamentik wird mit Wasser verbunden. Es ist nicht verwunderlich, dass dieser so vordergründige Sinnzusammenhang dazu geführt hat, dass Opfer geradezu überwiegend im Wasser versenkt wurden. Seen, Flüsse, Moore und Brunnen haben entsprechende Befunde geliefert, und alle Deponierungsörtlichkeiten haben dabei das Leben spendende Wasser sicher im Sinn gehabt.

Möglicherweise treten aber noch weitere Gründe hinzu.

Die beiden Götterfiguren vom Bohlenweg vom Wittemoor und die daneben abgelegten Gegenstände mögen eher den Wunsch nach sicherer Durchquerung des Moores zum Ausdruck bringen.

Flussfunde können da, wo sie sich an Furten anhäufen, die glückliche Überquerung des Wassers herbeigerufen haben.

Hingegen wird man nicht übersehen dürfen, dass gerade Flussfunde im Einzelfall nur schwer zu interpretieren sind. Diese können im Wasser vom ursprünglichen Ort transportiert worden sein, Schiffer können Gegenstände verloren haben, und spielende Kinder werden auch schon mal ein Steinbeil bei Wurfspielen im Fluss versinken gesehen haben.

Daher greifen wir hier lieber ein prägnantes und deutliches Beispiel heraus, nämlich den Seefund vom Bullenteich bei Braunschweig-Hagen.

Der germanische Opferplatz im Bullenteich bei Braunschweig-Hagen

Im Braunschweiger Stadtteil Hagen befanden sich dicht beieinanderliegend zwei annähernd runde Seen, der sog. Dowesee und der Bullenteich, deren Entstehung auf Einbrüche eines darunterliegenden Salzstocks zurückzuführen ist. Beide Seen waren im Laufe der Zeit vermoort, und während der Bullenteich heute als eines der letzten erhaltenen Hochmoore im Braunschweiger Land unter Naturschutz steht, wurde der Dowesee in den 1920er Jahren kultiviert und bildet heute mit seinen rund 140 m Durchmesser den Mittelpunkt des umgebenden Botanischen Gartens. Durch verschiedene Sammelaktivitäten seit der Mitte des 19. Jahrhunderts waren aus diesem Gebiet immer wieder archäologische Funde aus fast allen ur- und frühgeschichtlichen Epochen bekannt geworden, die von der großen Anziehungskraft dieses Platzes für den ur- und frühgeschichtlichen Menschen zeugen.

Von besonderer Bedeutung ist in unserem Zusammenhang ein Fundkomplex der jüngeren Römischen Kaiserzeit bis frühen Völkerwanderungszeit, der in der zweiten Hälfte des 19. Jahrhunderts am östlichen Randbereich des (vermoorten) Bullenteichs geborgen wurde aber erst in den 1920er Jahren in das Städtische Museum Braunschweig gelangte. Es handelt sich um rund 60 Objekte, darunter vier römische Bronzemünzen (geprägt im 2. Jhd.), germanische Schmuck- und Trachtenteile (mind. 12 Bronzefibeln, verschiedene bronzene Schmuckringe, eine bronzene Riemenzunge, Bernstein-, farbige Glas- und Tonperlen) sowie einige weitere Gebrauchsgegenstände (Spinnwirtel, Spielstein aus Bernstein, Bronzepinzette, bronzene römische „Löffelsonde") des 3. bis 4. Jahrhunderts, die wahrscheinlich im Zusammenhang mit einem germanischen Moor- oder Seeopferplatz an dieser Stelle deponiert wurden. Da die für andere germanische Opferplätze des Nordens typischen Waffenfunde hier – von einer einzelnen, wohl ältereisenzeitlichen Knochenspeerspitze abgesehen – fehlen, wird von verschiedener Seite die Deutung als ein nur von Frauen genutzter Opferplatz in Erwägung gezogen.

Einige der Funde ermöglichen eine Zuweisung zum nordelbgermanischen Kreis, insbesondere dem Stamm der Langobarden, an dessen Randbereich zu den Cheruskern und frühen Thüringern sich das Gebiet um den Opferplatz am Bullenteich befunden hat. Auffallend ist der relativ hohe Anteil römischer Importe, darunter neben den Glasperlen vor allem die Bronzemünzen der römischen Kaiser Trajan (Prägezeit 98–117), Hadrian (Prägezeit 117–138) und Marc Aurel (Prägezeit 161–180) und dessen Gemahlin, Faustina II. (Prägezeit 161–176). Bemerkenswert ist auch die römische „Löffelsonde", die als „Ohrlöffel" oder kosmetisch-medizinisches Gerät im weitesten Sinne gedient haben dürfte.

Das Spektrum der aus dem Bullenteich geborgenen Objekte spiegelt das Resultat eines sich allgemein im 2. bis 3. Jahrhundert vollziehenden Wandels der

Foto: R. Busch, 2000

germanischen Opfersitten wider. Während zuvor Tiere und Lebensmittel, gelegentlich auch Menschen, vorwiegend aber Waffen (Kriegsbeute) als Opfer dargebracht wurden, so waren es fortan vor allem Luxusartikel wie Schmuck, Trachtbestandteile und römische Importgegenstände.

Von herausragender Bedeutung unter den Funden sind einige für das Braunschweiger Land als deutliche „Fremdformen" zu bezeichnende Bronzefibeln, die ihren eigentlichen Verbreitungsschwerpunkt im Weichselmündungsgebiet (Przeworskkultur) haben und mit dem damals dort siedelnden Stamm der Wandalen in Beziehung gebracht werden können. Aus diesem Kulturraum dürften auch die aus Bronze gegossene und feuervergoldete Riemenzunge, die großen Bernsteinperlen und die bronzenen sog. „Drahtschlaufenringe" stammen. Möglicherweise besteht hier ein Zusammenhang mit den rekonstruierbaren historischen Völkerwanderungen um die Mitte des 3. Jahrhunderts. Zu jener Zeit verließen die Wandalen zusammen mit den benachbarten, im Odermündungsbereich ansässigen Burgunden ihre angestammten östlichen Siedlungsräume und wanderten in das südwestdeutsche Rheingebiet ab. Ihr Weg soll dabei zunächst südwärts entlang der Elbe und weiter entlang der Donau nach Westen geführt haben. Die diesbezüglichen Funde aus dem Bullenteich legen jedoch nahe, dass zumindest ein Teil der abwandernden wandalischen Bevölkerungsteile die direkte Ost-West-Landroute bevorzugt haben könnte und auf diesem Wege fremdes Formengut in das Braunschweiger Land einbrachten.

R. K.

Datierung: jüngere Römische Kaiserzeit/frühe Völkerwanderungszeit (3. – 4. Jh. n. Chr.)
Verbleib: Funde: Braunschweigisches Landesmuseum, Abteilung Vorgeschichte, Wolfenbüttel
Lit.: K. Raddatz, Der Dowesee bei Braunschweig, ein Opferplatz der frühen Völkerwanderungszeit in Niedersachsen. Neue Ausgrabungen und Forschungen in Niedersachsen 21, Neumünster 1999, 169 – 230; W.-D. Steinmetz, Die archäologischen Funde vom Dowesee und ihre kulturhistorische Bedeutung. In: 75 Jahre Schul- und Bürgergarten am Dowesee. Braunschweig – 1919 bis 1994. Braunschweig 1994, 47 – 68; W.-D. Steinmetz, Braunschweig-Hagen, das Fundgebiet am Dowesee und der germanische Opferplatz des 3. – 4. Jahrhunderts im Bullenteich. – In: Das Braunschweiger Land. Führer zu archäologischen Denkmälern in Deutschland 34. Stuttgart 1997, 217 – 220

Foto: I. Simon

Niederungsmoor in Niedersachsen (Foto: R. Busch, 1981)

6. Mooropferplätze

Von Torsten Capelle

Unter Mooropfern werden solche archäologischen Befunde verstanden, die beim modernen Torfstich oder in heutigen Mooren angetroffen werden, deren Inventare aber in ehemals stehenden oder in erst allmählich verlandenden Gewässern niedergelegt wurden. Solche Plätze gibt es abgesehen von wenigen Ausnahmen in Westfalen und Thüringen vor allem in Schleswig-Holstein, in Dänemark und im südlichen Schweden, erstaunlicherweise aber nicht im Havelseengebiet und in Mecklenburg (bis auf einen kleinen Neufund) trotz der vielen Seen und Sümpfe.

Grundsätzlich können Opfergaben natürlich in sehr unterschiedlicher Weise dargebracht worden sein. In den Mooren sind sie nur so attraktiv, weil ihr Erhaltungszustand dort oft so gut ist. An sich können sie ebensogut vergraben, anderweitig versteckt und verbrannt worden sein oder gar auch offen dagelegen haben. Letzteres mutet zwar in einer sehr materialistisch orientierten Zeit etwas unglaubhaft an, doch scheint es zuweilen geradezu eine Art religiöser Verpflichtungen gegeben zu haben, durch welche die Opfergaben geschützt waren. So berichtet Diodor von solchen Goldniederlegungen im Land der Kelten, an denen sich niemand vergriff, da sie durch die Heiligkeit des jeweiligen Platzes geschützt waren. Aus dem Norden werden der bronzezeitliche Sonnenwagen von Trundholm auf Seeland und der prunkvolle importierte Silberkessel von Gundestrup in Nordjütland aus der vorrömischen Eisenzeit Beispiele für solche mit einem Tabu belegte Gaben oder Ausstattungsgegenstände eines ehemaligen Kultortes sein. Beide waren offensichtlich ohne weitere Schutzmaßnahmen auf einer bereits begehbaren Mooroberfläche abgestellt.

Moore haben sich in Gegenden mit mehr Feuchtigkeitszufuhr als Verdunstung über wenig durchlässigen Böden gebildet. Außer in den genannten Fundregionen gibt es sie beispielsweise auch im Alpenvorland, im nordwestlichen Niedersachsen und in den Niederlanden, doch scheinen Feuchtgebiete dort nicht in gleicher Weise für kultische Handlungen genutzt worden zu sein. Durch die heute so schnell fortschreitende Trockenlegung im Rahmen von Kultivierungsmaßnahmen werden Moore immer weiter zurückgedrängt. Damit verschwinden sie leider auch als wichtige Biotope einer moorspezifischen Fauna und vor allem einer entsprechenden Flora.

Bedingt durch die Moorsäure und gefördert durch den Luftabschluss bieten sich oft hervorragende Erhaltungsbedingungen für eingelagerte Materialien. Da die Moorsäuren lokal aber unterschiedlich stark und nicht ganz gleich zusammengesetzt sind, sind Metalle mal besser konserviert, mal jedoch gar nicht bewahrt, während Hölzer, Leder, Textilien, Speisen und andere organische Reste in der Regel gleichsam gegerbt durch viele Jahrhunderte solchermaßen überliefert werden.

Die ersten großen Mooropferplätze wurden bereits in der Mitte des 19. Jahrhunderts in Dänemark und im (heutigen) nördlichsten Deutschland entdeckt und für diese Zeit mit bahnbrechenden Verfahren eindrucksvoll ergraben und auch schnell veröffentlicht. Schon damals wurden sie als charakteristisch für die germanische Welt der römischen Kaiserzeit (1. bis 4. Jahrhundert n. Chr.) erkannt, bei denen die eventuell sehr alten zugehörigen Ortsnamen zuweilen auch einen Hinweis auf ihre sakrale Bedeutung boten – zum Beispiel Thorsberg (Ort für die Verehrung des Gottes Thor), Vimose (= heiliges Moor) oder Weimar (= heiliger See).

Nun müssen keineswegs alle Einzelteile eines Moorfundes auch geopferte Gegenstände sein. Manches mag einfach etwa beim Torfstechen verloren sein, das schon in der Eisenzeit mit Hilfe kleiner Gruben betrieben wurde. Vor allem aber wenn es sich um größere wertvolle Objektmengen sowie um Wiederholungen über längere Zeit an ein und demselben Platz handelt, ist eine Ansprache als Opfer sicher. Für kleinere und einmalige Niederlegungen sind dagegen die Entstehungsursachen schwieriger zu bestimmen.

Bis in die Neuzeit hinein galten Sümpfe und Moore oft als Bereiche, in denen übernatürliche Kräfte wirkten. Diese unwegsamen Zonen zwischen Siedlungsgebieten waren mystisch und gefährlich. Das spiegelt sich etwa in Annette von Droste Hülshoffs ‚Der Knabe im Moor‘ ebenso wie in den Kriminalromanen von Edgar Wallace. Mensch und Tier konnten für immer in grundlose Tiefen hinabgezogen werden.

Thorsberg – Tafel 1
(nach Engelhardt, 1863)

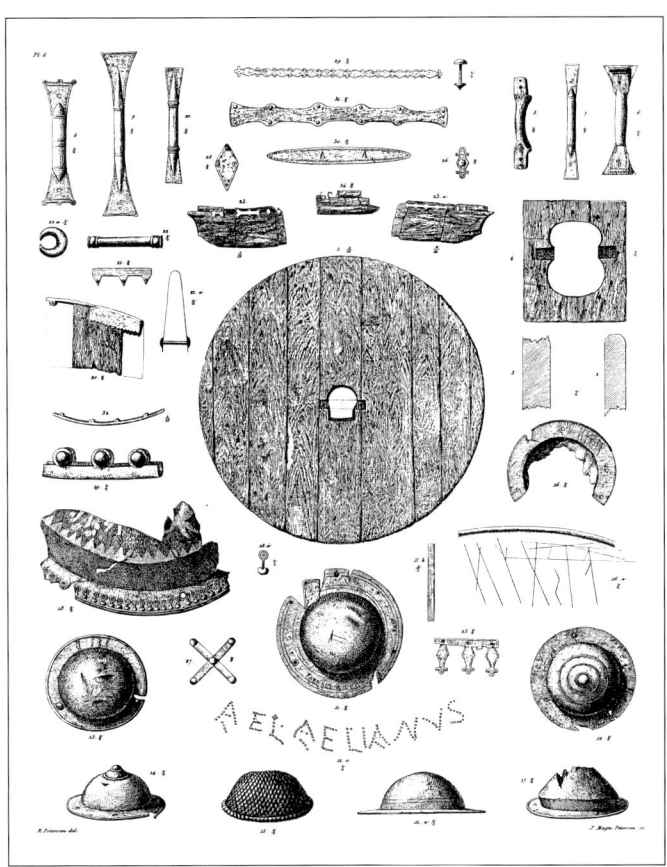

Thorsberg – Tafel 2
(nach Engelhardt, 1863)

Zu den frühesten untersuchten Mooropferplätzen gehört der Befund von Thorsberg bei Süderbrarup in Angeln. Die Funde lagen hier in einem kleinen tiefen Moorbecken auf wenige hundert Quadratmeter verstreut. Sie waren nicht unmittelbar am ehemaligen Ufer versenkt worden, sondern von einem Steg aus in etwa 10 bis 20 m Entfernung eingebracht. Abgesehen von einigen wenigen Objekten als Belege aus der Steinzeit und der Bronzezeit setzte der intensive Beginn der Opferbräuche erst im letzten vorchristlichen Jahrhundert ein. Über mehrere Jahrhunderte ist der

Platz danach immer wieder – mit zwei Schwerpunkten im 2. und 3. Jahrhundert n. Chr. – aufgesucht worden, um erst zu Beginn der Völkerwanderungszeit aufgelassen zu werden.

Der Fund von Thorsberg repräsentiert trotz umfangreicher moderner Untersuchungen etwa in Ejsbøl und Illerup in Jütland immer noch eine größere Vielfalt an Gegenständen als jeder andere bisher entdeckte Moorfund. Bemerkenswert ist dabei vor allem die Zahl militärischer Gerätschaften wie Waffen, Riemengarnituren und Pferdegeschirre. Diese werden kaum – wie früher geschehen – als Bittopfer zugunsten einer bevorstehenden Schlacht interpretiert werden dürfen, da es doch keinen Sinn macht, sich ausgerechnet vor der Stunde des Kampfes von seinen Waffen zu trennen. Eher können sie als Zeugnisse von Dankopfern nach einem Sieg gelten, zumal es sich dabei unter anderem um römische Waffen handelt, die wohl nach einer erfolgreichen Heimkehr dargebracht wurden. Im Gegensatz dazu verweisen die oben genannten neuen Waffenopferplätze in Dänemark auf über Wasserwege führende innerskandinavische kriegerische Auseinandersetzungen, bei denen große bewaffnete Kontingente vernichtet worden sein müssen und deren gesamte Ausrüstungen aus hunderten von Nah- und Fernkampfwaffen in Seen versenkt wurden. Zu dem waffenführenden Altfund von Nydam nahe Sönderborg gehörten sogar mehrere große Boote, die gewiss bei solchen Ereignissen als Mannschaftstransporter gedient haben.

Der Komplex von Thorsberg enthielt weiterhin zahlreiche Schmuckstücke wie Fibeln und Schnallen, einige römische Münzen und Bruchgoldstücke, Wagenteile, Werkzeuge, landwirtschaftliche Geräte und Textilien sowie in besonderem Maße Holz- und Tongefäße, die in der Regel wohl nicht um ihrer selbst willen dort deponiert wurden, sondern als Behältnisse für feste und flüssige Speisen.

Von besonderer Bedeutung sind unter antiquarischem Aspekt die Kleidungsstücke, da Textilien generell in Grabfunden ansonsten kaum und wenn dann nur überaus fragmentarisch bewahrt sind. Im Moor jedoch sind sie durch die Säure konserviert. Erhalten sind ein langärmeliger Kittel, eine kurze Hose, eine lange Hose mit angenähten Füßlingen sowie ein prächtiger mantelartiger Umhang, der mit Waid indigoblau eingefärbt gewesen ist und als besonderes Statussymbol einer Gottheit verehrt worden sein muss.

Der Fund von Thorsberg mutet zunächst sehr vielfältig an. Insgesamt gesehen trifft das auch zu, doch ist die Gewichtung der einzelnen Kategorien sehr unterschiedlich. Münzen, Bruchgold, Textilien, Werkzeuge und Geräte sind jeweils stark in der Minderzahl, während Gefäße, Fibeln, Schnallen und Schwerter bei weitem dominieren. Offensichtlich ist hier bewusst eine Auswahl betrieben worden, deren Schwergewicht im Laufe der Zeit verändert wurde.

So herrschten in den beiden Jahrhunderten um Christi Geburt die Speiseopfer in Gefäßen vor; im Laufe des 2. Jahrhunderts nahmen diese deutlich ab zugunsten eines allmählich einsetzenden martialischeren Gepräges der Funde. Im 3. Jahrhundert werden dann die Niederlegungen dagegen nahezu ausschließlich von Waffen und Fibeln bestimmt, während aus dem 5. Jahrhundert schließlich nur noch einige besonders wertvolle Stücke aus Edelmetall vorliegen.

Dieser deutliche Wandel in der Zusammensetzung der Opfergaben muss verschiedene Ursachen haben. Es kann durchaus sein, dass sich die Bevölkerung um Christi Geburt ihre Gottheit als ein friedliches, nahrungsliebendes Wesen vorstellte, die des 2. und 3. Jahrhunderts mag aber eher an eine waffenstrotzende Kraft gedacht haben. Wahrscheinlicher ist jedoch, dass während der wenig günstigen Klimaphase um die Zeitenwende Fruchtbarkeitsopfer notwendiger erschienen, seit dem 2. und vor allem im 3. Jahrhundert aber, als die Kämpfe zwischen Römern und Germanen in vollem Gange waren und auch in Skandinavien offensichtlich unruhige Zeiten herrschten, Siegesopfern der Vorrang gegeben wurde.

Ohne Zweifel war Thorsberg für lange Zeit der religiöse Mittelpunkt eines größeren Raumes, wahrscheinlich derjenige der Festland-Angeln. Die Funktion als zentrales Heiligtum wird dabei gerade durch den Wandel in der Zusammensetzung der Opfergaben unterstrichen, da trotz der so verschiedenen Niederlegungsgründe – mal Bittopfer für lebensnotwendiges Wachstum, mal Dankopfer für einen siegreichen Kampf – die Kontinuität des Platzes bis zum Ende der umfangreichen Opferungen, das zeitlich zusammenfällt mit der Auswanderung eines großen Teils der Angeln nach Britannien, gewahrt wurde.

Weit außerhalb des Ostseeraumes, in dem über Thorsberg (sowie Ejsbøl, Illerup und Nydam) hinaus eine ganze Reihe weiterer ähnlicher Opferplätze inzwischen bekannt ist, liegt das Opfermoor von Oberdorla in Thüringen, das beispielhaft wegen seines so stark davon abweichenden Befundes noch kurz genannt sei, um die ganze Spanne der Möglichkeiten zu veranschaulichen. Zwar wurden hier auch Gefäße (nebst Inhalt) und hölzerne Gebrauchsgeräte niedergelegt – während Waffen trotz der größeren Nähe des Fundortes zu römisch-germanischen Kriegsschauplätzen nur eine ver-

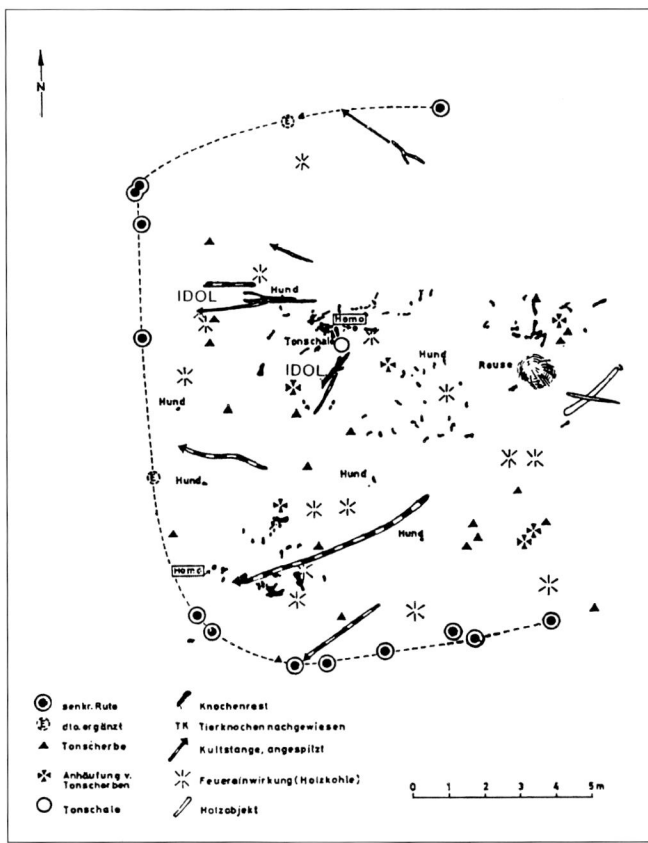

Oberdorla Einhegung (nach Behm-Blancke 1973)

Entscheidend für den Fundort Oberdorla ist darüber hinaus, dass die Opfer mehrfach zu Füßen menschengestaltiger hölzerner Figuren deponiert wurden, das heißt sie waren unmittelbar auf diese leider anonym bleibenden Idole bezogen (siehe dazu den gesonderten Beitrag 8. über hölzerne Idole).

Solche hier nur exemplarisch aus weit über einem Dutzend bekannter großer Beispiele vorgestellten Opferplätze, die zum Teil durch Stege und Zäune regelrecht hergerichtet waren, ergänzen sich natürlich in ihren Aussagen, doch sind sie auch durch mehrere Gemeinsamkeiten gekennzeichnet. In erster Linie lassen sie wiederholte Niederlegungen erkennen, die nicht auf einmalige Zufälligkeiten zurückgeführt werden können, sondern den jeweiligen Platz mit Sicherheit als häufig benutzte Opferstätte bezeichnen. Sie sind Kultorte für einen weiteren Bereich gewesen, die meistens zentral innerhalb einer größeren Siedlungskammer lagen und an denen zuweilen sogar verschiedene Adressaten erreicht werden konnten. Parallel zu solchen Gemeinschaftsplätzen hat es jedoch auch kurzfristigere kleinere Heiligtümer in und an Gewässern gegeben, an denen nur die Bewohner eines Gehöftes oder eines Dorfes ihre Opferhandlungen vornahmen.

Chronologisch konzentrieren sich vor allem die großen Mooropferplätze im wesentlichen auf die römische Kaiserzeit. Einige (wie z. B. Ejsbøl und Nydam) erreichen mit wenigen ausgewählten kostbaren Gaben aus Edelmetallen noch einen kurzen Höhepunkt in der frühen Völkerwanderungszeit. Sie passen also zeitlich zusammen mit der intensiven Phase germanischer Ausdehnung und in deren Gefolge mit den kriegerischen Auseinandersetzungen mit dem Römischen Reich. Die Wirkung dieser rauhen Kämpfe war offensichtlich nicht nur auf die Grenznähe beschränkt, sondern sie spiegelte sich noch weiter darüber hinaus in der allgemein von Unruhe (auch innerer) und Erschütterung erfassten germanischen Welt – unter anderem eben auch in einem erhöhten Bedürfnis, schützende höhere Mächte wohlgesinnt zu stimmen, um deren Gunst in der unruhigen Zeit zu bewahren oder zu erlangen.

Gemeinsam ist den großen Opferfunden der Wert der niedergelegten Gaben. Mag auch ein Menschenleben sonst nicht allzu viel wert gewesen sein, so bedurfte es jedoch si-

schwindend geringe Rolle spielen –, doch wird die archäologisch erfasste Überlieferung vor allem bestimmt von Tier- und Menschenopfern (zu letzteren siehe Beitrag 7. über Moorleichen). Besonders auffallend sind die Selektion und Behandlung der geopferten Lebewesen. Aufgeschlagene Röhrenknochen von Tieren als Reste von Opfermahlzeiten begegnen uns hier ebenso wie ganze dargebrachte Haustiere sowie als rituelle Auswahl Schädel- und Extremitätenknochen, die wahrscheinlich im Verbund mit dem Fell mit der Hoffnung auf Erhaltung des Viehbestandes durch eine Wiedergeburt geweiht wurden.

cher eines besonders starken Anstoßes für die religiös bedingte Tötung eines Menschen, um einer Gottheit zu gefallen. In rein wirtschaftlicher Hinsicht kostbar sind gewiss auch die geopferten Tierbestände gewesen und nicht zuletzt auch die Edelmetallgegenstände und die Waffen, die vor ihrer Niederlegung oft noch durch Zerhacken, Zerbrechen, Zerschlagen, Verbiegen oder durch Feuer unbrauchbar gemacht wurden, und von denen man sich auf Dauer trennte, um sie niemals wieder an sich nehmen zu können.

Selbstlos war ein solcher Verzicht aber keineswegs, denn ein Opfer richtete sich immer nach dem Prinzip der Vergeltung, das heißt für das Gegebene wurde etwas erwartet, oder es wurde für etwas bereits Erhaltenes dargebracht. Grundsätzlich galt es dabei, sich der Gunst höherer Mächte zu versichern.

Literatur

G. Behm-Blancke, Gesellschaft und Kunst der Germanen – Die Thüringer und ihre Welt. Dresden 1973

C. Engelhardt, Thorsbjerg Mosefund. Kopenhagen 1863

H. Hayen, Gedanken zum Schutz von Moor-Resten. Oldenburg 1980

J. Ilkjær, Illerup Ådal 1 ff. Aarhus 1990 ff.

H. Jankuhn, Archaeologische Beobachtungen zur Tier- und Menschenopfern bei den Germanen in der Römischen Kaiserzeit. Nachrichten der Akademie der Wissenschaften in Göttingen. Phil.-hist. Klasse 1967, Nr.6

H. Jankuhn (Hrsg.), Vorgeschichtliche Heiligtümer und Opferplätze in Mittel- und Nordeuropa. Göttingen 1970.

M. Ørsnes. Ejsbøl I – Waffenopferfunde des 4.–5. Jahrh. n. Chr. Kopenhagen 1988

Eine kreuzförmige Nadel der vorrömischen Eisenzeit aus dem Uchter Moor bei Bahrenborstel-Holzhausen, Ldkr. Diepholz

1936 wurde am Rande des Uchter Moores bei Holzhausen, Ldkr. Diepholz (Niedersachsen), eine noch 15,5 cm lange und 7,5 cm breite, außergewöhnlich aufwendig verzierte Bronzenadel gefunden. Es handelt sich um den westlichsten und am vollständigsten erhaltenen Vertreter der sog. Kreuznadeln, deren Hauptverbreitungsgebiet im östlichen Niedersachsen zwischen Aller und Elbe liegt. Dieser Nadeltyp ist am engsten verwandt mit den sog. Flügelnadeln, die beiderseits der Elbe, vor allem im südöstlichen Teil Schleswig-Holsteins vorkommen und kann mit diesen in die Ripdorf-Stufe der jüngeren vorrömischen Eisenzeit (etwa 250–150 v. Chr.) datiert werden.

Durch die Lagerung im Moor, in die die Nadel höchstwahrscheinlich als eine Opfergabe gelangte, ist dieses Exemplar (von der wohl bereits in alter Zeit abgebrochenen Nadelspitze abgesehen) außergewöhnlich vollständig erhalten geblieben. Auf den drei Kreuzarmen befinden sich große doppelkonisch zurechtgeschliffene Bernsteinperlen, und auf das obere Nadelende wurde zusätzlich eine kleine blaue Glasperle mit gelben Punkten gesteckt. In den kleinen Ringösen der beiden seitlichen Kreuzarme sind noch Reste eines kleingliedrigen Bronzekettchens vorhanden.

Von den wenigen weiteren Vertretern dieses Nadeltyps, bei denen es sich überwiegend um Beigaben von Leichenbrandbestattungen handelt, ist hingegen in der Regel nur das bronzene Nadel-Grundgerüst ohne den Perlenbesatz und den weiteren Kettchenzierrat erhalten geblieben.

R. K.

Datierung: Ripdorf-Stufe der jüngeren Vorrömischen Eisenzeit (etwa 250–150 v. Chr.)
Verbleib: Niedersächsisches Landesmuseum Hannover, Inv.-Nr. 460:48
Lit.: H.-J. Häßler, (Hrsg.) Ur- und Frühgeschichte in Niedersachsen. Stuttgart 1991, 214 u. 384; G. Jacob-Friesen, Einführung in Niedersachsens Urgeschichte, Teil III (Eisenzeit). Veröffentlichungen der urgeschichtlichen Sammlungen des Landesmuseums zu Hannover 15, Teil III, 4. Auflage, Hildesheim 1974, 454; H. Keiling, Die Formenkreise der vorrömischen Eisenzeit in Norddeutschland und das Problem der Entstehung der Jastorf-Kultur. Zeitschrift für Archäologie 2, Berlin 1968, 161–177; H. Nortmann, Die vorrömische Eisenzeit zwischen unterer Weser und Ems. Ammerlandstudien 1. Römisch-Germanische Forschungen 41, Mainz 1983, 52 u. 126

(nach Häßler, 1991)

6a. Bronzezeitliche Funde aus Mooren, fließenden Gewässern und auf festem Boden

VON FRIEDRICH LAUX

Aus Mooren, Flüssen und Bächen, Quellen und Seen, bei großen Steinen und an anderen vergleichbaren Örtlichkeiten, aber auch auf freiem Feld wurden immer wieder Einzelfunde, aber auch Hortfunde aus der Bronzezeit geborgen. Zumindest bei den Funden aus Mooren und denjenigen aus fließenden Gewässern kann ausgeschlossen werden, dass sie jemals wieder gehoben werden konnten bzw. sollten. Diese Gegenstände waren offensichtlich für die Ewigkeit versenkt und damit als „Gaben an die Götter" oder „Weihefunde" an jenseitige Mächte und Wesen gedacht und niedergelegt worden.

Hortfunde aus Mooren und vom festen Boden

In Niedersachsen, Hamburg und im südlichen Holstein bleibt die Zahl der Funde mit mehreren bronzenen Gegenständen, die in den langen Zeitraum von der frühen Bronzezeit (etwa um 1800 v. Chr.) bis hin zum Ende der frühen Eisenzeit (etwa um 450 v. Chr.) datiert werden können, verhältnismäßig klein, nämlich kaum mehr als etwa 100 Fundkomplexe. Diese Zahl vergrößert sich allerdings erheblich, wenn man die beim Abtorfen der Moore, beim Regulieren der Bäche und dem Trockenlegen von Wiesen gefundenen Einzelstücke mitzählt. Die Anzahl der heute bekannten Funde wird auch durch die Oberflächengestalt des norddeutschen Flachlandes beeinflusst, einerseits durch die schon lange beackerten fruchtbaren Böden, auf denen kaum mehr Funde gemacht werden können, durch die ausgedehnten Moorgebiete im westlichen Hannover und auf der Stader Geest, durch die mit Wald und Heide bestandenen Höhenzüge und Beckenlandschaften der Lüneburger Heide und die unwirtlichen Bergregionen im südlichen Hannover. Eine Rolle spielen auch die Talauen der Flüsse und diese selbst, denn ihrem Lauf zur Nordsee folgend konnten sich mittel- und süddeutsche Hortzusammenstellungen und Deponierungssitten ausbreiten, die – wenn auch selten – übernommen und im heimischen Material wiederzufinden sind.

Am augenfälligsten wird dies bei den Aunjetitzer Hortfunden der frühen Bronzezeit. Nicht nur ihre Zusammensetzung, sondern auch ihre Verbreitung im südöstlichen Holstein, Hannoverschen Wendland, der Altmark und im östlichen Braunschweiger Land macht deutlich, dass hier die am weitesten nach Nordwesten gelangten Fundkomplexe dieser in Mitteldeutschland verbreiteten Kultur vorliegen (Abb. 1). Zusammen mit diesen Fundstücken gelangten vermutlich auch geistige und religiöse Vorstellungen über Elbe und Aller nach Niedersachsen. Diese Horte setzen sich in aller Regel aus „Aunjetitzer" Randleistenbeilen verschiedener Formen, aus Ösenhalsringen, rundstabigen Bronzeringen mit stumpfen oder spitzen Enden, geschlossenen und anderen Armringformen, Armspiralen und Schmuckschilden zusammen. Hortfunde mit entsprechender Zusammensetzung bleiben auf das Hannoversche Wendland (z. B. Marwedel, Stadt Hitzacker, Ldkr. Lüchow-Dannenberg), auf die östliche Lüneburger Heide und das südöstliche Holstein beschränkt, weiter nach Westen bis zur Weser hin gelangten nur noch einzelne Randleistenbeile „Aunjetitzer" Formgebung, dagegen keine „Schmuckstücke" (Abb. 1). Dies ist umso bemerkenswerter, da aus dem niedersächsischen und holsteinischen Vorfeld der Aunjetitzer Kultur bislang kaum Hortfunde bekannt sind, die sich ausschließlich aus Randleistenbeilen zusammensetzen.

Hortfunde mit Randleistenbeilen (Abb. 1) kommen jedoch im Wesertal und im gesamten Bereich westlich dieses Flusses vor. Sie enthalten nun allerdings keine Randleistenbeile „Aunjetitzer" Herkunft mehr, sondern solche aus dem nordwestlichen Europa und dem schweizerisch-ostfranzösischen Bereich, wie z. B. der Hortfund aus einem Moor bei Schinna, Gem. Stolzenau, Ldkr. Nienburg, solche aus der Normandie, der Hortfund aus der Heide bei Sassenberg, Kr. Warendorf, solche von den Britischen Inseln, und jener aus einem Moor bei Kellenberg, Gem. Hemsloh, Ldkr. Diepholz, solche aus dem schweizerisch-ostfranzösischen Raum.

In die Schlussphase des „Aunjetitzer" Einflusses datieren dann jene Horte, die zusätzlich noch eine Lanzenspitze enthalten. Genannt werden sollen hier nur die auf festem Boden gefundenen Horte von Hamburg-Rissen (Tinsdal) und Wildeshausen, Ldkr. Oldenburg, der – zeitlich etwas jünger – schon in die frühbronzezeitliche Sögel-Wohlde-Zeitstufe datiert werden muss. Diese Hortfunde (Abb. 1) gehen ebenso wie jener mit fünf Lanzenspitzen aus Ohlendorf, Gem. Seevetal, Ldkr. Harburg, auf Einflüsse aus Skandinavien zurück.

Zeitlich jünger sind dann jene Hortfunde, die Absatzbeile westeuropäischer Herkunft enthalten und daher bereits in den Beginn der älteren Bronzezeit datiert werden müssen. Schon die räumliche Verteilung dieser Beile macht deutlich, dass sie nur über die Nordsee in den Mündungsbereich der großen Flüsse und von hier aus stromaufwärts in das dahinter liegende norddeutsche Flachland gelangt sein können. Am bemerkenswertesten sind – allein schon wegen der großen Anzahl der geborgenen Absatzbeile – die Hortfunde von Stade-Campe und Neukloster (Ilsmoor), beide Ldkr. Stade. Der erstgenannte Hort, auf festem Boden gefunden, setzt sich aus zehn westeuropäischen Absatzbeilen mit Y-Zier (Typ Neukloster), einem westeuropäischen Absatzbeil mit Hängebogenzier, einem Kupferbarren und einigen Gussrückständen zusammen, der zweite, im Ilsmoor geborgene, aus zwei westeuropäischen Absatzbeilen mit Hängebogenzier, sieben westeuropäischen Absatzbeilen mit Y-Zier (Typ Neukloster) und einer schweren facettierten skandinavischen Schaftlochaxt. Die Niederlegung von Beilhorten (Abb. 3) wird dann in der älteren Bronzezeit weitergeführt, nur handelt es sich jetzt um norddeutsche, seltener auch um schlichte Absatzbeile. Von wenigen Ausnahmen, z. B. Neukloster, Stadt Buxtehude, Ldkr. Stade, abgesehen, wurden diese Horte ausschließlich aus Mooren und Niederungen geborgen, was auf eine kultisch bedingte Niederlegung schließen lässt. Dies gilt jedoch nicht bei den beiden Horten, jenen aus Stade-Campe und aus Neukloster, die beide auf festem Boden gefunden wurden. Die Barren und Gussrückstände im erstgenannten Hortfund lassen eher an einen Gießerfund denken, eine Vorstellung, die auch für den Fund aus Neukloster zutreffen wird, zumal auch hier jeweils mehrere Absatzbeile aus der gleichen Gussform gegossen und sie anschließend nicht von ihren Gussnähten befreit worden sind. Vereinzelt finden sich auch Lanzenspitzen oder Sicheln in diesen Horten, z. B. in dem beim Stubbenroden gefundenen Hortfund von Hohenfelde, Kr. Steinburg.

Etwas aus dem Rahmen fallen zwei weitere Hortfunde aus dem Beginn der älteren Bronzezeit, da sie ähnlich wie der schon genannte aus Wildeshausen, Ldkr. Oldenburg, weibliches Schmuckinventar enthalten. In dem Hortfund (Abb. 3) aus einem Moor bei Schmalenbeck, Gem. Grasberg, Ldkr. Osterholz, war ausschließlich weiblicher Schmuck enthalten, so eine einfache Radnadel, zwei Armspiralen unterschiedlicher Länge, ein kegelförmiges Hütchen und eine Kette mit 56 verschieden großen Bernsteinperlen. Es handelt sich hier um die vollständige Schmuckausstattung einer älterbronzezeitlichen Frau. Eine etwas andere Zusammensetzung weist dagegen der kleine, am Fuße eines zerstörten spätneolithischen (?) Grabhügels geborgene Fund von Garlstorf, Ldkr. Harburg, auf. Es handelt sich dabei um eine Lüneburger Radnadel, einen Armring mit rautenförmigem Querschnitt und ein angesägtes und alt abgebrochenes Schneidenteil eines westeuropäischen Absatzbeiles mit Y-Zier.

Diese Vermischung von Schmucksachen und Gerät (Waffen?) wird dann für eine weitere Gruppe von Horten kennzeichnend, die in lockerer Streuung von Schleswig-Holstein über die Stader Geest bis hin in den Nienburger Bereich verbreitet ist, eine Verbreitung (Abb. 3), die auffällig mit der Einflusszone des Nordischen Kreises der älteren Bronzezeit in Niedersachsen übereinstimmt. Bemerkenswert ist die regelhafte Zusammensetzung dieser Horte, die nur norddeutsche Absatzbeile, ein oder zwei kleine Schmuckscheiben, Sicheln und seltener auch noch Armringe enthalten, wie es beispielhaft die Hortfunde aus einem Moor bei Wiegersen, Gem. Sauensiek, Ldkr. Stade, und Rickling, Kr. Segeberg, der wohl auf festem Land gefunden wurde, aufzeigen. Im Gegensatz dazu stehen einige gleichalte Hortfunde aus dem Lüneburgischen und seinen angrenzenden Bereichen, Horte, die nur Schmuckscheiben oder kegelförmige Hütchen enthalten (Abb. 3). Diese Gruppe von Horten gruppiert sich um den bei Erdarbeiten angetroffenen Hortfund von Karwitz, Ldkr. Lüchow-Dannenberg, mit seinen kegelförmigen Hütchen und Schmuckscheiben, und um den beim Pflügen hochgerissenen von Molzen, Stadt Uelzen, Ldkr. Uelzen, wo zu den Schmuckscheiben noch scheibenförmige Anhänger treten. Keiner dieser älterbronzezeitlichen Hortfunde mit Schmuckscheiben und mit

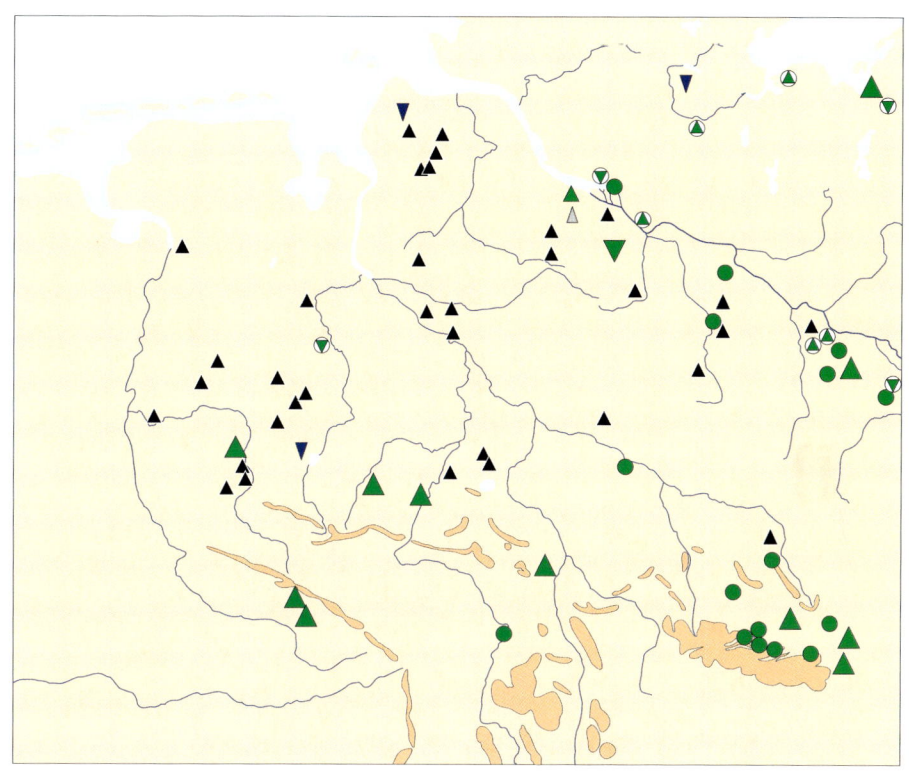

Abb. 1 Verbreitung der frühbronzezeitlichen Hortfunde und der Einzelfunde aus Mooren

▲ Hortfunde mit Randleistenbeilen

● Hortfunde mit „Aunjetitzer" Ringschmuck

◬ Hortfunde mit „Aunjetitzer" Ringschmuck, Randleistenbeilen und Lanzenspitzen

▽ Hortfunde mit „Aunjetitzer" Ringschmuck und Randleistenbeilen

▼ Hortfunde mit Lanzenspitzen

▲ Randleistenbeile aus Mooren

△ Lanzenspitzen aus Mooren

▼ Schwerter aus Mooren

oder ohne Absatzbeile enthält eine vollständige weibliche Schmuckzusammenstellung. Im Gegenteil, der Schmuck wird auf einige wesentliche Teilstücke beschränkt. Zieht man die damals getragenen Schmucktrachten der Frauen zum Vergleich heran, dann gehörten zum Gürtelschmuck einer Frau auf der Stader Geest bzw. in Dithmarschen jeweils eine oder zwei kleine Gürtelscheiben, Schmuckstücke, die in der benachbarten älterbronzezeitlichen Lüneburger Gruppe lediglich als Besatz von Umhängen Verwendung fanden.

Mehr oder weniger vollständige Frauentrachten liegen aber aus drei gleichzeitigen oder nur wenig jüngeren Hortfunden aus der Lüneburger Heide vor (Abb. 3). Am herausragendsten ist hierbei der in die frühe mittlere Bronzezeit zu datierende Hortfund aus Heitbrack, Gem. Emmendorf, Ldkr. Uelzen, der bei Feldarbeiten neben einem großen Stein zu Tage kam. Geborgen wurden hier zwei Haarknotenfibeln mit schmalem, weidenblattförmigem Bügel, kegelförmige Hütchen, Spiralröllchen und Bronzeblechröhrchen, zwei Lüneburger Radnadeln, eine Lüneburger Scheibennadel, ein längsgerippter Halskragen, zwei gedrehte Halsringe mit Hakenenden, zwei rundstabige Armringe, vier Spiraldrahtarmringe, zwei kleine Spiraldrahtringe, eine Fingerspirale, vier verschieden große, verzierte Scheiben mit unterseitiger Öse, ein norddeutsches Absatzbeil und eine Pinzette. In seiner Zusammensetzung gehört der Hortfund von Heitbrack einerseits durch die Kombination von kleinen Gürtelscheiben und Absatzbeil zur Gruppe der Horte Wiegersen/Rickling, andererseits liegen hier aber auch drei vollständige weibliche Schmucktrachten vor, wie sie zu Beginn der mittleren Bronzezeit in dem benachbarten Südheidegebiet nördlich von Celle, nicht aber im Bereich des Fundortes selbst, im Ilmenau-Tal, getragen wurden. Der zweite Hortfund dieser Gruppe, schon 1852 bei Becklingen, Stadt Bergen, Ldkr. Celle, geborgen, muss nicht vollständig überliefert sein. In einem Tongefäß sollen drei längsgerippte Halskragen, eine Bronzeknopf, ein Gürtelhaken, eine Lockenspirale und ein Armring gelegen haben. Ausschließlich weibliches Trachtenzubehör fand sich auch in einem im feuchten Gelände angetroffenen Hortfund bei Ostedt, Gem. Wieren, Ldkr. Uelzen, der sich aus Bruchstücken eines längsgerippten Halskragens, zwei ge-

drehten Halsringen, vier Arm- oder Beinbergen, Bruchstücken von mehreren Spiraldrahtringen, sieben verschiedenen Armringen und einem verzierten Bronzeblech zusammensetzt. Geht man bei diesen Horten von der Anzahl der Stücke des Hals- und Armschmuckes aus, dann handelt es sich jeweils um die Ausstattung von drei Frauen.

Im Verlauf der mittleren Bronzezeit Niedersachsens bzw. der Periode III in Holstein dringt von Westen nach Osten die Brandbestattungssitte vor, ohne dass eine unmittelbare Auswirkung auf das Deponierungsverhalten der hier lebenden Menschen festgestellt werden kann, insbesondere nicht eine „Selbstausstattung für das Jenseits". Eine entsprechende Deponierungssitte müsste auf der Stader Geest und im westlichen Holstein beobachtet worden sein, wo man – anders als in den weiter östlich gelegenen geographischen Räumen – nicht allmählich, sondern ziemlich abrupt zur beigabenlosen Brandbestattung übergegangen ist. Dieser östliche Bereich, zu dem die Lüneburger Heide, der Segeberger und auch der Lauenburger Raum gehören, war Teil eines größeren Trachtenkreises, wo zu den Schmuckausstattungen der Frauen stets paarig getragene Hals-, Arm- und Beinringe gehörten. Lokale Unterschiede zeigen sich dabei weniger in der Schmuckzusammenstellungen selbst als vielmehr bei den Ziermustern des Arm- und Beinschmuckes. Im Lüneburgischen wurden diese Grundausstattungen z.B. durch eine Haarknotenfibel mit großem ovalem Bügel und eine lange Gewandfibel ergänzt, im Segeberger Raum durch Bronzebuckel oder kleine Gürteldosen. Damit zusammenhängend finden sich im niedersächsischen und holsteinischen Bereich verstreut einige wenige Hortfunde, die allerdings nur Armringe enthalten, so der im Bereich einer Siedlung angetroffene Hortfund von Hitzacker, Ldkr. Lüchow-Dannenberg. Ausschließlich Beinringe, allerdings Havelländischer Herkunft, finden sich dagegen in einigen Hortfunden aus dem Raum beiderseits der Aller und weit im Westen bei Wildeshausen, Ldkr. Oldenburg. Dieser, in einem Moor geborgene Fund setzt sich allein aus zehn quergerippten und zudem längere Zeit getragenen Beinringen einer Frau zusammen.

Etwas isoliert steht der beim Roden eines Baumes südlich von Heyersum, Gem. Nordstemmen, Ldkr. Hildesheim, geborgene Hortfund, der außer zehn Absatzbeilen einer

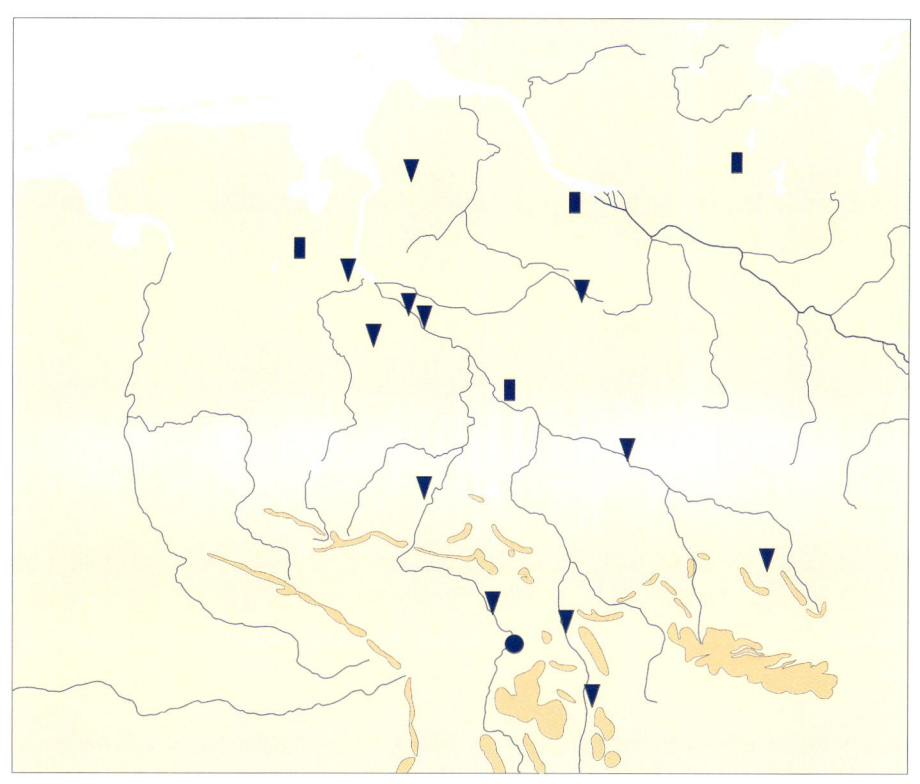

Abb. 2 Frühbronzezeitliche Einzelfunde aus fließenden Gewässern

■ Schwerter

▼ Randleistenbeile

● Nadel

lokalen Variante aus dem Wesergebiet noch drei kleinköpfige Kugelkopfnadeln aus der späten mittleren Bronzezeit enthält. Auffällig ist in der mittleren Bronzezeit die vollständige Fundleere im Bereich der Stader Geest und im Aller-Mündungsgebiet sowie in Dithmarschen. Ein einziger Moorfund mit zwei späten Lanzenspitzen (Lüneburger Wurflanzen) aus Westerwanna, Gem. Wanna, Ldkr. Cuxhaven, scheint diese Lücke auszufüllen, doch wird es sich bei diesem kleinen Moorfund eher um einen Vorläufer einer weiteren Hortgruppe handeln, die dann in der jüngeren Bronzezeit häufiger anzutreffen ist.

Mit der jüngeren Bronzezeit, der Periode IV, werden mit der vollständigen Übernahme der Brandbestattungssitte vielfältige Strömungen aus dem mitteldeutschen Raum fassbar. Entsprechende Auswirkungen werden z. B. in dem Tassenhort aus Dötzingen, Stadt Hitzacker, Ldkr. Lüchow-Dannenberg, deutlich, der gewissermaßen als Endpunkt einer die Elbe abwärts kommenden Kette von Hortfunden mit gleicher Zusammensetzung angesehen werden kann. Ähnlich zu bewerten ist der umfangreiche Hort mit 92 Sicheln, der bei Bösel, Stadt Lüchow, Ldkr. Lüchow-Dannenberg, entdeckt wurde. Auf diese mitteldeutschen Einflüsse gehen auch die Horte mit Pferdegeschirr oder Teilen davon zurück, wie sie z. B. in einem kleinen Hort aus einem Moor bei Bad Oldesloe, Kr. Stormarn, und in dem beim Ziehen eines Grenzgrabens bei Helmstedt, Ldkr. Helmstedt, aufgefundenen Hort vertreten sind. Auf Einflüsse aus dem Bereich der über Hessen und aus dem Rheinland nach Norddeutschland gelangten süddeutsch-ostfranzösischen Urnenfelder-Kultur gehen möglicherweise die im Heidesand bei Stade, Ldkr. Stade, geborgenen bronzenen Räder des „heiligen Wagens" zurück. Außer den Formen der Lappenbeile und langen Messer, die noch behandelt werden, stammen aus diesem Raum auch die Armringe vom Typ Lauingen, wie sie in dem Hort aus einem Moor bei Lauingen, Stadt Königslutter am Elm, Ldkr. Helmstedt, vorliegen. In eine ganz andere Richtung, nämlich nach Norden, weisen dann die beiden bei Garlstedt, Stadt Osterholz-Scharmbeck, Ldkr. Osterholz, gefundenen Luren, die allerdings schon der zeitlich jüngeren Periode V angehören.

Außer diesen im niedersächsischen und holsteinischen Bereich in ihrer Zusammensetzung jeweils einmaligen Horte lassen andere sich regelhaft wiederholende Gemeinsamkeiten erkennen. Ein großer Teil dieser Horte setzt sich allein aus weiblichem Trachtenzubehör zusammen (Abb. 5). Am Anfang stehen solche wie der „unter einem großen Stein gefundene" Hortfund aus Bahrendorf, Stadt Hitzacker, Ldkr. Lüchow-Dannenberg, mit dem sichelförmigen, flechtbandverzierten Halskragen, der großen Lüneburger Fibel mit rautenförmigem Bügel, der alten Plattenfibel und Sätzen aus verzierten und unverzierten Armringen mit dünnem C-förmigen Stabquerschnitt, hinzu kommen gerippte kegelförmige Hütchen mit linsenförmigem Knopf und kleine flache Scheiben mit unterseitiger Öse. Im Verlauf der Periode IV verändert sich diese Zusammensetzung insofern, als nun längsgerippte Halskragen, kleine Hängebecken, kleine Gürtelbuckel und reich verzierte Oldesloer Armringe an Stelle der zuvor genannten Schmuckstücke treten. Dafür stehen Hortfunde wie jene aus Klein Hesebeck, Stadt Bad Bevensen, Ldkr. Uelzen, wo die Fundstücke unter einem großen Stein liegend angetroffen wurden, und Erbstorf, Gem. Adendorf, Ldkr. Lüneburg, der bei Erdarbeiten gemacht wurde. In einzelnen Fällen können zur weiblichen Schmucktracht noch Lanzenspitzen, Beile, Schwerter und/oder Sicheln hinzukommen, ohne dass der „Schmuckhort" in seiner Zusammensetzung als solcher verändert wird. Dies belegen Hortfunde wie jener beim Pflügen entdeckte aus Bargfeld, Gem. Gerdau, Ldkr. Uelzen, und Bad Oldesloe, Kr. Stormarn, Hortfund I, im südlichen Holstein. Alle diese „Schmuckhorte" fanden sich in einem relativ kleinen geographischen Bereich, der das südöstliche Holstein, die östliche Lüneburger Heide und das Hannoversche Wendland umfasst (Abb. 5).

Zwei Horte, obwohl durch ihren Fundinhalt teilweise dieser Gruppe zuzurechnen, unterscheiden sich von den vorgenannten doch so erheblich, dass sie eine eigene Gruppe darstellen, die Horte von Bäk, Kr. Hzgtm. Lauenburg, am Steilufer des Ratzeburger Sees geborgen, und der von Schnega, Ldkr. Lüchow-Dannenberg. Beide Horte enthalten nicht nur Gusskuchen und Gusszapfen sowie andere Gussrückstände, sondern auch in der Mehrzahl zerbrochene Gegenstände, die als zum Einschmelzen bestimmter Schrott angesprochen werden müssen. Es handelt sich um Gießerfunde (Abb. 5).

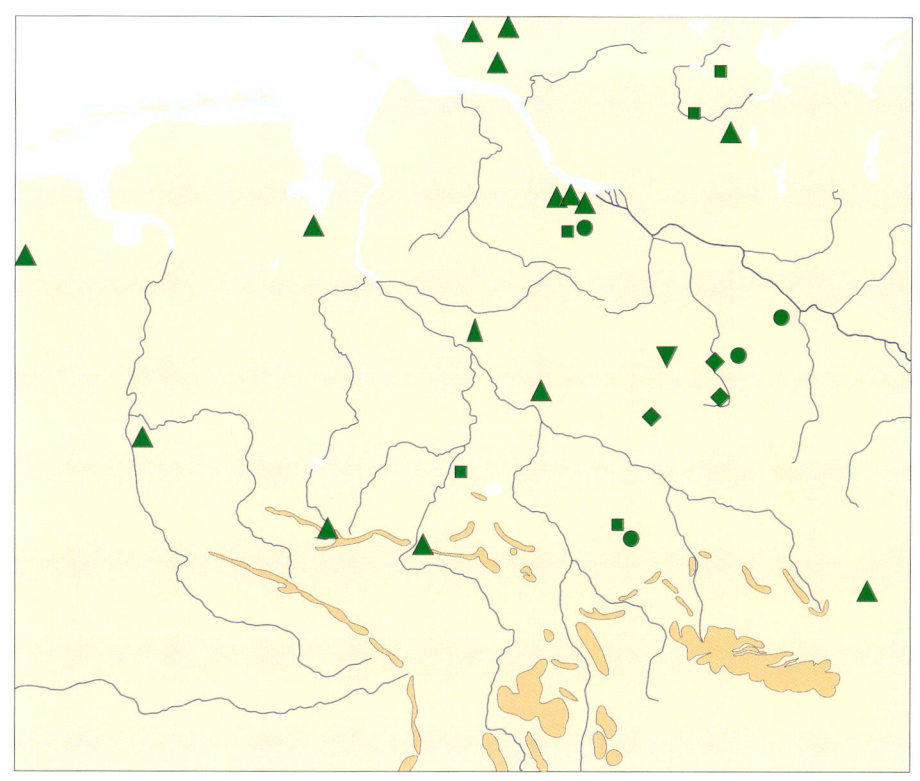

Abb. 3 Verbreitung der älterbronzezeitlichen Hortfunde

▲ Hortfunde mit Absatzbeilen

▲ Hortfunde mit Schmuck

■ Hortfunde der Gruppe Wiegersen/Rickling

● Hortfunde mit Schmuckscheiben

◆ Hortfunde mit Halskragen und anderem Schmuck/Gerät

▼ Hortfunde mit Absatzbeilen und Schmuck

Aus nahezu dem gleichen geographischen Raum, der nun allerdings etwas weiträumiger gefasst werden muss, sind auch aus der zeitlich folgenden Periode V der jüngeren Bronzezeit Schmuckhorte bekannt (Abb. 6), die sich von den zuvor genannten weniger in ihrer Grundzusammensetzung unterscheiden, als vielmehr neue Formen bringen. In ihrer Zusammensetzung folgen diese Horte wiederum bestimmten Regeln, denn immer wieder sind in wechselnden Zusammenstellungen große Hängebecken, große glockenförmige Gürtelbuckel, gedrehte Halsringe mit ovalen Schmuckplatten mit Spiralscheibenverschluss oder Hakenenden, einfache, gedrehte Halsringe mit Hakenenden, längsgerippte Armstulpen, lange Armspiralen und Armringe aus Doppeldraht miteinander vergesellschaftet. Entsprechende Schmuckzusammenstellungen lassen sich um den holsteinischen Fund von Kronshagen, Kr. Rendsburg-Eckernförde, der beim Chausseebau in 0,75 m Tiefe in einem Tongefäß, das auf einem Stein stand, verwahrt angetroffen wurde, und jenen aus Deinstedt, Ldkr. Rotenburg, in Niedersachsen, der am Rande einer Senke, ebenfalls in 0,75 m Tiefe zwischen Steinen liegend gefunden wurde, gruppieren. Einzelne Horte mit dieser Zusammensetzung kommen sogar noch weit im Westen vor, was der niederländische Hort aus Drouwen, Gem. Borger, Prov. Drenthe, nur unterstreicht. In dieser Gruppe fallen einige Horte auf, da in ihnen Schmucksachen vermischt mit Geräten angetroffen wurden. In der Hauptsache handelt es sich dabei um einzelne Tüllenbeile, aber auch Sicheln und ganz vereinzelt auch um Teile vom Pferdegeschirr, dagegen fehlen Schwerter und Lanzenspitzen, die in den „Schmuckhorten" der vorangegangenen Periode IV noch eine gewisse Rolle gespielt haben. Diese etwas abweichende Zusammensetzung repräsentieren am deutlichsten die bei Watenstedt, Gem. Gevensleben, Ldkr. Helmstedt, ausgepflügten Funde, die den Fundberichten zufolge möglicherweise auf zwei Horte verteilt werden müssen.

Von diesen „Schmuckhorten" lassen sich Horte mit einer anderen Zusammensetzung absetzen, die ihrerseits wiederum übereinstimmende Zusammenstellungen erkennen lassen. So sind in der Periode IV der jüngeren Bronzezeit, aber auch noch am Beginn der Periode V verschiedene Beilformen in den Hortfunden zusammen mit so genannten „Nierenringen" und anderen Armringformen anzutreffen (Abb. 5). Einzelne dieser Depotfunde setzen sich nur aus Beilen und Armringen zusammen, so der Moorfund aus Grasdorf, Flecken Ottersberg, Ldkr. Verden, und im südwestlichen Holstein der beim Roden gefundene Hortfund von Ölixburg, Kr. Steinburg. In anderen Fällen kommt noch weiteres Gerät hinzu, z.B. in Bargeroosterveld, Prov. Drenthe, Niederlande. Verbreitet ist diese Hortfundgruppe entlang der Weser und am Nordrand der westhannoverschen Mittelgebirge (Abb. 5).

Ebenfalls auf eine Beeinflussung aus dem Bereich der nordhessischen Urnenfelder-Kultur gehen jene Horte zurück, deren Fundgegenstände über die Täler von Weser und Leine nach Norden gelangt sind, nämlich Horte, die sich ausschließlich aus oberständigen Lappenbeilen zusammensetzen, wie jene aus Achim-Haaßel, Ldkr. Verden, und Oldendorf, Stadt Uelzen, Ldkr. Uelzen (Abb. 5). Der erste wurde bei Feldarbeiten gefunden, beim zweiten sind die Fundumstände nicht bekannt. Eine heimische Entsprechung finden diese Horte in dem bei Gartenarbeiten gefundenen aus Kleinenheerse, Gem. Raddestorf, Ldkr. Nienburg, und dem aus Gülden, Gem. Küsten, Ldkr. Lüchow-Dannenberg, wo an Stelle der Lappenbeile nun die in Norddeutschland gebräuchlichen Tüllenbeile treten. Andere Funde, wie jener aus dem Staatsforst Kattenbühl bei Oberode, Stadt Hannoversch-Münden, Ldkr. Göttingen, zählen sowohl zu den Horten mit oberständigen Lappenbeilen und Tüllenbeilen, wie zu jenen mit Beilen und Ringschmuck aber auch zu jenen mit Beilen und Messern verschiedener Varianten. Hier fanden sich nämlich zwei oberständige Lappenbeile und acht verschiedene Tüllenbeile „westeuropäischer Formgebung" zusammen mit einem verzierten Armring, drei Messern, davon zwei mit Tülle, einer Sichel, zwei kleineren Ringen und einigen Bruchstücken von einem Bronzeband.

Der zuletzt genannte Hort lässt sich auch noch zu einer anderen Gruppe von Horten stellen, nämlich jenen, in denen Beile mit Messern kombiniert sind. Sie verteilen sich in lockerer Streuung vom Lauf der Weser aus nach Westen. Allein aus einem taillierten Absatzbeil mit seitlicher Öse und einem Messer mit doppelt T-förmigem Griff setzt sich der bei der Anlage einer Sickergrube geborgene Hort von

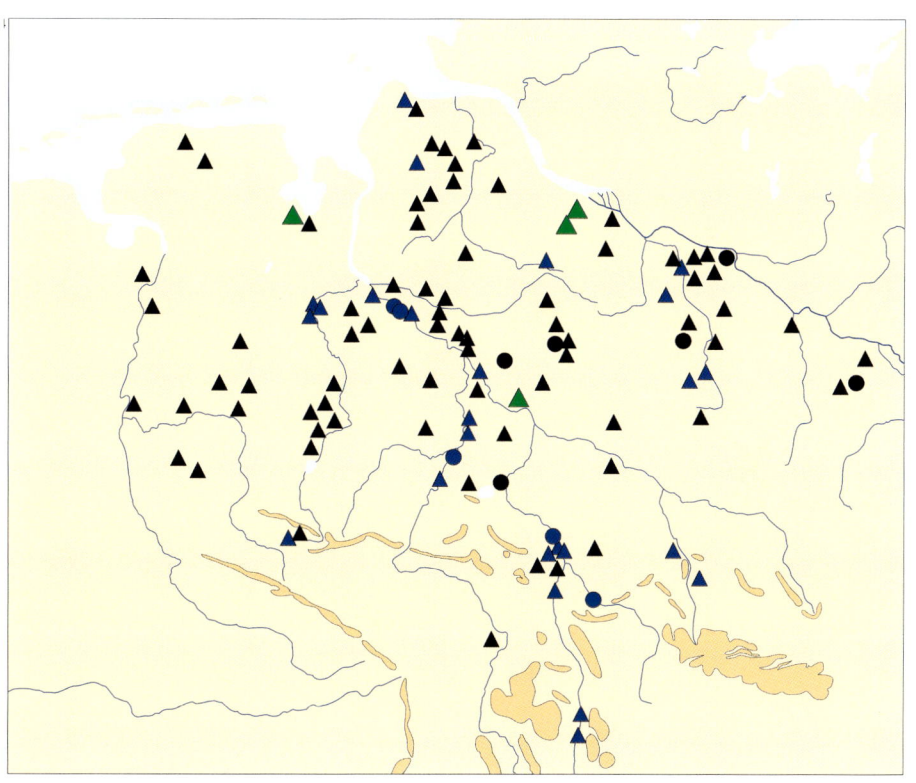

Abb. 4 Verbreitung von älter- und mittelbronzezeitlichen Absatzbeilen und Nadeln

▲ Absatzbeile aus Mooren

▲ Absatzbeile aus Flüssen

● Nadeln aus Flüssen

● Nadeln aus Mooren

▲ Hortfunde mit Absatzbeilen

Barrien-Bülten, Ldkr. Hoya, zusammen. Einen umfangreicheren Inhalt, nämlich zwei Tüllenbeile, eine Lanzenspitze, zwei Tüllenmesser und ein Tüllengerät unbekannter Zweckbestimmung, weist ein Hort aus Nieuw-Schoonebeek, Prov. Drenthe, in den Niederlanden auf. Ähnlich zu bewerten ist der Hortfund von Havelte, Prov. Drenthe, wo sich zwei Tüllenbeile zusammen mit einem Tüllenmesser und einem Gussrückstand fanden. Anzuschließen an diese kleine Gruppe ist auch der kleine, in einem Tongefäß geborgene Fund aus Adendorf, Ldkr. Lüneburg, dessen Inhalt sich aus einem Messer mit abgebrochenem Griff, der Schneide eines Tüllenbeiles und einer reich verzierten Pinzette, die an einem Stangenknopf hängt, zusammensetzt. Dieser Fund leitet zu den Hortfunden mit Tüllenmessern über, bei denen zu den Geräten/Waffen noch Schmuckstücke und Toilettegerät hinzukommen. Entsprechende Funde konzentrieren sich im Bereich westlich der Weser. Der Hortfund von Holzhausen, Stadt Wildeshausen, Ldkr. Oldenburg, der 1950 im Sand liegend gefunden wurde, enthielt außer einem Tüllenmesser, einem Angelhaken, einem rechteckigem Rasiermesser und einem Pfriem nur Schmuckstücke, wie Halsringe, Armringe, Fingerringe, Schleifenringe und anderen Ringschmuck, Perlen aus Glas und Bernstein sowie Röhrenperlen. Diese Schmuckausstattung, die in die Periode V datiert werden kann, unterscheidet sich erheblich von jener aus dem holsteinisch-lüneburgischen Bereich, so dass hinter der Zusammensetzung dieser Schmuckausstattung eine andere Vorstellung bzw. Trachtsitte vermutet werden müssen (Abb. 6). Die Verbindung zu dem Bereich östlich der Weser wird durch den Fund von Rheda, Kr. Gütersloh, der in 0,75 m Tiefe beim Sandfahren entdeckt wurde, hergestellt. Mit einem Hängebecken abgedeckt lagen auf kindlichem (?) Leichenbrand und Holzkohlen außer einem Tüllenmesser noch zwei geschlossene, ineinander gegossene Koppelringe und fünf bronzene Röhrenperlen. Der ebenfalls zu dieser Gruppe von Horten gehörende Depotfund aus dem Moor von Ostrhauderfehn, Ldkr. Leer, setzt sich nicht nur aus einem Tüllenmesser und Koppelringen zusammen, sondern auch aus weiterem Ringschmuck und einer Lanzenspitze.

Eine weitere Gruppe von Horten, die ebenfalls locker gestreut über das gesamte niedersächsische Flachland verbreitet ist, gruppiert sich um die Kombination von Lanzenspitzen mit Beilen (Abb. 7) Zwar finden sich nur selten Depotfunde, die sich nur aus diesen beiden Fundgegenständen zusammensetzen, wie die Funde aus der Gegend von Bramsche, Stadt Lingen, Ldkr. Emsland, mit doppelter Anzahl oder Groß Sarau, Gem. Clenze, Ldkr. Lüchow-Dannenberg, mit einfacher Anzahl. Meist enthalten diese Depotfunde noch weitere Gegenstände. Kennzeichnend hierfür sind z. B. die Hortfunde von Beckdorf, Ldkr. Stade, und Handorf, Ldkr. Lüneburg. Der Fund von Beckdorf, gefunden beim Kultivieren von Heideland, enthält außer einem Lappenbeil noch zwei Armringe vom Typ Lauingen und eine Lanzenspitze. Der Hortfund von Handorf wurde im feuchten Gelände geborgen; in ihm sind außer einer Lanzenspitze noch drei Tüllenbeile verschiedener Varianten und zwei Sicheln vereint. In beiden Funden vermischen sich wie in anderen auch verschiedene Hortzusammenstellungen.

Aus dem nordelbischen Bereich sind einige jungbronzezeitliche Hortfunde bekannt, die sich ausschließlich aus Schwertern zusammensetzen (Abb. 6). Zu nennen wären hier in erster Linie zwei Befunde, bei denen die Schwerter neben einem Grabhügel senkrecht im Boden steckend angetroffen worden sein sollen, so in Hamburg-Altengamme ein verziertes Griffangelschwert und ein bronzenes Hallstatt-Schwert sowie einem Fundplatz im Lauenburgischen Sachsenwald, wo zwei Griffangelschwerter zusammen mit einem Griffdornmesser gefunden wurden. Zwei Griffangelschwerter stammen aus einem beim Sandgraben entdeckten Hortfund bei Raisdorf, Kr. Plön, und drei Auvernier-Schwerter aus einem weiteren, der bei Feldarbeiten gefunden wurde, aus Klenau, Kr. Ostholstein. Alle diese Befunde datieren in die jüngerbronzezeitliche Periode V. In den Horten der Periode IV sind die Schwerter dagegen nur Teil eines jeweils umfangreicheren Fundes. So fanden sich in dem beim Bahnbau geborgenen Fund von Masendorf, Stadt Uelzen, Ldkr. Uelzen, Bruchstücke eines Griffangelschwertes zusammen mit weiblichem Schmuckinventar und einem norddeutschen Absatzbeil mit seitlicher Öse. Weiblicher Schmuck, nämlich ein kleines Hängebecken und ein Gürtelbuckel mit durchbrochener Befestigungsscheibe, wurde zusammen mit einem Griffangelschwert in einer Kiesgrube bei Nordlohne, Gem. Lohne, Ldkr. Vechta, ge-

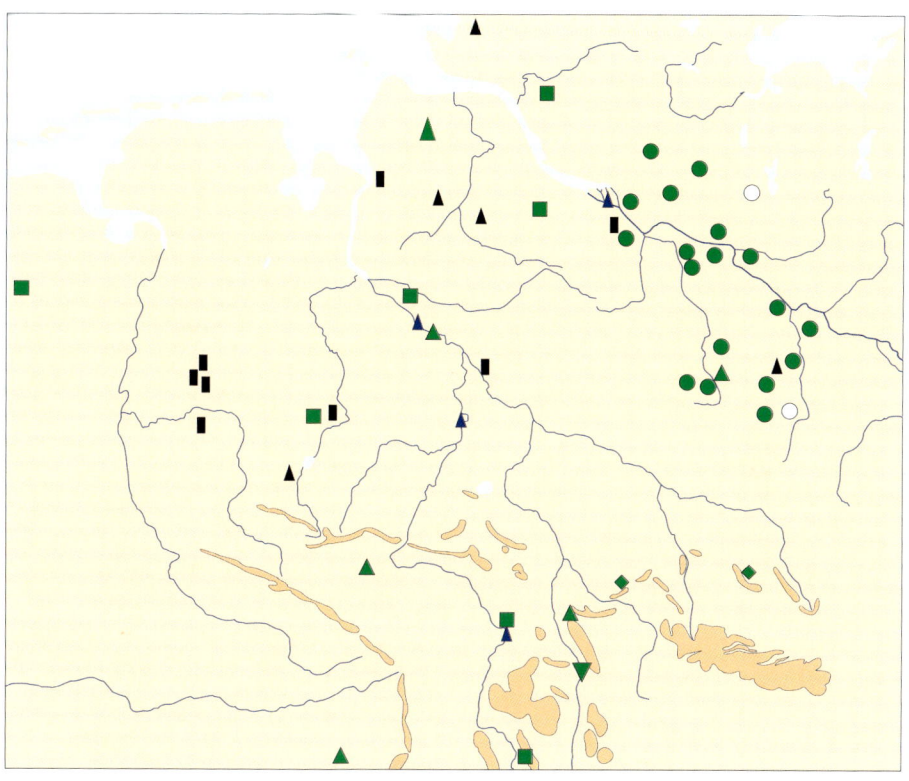

*Abb. 5 Hortfunde der jüngeren Bronzezeit (Periode IV) und verschiedene
Einzelfunde aus Mooren und Flüssen*

▮ Taillierte Absatzbeile und solche mit seitlicher Öse

▲ Lanzenspitzen aus Flüssen

▲ Lanzenspitzen aus Mooren

▲ Hortfunde mit Lanzenspitzen

◼ Hortfunde mit Beilen und Ringen

◆ Hortfunde mit Ringen

▲ Hortfunde mit taillierten Absatzbeilen und Absatzbeilen mit seitlicher
Öse sowie Lappenbeilen

● Hortfunde der Gruppe Bahrendorf-Klein Hesebeck

○ Brucherzhort

▼ Hortfund mit tailliertem Absatzbeil und Lanze

141

borgen. Noch umfangreicher zusammengesetzt ist allerdings der Gießerhortfund von Bäk, Kr. Hzgtm. Lauenburg, wo im Sande liegend zahlreiche, absichtlich zerbrochene Bronzen aufgefunden wurden. Außer einer Vielzahl von weiblichem Trachtenzubehör konnten auch Toilettegerät sowie Bruchstücke von Griffangelschwertern, Lanzenspitzen, Tüllen- und Lappenbeilen, Sicheln und Messern geborgen werden.

Immer wieder wurde in einzelnen Horten auch Toilettegerät, wie Pfrieme, Pinzetten und Rasiermesser angetroffen. Die Mehrzahl dieser Fundkomplexe datiert in die jungbronzezeitliche Periode V. Stellvertretend für andere sollen hier nur der in eine Frühphase dieser Zeitstufe zu datierende Hortfund von Rethwisch, Gem. Goldenstedt, Ldkr. Vechta, mit einem Rasiermesser, und der Hortfund von Adendorf, Ldkr. Lüneburg, mit einer reich verzierten Pinzette genannt werden.

In der frühen Eisenzeit (Periode VI) ändert sich die Zusammensetzung der Hortfunde wiederum. Gemischte Inventare stammen aus dem Wesertal und dem westlichen Niedersachsen. Hierzu zählt der noch in die Übergangsphase von Periode V nach VI zu datierende Hortfund aus einem Moor bei Plaggenburg, Stadt Aurich, Ldkr. Aurich, in dem außer zwei Tüllenbeilen, eines davon ohne seitliches Öhr, und einer Lanzenspitze noch ein bronzener Halsring, drei unverzierte Armringe, einer davon mit C-förmigem Querschnitt, ein Hohlwulstring und eine Nähnadel enthalten sind. In dem bei Waldarbeiten bei Barsinghausen, Ldkr. Hannover, gefundenen Hort waren Gegenstände aus Bronze und Eisen miteinander vereint, nämlich drei bronzene und drei eiserne Tüllenbeile, Bruchstücke von zwei scharflappigen bronzenen Wendelringen, ein weiterer dünnerer und weitgedrehter sowie einer aus Eisen, hinzu kommt noch ein alt gebrochener rundstabiger Bronzering.

Eine andere große, im gesamten niedersächsisch-holsteinischen Bereich verbreitete Gruppe setzt sich aus verschiedenen Formen von Halsringen zusammen, dabei häufiger zwei Exemplare der gleichen Form. Erste Anzeichen dafür finden sich bereits in einigen wenigen Fällen bei den Schmuckhorten der Gruppe Kronshagen/Deinstedt, so in Husum, Kr. Nordfriesland, und Daldorf, Kr. Segeberg, wo – wie erst während der frühen Eisenzeit üblich – der doppelte Ringsatz niedergelegt worden ist. Bei den früheisenzeitlichen Funden handelt es sich sowohl um scharflappige Wendelringe, als auch um breitrippige und große unechte Wendelringe. Scharflappige Wendelringe, die aus dem Bereich der Hunsrück-Eifel-Kultur und aus Thüringen ins norddeutsche Flachland gelangt sind, finden sich z. B. in den Moorfunden von Peine, Ldkr. Peine, und Grüppenbühren, Gem. Ganderkesee, Ldkr. Oldenburg. Für Zusammenhänge mit Thüringen sprechen auch die breitrippigen Wendelringe, wie sie in einem Hortfund aus dem Moor bei Tremsbüttel, Kr. Stormarn, hier allerdings zusammen mit Knöpfen verschiedener Formen, einem Gusszapfen für ein Tüllenbeil, einer bronzenen Ösenkopfnadel sowie einer weiteren aus Eisen und einem eisernen Ring gefunden, vorliegen. Einen breitrippigen Wendelring, einen glatten Ring und 20 Bernsteinperlen fand man auf reinem Sand liegend beim Torfabbau im Blankenmoor bei Eystrup, Ldkr. Nienburg. Auch die großen unechten Wendelringe werden häufiger in doppelter Anzahl in den Mooren niedergelegt, was z. B. der Hortfund aus Tarmstedt, Ldkr. Rotenburg, belegt. Die Sitte setzt sich in gleicher Weise in der vorrömischen Eisenzeit fort. Halsringe mit rundstabigem gerillten Körper mit abgeflachten mit Punzaugen verzierten Enden fanden sich z. B. in einem weiteren Hort aus Tarmstedt. Ldkr. Rotenburg, nur wenig vom erstgenannten Fundplatz entfernt. Hierher gehört auch der in einer feuchten Wiese gefundene Hortfund von Klein Meckelsen, Ldkr. Rotenburg, mit sieben Exemplaren. Die Mehrzahl dieser Funde stammt aus dem östlich der Weser gelegenen Bereich, anders einige weitere Funde, die zumeist ebenfalls aus Mooren stammen und im westlichen Niedersachsen gefunden wurden. Es handelt sich dabei um gedrehte Halsringe oder solche mit immitierter Drehung, an denen größere Kettengehänge befestigt sind, wie es z. B. die Moorfunde aus Lehmden, und Loyer Moor, Gem. Rastede, Ldkr. Ammerland, zeigen. Der gleichen Zeit gehört auch der aus dem üblichen Rahmen fallende Moorhort mit drei verzierten Hohlwulstringen aus Delthun, Gem. Ganderkesee, Ldkr. Oldenburg, an. In diese Zeitphase datieren auch die so genannten „Kronenhalsringe", die allerdings anders als die zuvor genannten Halsringformen Scharnierringe sind. Ihren Namen haben sie von den mehr oder weniger hohen Zacken, mit denen ihre

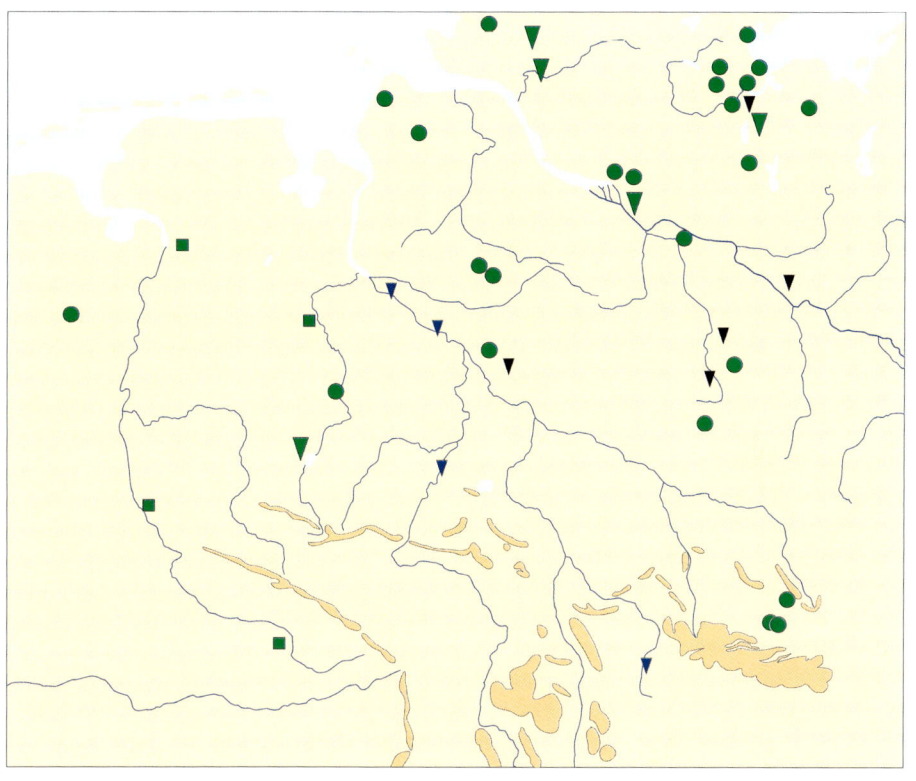

*Abb. 6 Hortfunde der jüngeren Bronzezeit (Periode V) sowie Einzelfunde von
Schwertern aus Mooren und Flüssen*

● Hortfunde der Gruppe Kronshagen-Deinstedt

■ Hortfunde der Gruppe Holzhausen

▼ Hortfunde mit Schwertern

▼ Einzelfunde von Schwertern aus Mooren

▼ Einzelfunde von Schwertern aus Flüssen

Oberseite geschmückt ist. Meist werden sie als Einzelstücke im Moor gefunden, doch gibt es aus Issendorf, Gem. Harsefeld, Ldkr. Stade, einen kleinen Hortfund, der auch noch andere Gegenstände enthält.

Eine letzte größere Gruppe von Horten wird durch die Goldfunde gestellt. Dabei fällt für den niedersächsisch-holsteinischen Raum eine interessante Verteilung der Funde auf. So stammen goldene Gefäße nur aus dem westlichen Niedersachen, so aus Terheide, Gem. Ostrhauderfehn, Ldkr. Leer, und Gölenkamp, Ldkr. Grafsch. Bentheim, und in Holstein aus Albersdorf, Kr. Dithmarschen. In Terheide fanden sich die beiden goldenen Schalen in einem Tongefäß, in Gölenkamp deckte das Goldgefäß eines aus Ton ab, und in Albersdorf die beiden goldenen Gefäße in einer Urne mit Leichenbrand. Die gleiche geographische Übereinstimmung besteht, wenn man auf der einen Seite die Goldscheibe von Moordorf, Gem. Südbrookmerland, Ldkr. Aurich, und im westholsteinischen Dithmarschen jene aus Glüsing heranzieht.

Im Gegensatz dazu stehen die Stader Geest und die Lüneburger Heide, denn hier finden sich einige Fundstücke, Plattenfibeln, die mit Goldblech belegt sind, so in Hankensbüttel, Ldkr. Gifhorn, Flögeln, Gem. Neuenwalde, Ldkr. Cuxhaven, und Rethwisch, Gem. Goldenstedt, Ldkr. Vechta, von denen die beiden erstgenannten noch jeweils mit einem goldenen Armring vergesellschaftet waren. Bei dem Moorfund von Hankensbüttel handelt es sich dabei um einen mit „löffelartig ausgehöhlten Endknöpfen", einem Ring, der vermutlich demjenigem entspricht, der bei Gahlstorf, Gem. Blender, Ldkr. Verden, in einem früheisenzeitlichen Tongefäß gefunden wurde, bei jenem, der im Bereich der kaiserzeitlichen Siedlung Flögeln gefunden wurde, um einen schlichten goldenen Armring, wie er u. a. auch in doppelter Anzahl in dem Hortfund von Barum, Ldkr. Lüneburg, zusammen mit einem goldenen „Eidring", einer bronzenen Tasse und weiblichem Schmuckzubehör geborgen wurde. Als weiterer goldener Schmuck, der nicht aus Grabfunden stammt, ist die bei Waldarbeiten gefundene goldene Lunula, ein Halskragen, aus Schulenburg, Stadt Pattensen, Ldkr. Hannover, der beim Pflügen entdeckte Hort aus Lorup, Ldkr. Emsland, und der Armring aus Woltersdorf, Kr. Lüchow-Dannenberg, zu nennen. Goldener Armschmuck, nämlich vier gedrehte Armringe mit Hakenverschluss, liegen auch aus einem kleinen Hort aus Pahlhude, Kr. Norderdithmarschen, vor.

* * *

In der vorliegenden Übersicht konnte gezeigt werden, dass in der Zusammensetzung der Hortfunde aus Mooren und bei vielen vom festen Land keine Unterschiede bestehen. Das bedeutet, dass derartige Fundkomplexe aus den gleichen Beweggründen und Vorstellungen in Mooren versenkt oder an großen Steinen (erratischen Blöcken) oder – wenn man die zahlreichen Funde auf freiem Feld oder in der Heide (beim Pflügen gefunden) mit berücksichtigt – am Fuße von heute nicht mehr vorhandenen mächtigen alten Bäumen vergraben worden sind. An keiner dieser Örtlichkeiten wurden nach der ersten Niederlegung noch einmal Hortfunde deponiert; nur einmal – nun allerdings bereits in der vorrömischen Eisenzeit in Tarmstedt, Ldkr. Rotenburg – wurden nacheinander oder gleichzeitig zwei verschiedene Ringhorte niedergelegt. Jede Deponierung bleibt somit ein einmaliger Vorgang. Ebenso konnte erkannt werden, dass die Zusammensetzung der Horte nach bestimmten, immer wiederkehrenden Regeln erfolgte; dabei lassen sich auch vermischte „Komplexe" auf zwei oder sogar mehrere dieser einzelnen Hortgruppen verteilen. Fundzusammenstellungen, die mit zahlreichen Horten vertreten sind, stehen dabei neben solchen, die nur ein- oder zweimal vorkommen, und dann auf fremde Einflüsse und Vorstellungen zurückgehen werden. Hinter der Zusammensetzung der im norddeutschen Flachland hauptsächlich vertretenen Hortgruppen müssen somit Vorstellungen stehen, die von Sitte und Brauchtum bestimmt werden. Darüber hinaus weisen einige dieser Hortgruppen eine mehr oder weniger enge regionale Begrenzung auf, andere sind dagegen wesentlich weiter gestreut.

Einzelfunde aus fließenden Gewässern und Mooren

Vor- und frühgeschichtliche Fundstücke werden auch in Flüssen, Bächen und Quellen sowie am Ufer von verlandeten Seen gefunden. Es handelt sich dabei um Waffen,

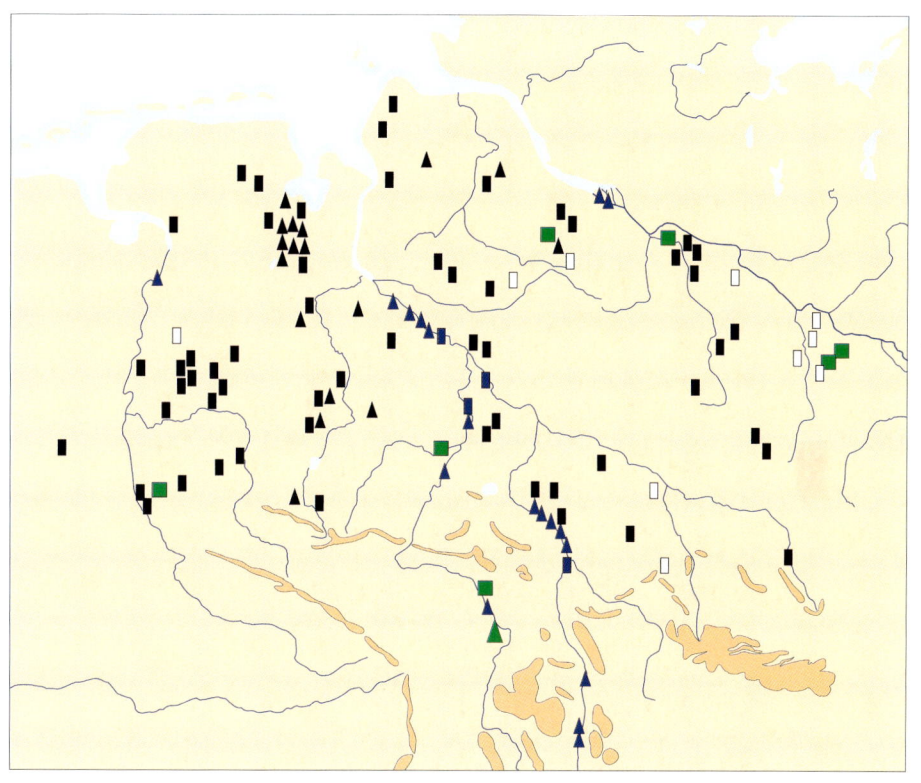

Abb. 7 Hortfunde der jüngeren Bronzezeit (Periode V) und Einzelfunde
aus Mooren und Flüssen

▲ Hortfunde mit Lanzenspitzen

■ Hortfunde mit Beilen und Lanzenspitzen

▲ Lanzenspitzen aus Flüssen

▲ Lanzenspitzen aus Mooren

■ Tüllenbeile aus Mooren

■ Tüllenbeile aus Flüssen

☐ Tüllenbeile aus Feuchtböden

Schmuck, Gerät und Keramik. So verschiedenartig die Fundstücke, so vielfältig sind auch die Gründe und Ursachen für ihre Niederlegung oder einfach nur für den Verlust dieser Gegenstände, die bei Baggerarbeiten im Fluss selbst oder in den im Flusstal gelegenen Kiesgruben geborgen werden. Absichtlich versenkte Gegenstände – also Opferfunde – sind ebenso darunter wie solche, die bei Arbeiten in und am Fluss bzw. an seinen Ufern, beim Kentern eines Wasserfahrzeuges und dem Verlust seiner Ladung, durch Unfälle beim Queren einer Furt, durch absichtliches Überbordwerfen, durch Wegbaggern ehedem besiedelter Flussinseln, durch Verbreiterungsmaßnahmen der Flussufer oder deren Wegbrechen bei Hochwasser usw. in den Fluss gelangten.

Dabei muss allerdings berücksichtigt werden, das beim Arbeiten in und am Fluß nur die Gegenstände geborgen wurden, die ins Auge fielen. Es ist daher nicht auszuschließen, dass wir heute einer einseitigen Auswahl gegenüberstehen. Auch sind mit großer Sicherheit die Mehrzahl der Fundstücke nicht an der Stelle aufgefunden wurden, an der sie ursprünglich ins Wasser gelangt sind, da das fließende Wasser sie jeweils eine nicht näher bestimmbare Strecke flussabwärts transportiert haben wird. Dabei werden die Fundstücke auch nicht an den steilen Ufern des Prallhanges wieder abgelagert, sondern in den seichten Gewässern am Gleithang, was bedeutet, dass die heutige Fundhäufung an bestimmten Stellen des Flußes nicht den tatsächlichen Ursachen entsprechen muss. Es gilt die Stücke zu finden, deren kultischer Charakter offensichtlich ist.

Im folgenden sollen die Fundstücke aus Flüssen, Quellen und Seen behandelt werden, die sich in die frühe, ältere, mittlere und jüngere Bronzezeit und auch in die frühe Eisenzeit datieren lassen, um so Unterschiede oder Abweichungen zu den Hort- und Deponierungssitten einerseits, und zu den einzeln gefundenen Gegenständen aus Mooren andererseits erkennen zu können.

Schon eine erste Übersicht über die aus fließenden Gewässern des norddeutschen Flachlandes geborgenen Bronzen zeigt, dass Geräte und Waffen überwiegen, Schmuckstücke, z.B. Ringe und Nadeln, dagegen kaum vertreten sind. In der frühen Bronzezeit sind es die Randleistenbeile verschiedener Formgebung, die aus der Weser, Leine

und Aller geborgen wurden; hinzu kommen einige Fundstücke von der Stader Geest, die durch ihre „Wasserpatina" als Flussfunde bestimmt werden können (Abb. 2). Ergänzt wird dieser insgesamt kleine Fundbestand durch einige frühbronzezeitliche Kurzschwerter, eines mit abgerundeter Heftplatte (Typ Sögel) aus Aue, Gem. Bad Zwischenahn, Ldkr. Ammerland, und drei weitere mit trapezförmiger Griffplatte (Typ Wohlde) aus Grethem, Ldkr. Soltau-Fallingbostel, Steinkirchen, Ldkr. Stade, und jenes aus dem alten Bett der Stegnitz bei Lankau, Kr. Hzgtm. Lauenburg. Ins Auge fällt, dass unter diesen Funden aus fließenden Gewässern eine ganze Anzahl von Formen, nämlich Kurzschwerter und Randleistenbeile mit geknickten Seiten zu finden sind, die sonst nur in Grabfunden vorkommen. Entsprechendes kann bei den einzeln aus Mooren geborgenen Fundstücken festgestellt werden (Abb. 1). An Schmuckstücken aus dieser Zeit kann lediglich eine Nadel mit schräg durchbohrtem Kugelkopf angeführt werden, die bei Hameln, Ldkr. Hameln-Pyrmont, aus der Weser gebaggert wurde (Abb. 2).

Dieses Bild verändert sich in der älteren und mittleren Bronzezeit. Wiederum stellen den größten Teil der geborgenen Fundstücke die Beile (Abb. 4) und zwar die verschiedenen Formen und Varianten der schlichten und norddeutschen Absatzbeile sowie jene vom Typ Issendorf, die in der Nachfolge der westeuropäischen Absatzbeile mit Y-Zier stehen. Nur ein einziges Absatzbeil aus dem Amerika-Hafen aus Cuxhaven gehört zur Gruppe der Absatzbeile vom Osthannover-Typ, die ebenso wie die nordischen Absatzbeile sonst ausschließlich aus Grabfunden bekannt sind. Die auffällige Fundleere an Absatzbeilen im westlichen Niedersachsen wird zum größten Teil durch entsprechende Einzelfunde aus Mooren ausgeglichen. Eine Ausnahme bildet dabei die Stadt Oldenburg, wo an verschiedenen Stellen im Bereich der Hunte drei Absatzbeile ausgebaggert wurden. Anders als bei den Funden aus fließenden Gewässern finden sich unter den zahlreichen Absatzbeilen aus Mooren (Abb. 4) vereinzelt auch solche vom Osthannover-Typ und nordische Varianten, bemerkenswerterweise aber zumeist außerhalb ihres eigentlichen Verbreitungsbereiches. Sie galten demzufolge an ihrem späteren Auffindungsort als wertvolle fremde Formen, was übrigens auch umgekehrt für einige schlichte Absatzbeile westhannoverscher Fertigung gilt, die in den Mooren östlich der Weser gefunden wurden. Unter den wenigen aus Flüssen und Mooren geborgenen Nadeln finden (Abb. 4) sich nur größere, schwere Formen, die wohl bei der Bergung besonders ins Auge fielen. Die Flussfunde stammen aus der mittleren und unteren Weser, der Leine und Innerste, die Nadeln aus Moorfunden konzentrieren sich ebenfalls nur östlich der Weser. Von Männern getragene Nadeln, z. B. schwergerippte Nadeln und „böhmische" Scheibenkopfnadeln, sind ebenso vertreten wie die Formen der Rad- und Scheibenkopfnadeln aus der Frauentracht.

Zusammen mit dem Vordringen der Brandbestattungssitte aus dem Bereich der süd- und westdeutschen Urnenfelder-Kulturen gelangten auch Fundstücke aus diesen Bereichen in die norddeutschen Flüsse. Beispielhaft hierfür sind die Funde aus der Weser und Lesum bei Bremen, wo ein Kammhelm, zwei Griffzungenschwerter verschiedener Formgebung, ein oberständiges Lappenbeil und einige Lanzenspitzen ausgebaggert wurden. Entsprechende Einflüsse aus dem westlichen Europa werden dagegen in dem Griffzungenschwert, das in der Rhume bei Katlenburg, Ldkr. Northeim, geborgen wurde, greifbar (Abb. 6). Ins Auge fällt, dass nun an die Stelle der vorher so häufigen Absatzbeile verschiedene Formen von Lanzenspitzen, sowohl solche mit schmalen, als auch breiten Blättern treten, Fundstücke, die in Weser und Leine, aber auch in der Elbe bei Hamburg-Harburg (Abb. 6) gefunden wurden. Einzelne bronzene Hallstatt-Schwerter, wie jenes aus den Weserkiesen bei Dreye, Ldkr. Diepholz, machen deutlich, dass derartige Fundstücke noch bis in die Schlussphase der jüngeren Bronzezeit in die Flüsse gelangten. Diese neue Vorliebe für Lanzenspitzen wird auch bei den Moorfunden deutlich, wo sich insbesondere in der jungbronzezeitlichen Periode V derartige Fundstücke in einem kleinen geographischen Bereich um Varel im Oldenburgischen häufen (Abb. 7). Ins Auge fällt jetzt der große Anteil an Tüllenbeilen unter den Moorfunden und unter den Feuchtbodenfunden im Hannoverschen Wendland, eine Fundgattung, die bei den Flussfunden kaum noch eine Rolle spielt (Abb. 7).

Jungbronzezeitliche Schmuckstücke liegen nur in Einzelfällen aus fließenden Gewässern und Mooren vor, wobei bei den Moorfunden nicht einmal gesichert ist, ob es sich dabei nicht doch nur um einen teilweise geborgenen größeren Fund handelt. Es ist schon bemerkenswert, dass Einzelstücke des aus den Hortfunden der Zusammenstellungen Bahrendorf/Klein Hesebeck und Kronshagen/Deinstedt bekannten Ringschmuckes weder in Flüssen, noch in Mooren oder an anderen vergleichbaren Örtlichkeiten angetroffen wurden.

Die zeitlich jüngsten, nun schon früheisenzeitlichen Fundstücke aus Flüssen stellen dann Rippenzisten wie jene aus den Weserkiesen bei Dreye, Ldkr. Diepholz.

Gaben an Götter und andere numinose Mächte

In den beiden vorangegangenen Abschnitten konnte gezeigt werden, dass die Mehrzahl der Schmuck- und Waffen/Geräte-Horte nicht nur nach bestimmten, sich wiederholenden Regeln zusammengestellt sind, sondern auch ihre Niederlegung in Mooren, bei großen Steinen und anderen vergleichbaren Örtlichkeiten jeweils aus den gleichen Beweggründen erfolgt sein muss. Ebenso bestehen zwischen den einzeln in Mooren oder in fließenden Gewässern deponierten Gegenständen der frühen, älteren und mittleren Bronzezeit weder in der Auswahl noch in der Qualität ins Auge fallende Unterschiede. Im Gegenteil: Beide Fundgattungen ergänzen sich geographisch. Anders wird dies erst in der jüngeren Bronzezeit, wo es offensichtlich nicht mehr dem kultischen Brauchtum entsprach, Beilklingen in den Flüssen zu versenken; an ihre Stelle treten nun Lanzenspitzen (Abb. 7). Zu diesen Fundgruppen müsste man konsequenterweiser auch noch jene auf festem Boden gefundenen Bronzen zählen, bei denen offensichtlich ist, dass sie aus kultischen Gründen niedergelegt worden sind, wie z. B. das Absatzbeil beim Opferstein von Melzingen, Gem. Schwienau, Ldkr. Uelzen. Da bei Einzelfunden derartige Beobachtungen nur in seltenen Fällen vorliegen, in einer Vielzahl der Fälle aber nur vermutet werden können, sind diese Bronzen auf den vorgelegten Kartierungen (Abb. 1–7) nicht berücksichtigt worden.

Welcher materielle Verlust durch die absichtliche Deponierung von Bronzen in Flüssen und Mooren eingetreten ist, mag das nachfolgende Rechenbeispiel aufzeigen. Unter den bekannten oder mit Hilfe der „Moorpatina", einer – im Gegensatz zu den Fundstücken unter Grabhügeln oder vom festen Land – nicht mehr grasgrünen sondern durch die humosen Moorsäuren braunen Oberfläche ebenfalls als Moorfunde erschlossenen Beile aus der frühen, älteren und mittleren Bronzezeit lassen sich 37 Randleistenbeile, 3 Stegbeile und 111 Absatzbeile (Forschungsstand 1995) aufzählen, die sich zumeist in der Form und im Gewicht deutlich von jenen unterscheiden, die aus Grabfunden vorliegen. Insgesamt stammen somit 151 Exemplare aus Mooren, das heißt, es sind 15% aller in Niedersachsen gefundenen Beile der oben genannten bronzezeitlichen Zeitstufen. Bezieht man in diese Rechnung noch diejenigen Beilfunde ein, die aus fließenden Gewässern und von Feuchtböden geborgen wurden, dann erhöht sich der Anteil auf 221 Exemplare, das heißt auf etwa 20% aller Beile aus Niedersachsen bekannten Rand- und Absatzbeile. Unter den ausgepflügten Funden werden sich zudem noch zahlreiche Exemplare verbergen, die ebenfalls absichtlich niedergelegt worden sind, so dass sich die errechnete Anzahl noch um ein Beträchtliches erhöhen wird. Wenn man demgegenüber die Anzahl der aus sicheren Grabfunden stammenden Fundstücke betrachtet, dann ist diese nicht viel größer.

Was bewegt die Menschen dazu, bronzene Gegenstände für immer im Moor oder in den Flüssen zu versenken?
Da sowohl die Hortfunde als auch die einzeln in Mooren, Gewässern, an erratischen Blöcken und vergleichbaren Örtlichkeiten niedergelegten Gegenstände nur in einer einmaligen, nicht aber wiederholten Handlung deponiert wurden, wird man wohl damit rechnen müssen, dass Einzelne, vielleicht auch eine kleine Gemeinschaft aus einem konkreten Anlass diese Opfer einer bestimmten Naturgottheit geweiht haben. Da ein Teil dieser „Weihefunde", seien es Geräte, Waffen oder Schmuck, deutliche Abnutzungsspuren zeigen, könnte es sich in diesem Falle sogar um persönliche Opfer handeln, wogegen allerdings die sich regelhaft wiederholende Zusammensetzung dieser Horte spricht. Ein persönliches Opfer wird man allerdings in dem kleinen älterbronzezeitlichen Hortfund aus dem Moor bei Schmalenbeck, Gem. Grasberg, Ldkr. Osterholz, sehen dürfen, zu-

mal dieser in seiner Zusammensetzung einer vollständigen Schmucktracht entspricht, die sonst nur aus Grabfunden bekannt ist.

Wem galten diese „Opfer- und Weihefunde"?
Die Menschen der Bronzezeit glaubten an ein Weiterleben nach dem Tode, was allein schon die Tatsache belegt, dass sie in voller Kleidung, angetan mit ihrem Schmuck und ausgestattet mit ihren Waffen in Baumsärgen und Grabhügeln beigesetzt worden sind. Die übliche Totenausrichtung – aus der Orientierung der Baumsärge und deren Steinverkeilung sowie aus der Lage der Beigaben im Grabe erschlossen – ist die West-Ost-Richtung, wobei der Kopf der Toten in aller Regel im Osten liegt mit dem Blick nach Westen gerichtet, zur untergehenden Sonne hin, dorthin, wo seit altersher das Reich der Toten angesiedelt ist. Von dieser üblichen Totenausrichtung weichen allerdings eine Anzahl von Bestattungen ab, die nun andere Himmelrichtungen bevorzugen. Die Ost–West Totenausrichtung spricht für einen wie immer gearteten Sonnenkult, wie er nicht nur in den so genannten „Sonnensteinen", sondern auch in den goldenen Sonnenscheiben aus Moordorf, Gem. Südbrookmerland, Ldkr. Aurich, und Glüsing, Kr. Dithmarschen, und in den anderen Goldfunden sichtbar wird.

Nicht erklärt wird damit allerdings die Vielzahl der Beilfunde aus Mooren und Flüssen. In die Moore gelangt sind ausschließlich die Beilklingen, sowohl benutzte als auch unbenutzte, dagegen in keinem Fall geschäftete Beile. Da sich gerade Holz in zahlreichen Mooren gut erhalten hat, bedeutet dies, dass man bewusst nur Beilklingen niedergelegt hat, nicht aber die Beile als Ganzes. Nach der Zahl dieser Beilklingen zu schließen, haben Beile im kultischen Brauchtum eine herausragende Rolle eingenommen.

Davon zeugt auch der Bildstein von Anderlingen, Ldkr. Rotenburg, der auf Grund seiner Darstellungen im Zusammenhang mit skandinavischen Felsbildern gesehen werden muss. Es handelt sich um eine NNW-SSO ausgerichtete Steinkiste, deren lichte Maße 2,0 : 0,7 m betragen. Den hier bestatteten Toten hatte man einen Dolch, ein nordisches Absatzbeil und eine Rundkopffibel mitgegeben, Fundstücke, die eine sichere Datierung in die ältere Bronzezeit ermöglichen. Am südlichen Ende dieser aus gespaltenen

Granitplatten erbauten Steinkiste stand ein flacher Granitstein, dessen Innenseite mit einer bildlichen Darstellung geschmückt ist. Dargestellt sind – folgt man den Ausführungen von W. D. Asmus, der sich wohl am eingehendsten mit dem Stein und seinen nach der Auffindung vorgenommenen „Beschädigungen" befasst hat – drei unbekleidete Figuren, deren mit einer schnauzenartigen Maske bedeckte Gesichter nach rechts, das heißt nach Westen gerichtet sind. Die linke der drei Gestalten erhebt ihre Hände in Adorantenhaltung mit den Handflächen und den fünf Fingern zum Beschauer hin gewendet. Die Körperhaltung dieser leicht tänzelnden Figur ist nach links gerichtet und damit von der mittelsten Figur abgewandt, die ihrerseits wiederum nach rechts schreitet. In den parallel zueinander angeordneten Händen hält sie ein geschäftetes Beil mit mäßig ausladender Schneide. Rechts außen steht eine weitere, ebenfalls nach rechts gerichtete, nun allerdings etwas kleinere Figur mit angewinkelten Armen, mit denen sie etwas hält oder trägt, das nicht mehr bestimmt werden kann. Die beiden zuletzt genannten Figuren werden von zwei Schälchen voneinander getrennt.

Die Deutung dessen, was hier dargestellt werden sollte, reicht von einer „Dreigötter-Darstellung" bis hin zu einer Prozession zu Ehren des Verstorbenen und in der Steinkiste beigesetzten Person. Die linke Figur ist zweifelsfrei eine betende Person und damit wohl ein menschliches Wesen, vielleicht der Verstorbene selbst, an dessen Kopfende der Bildstein aufgestellt worden ist. Anders ist dies bei den beiden anderen Figuren, denn sie können sehr wohl Götter sein, die ihre kennzeichnenden Attribute in den Händen halten; die eine das geschäftete Beil, die andere einen nicht mehr erkennbaren Gegenstand. Die Haltung der Arme spricht dafür, dass sie in beiden Händen ein Gefäß gehalten haben könnte, so wie es die weibliche Figur, die den Griff des allerdings schon jungbronzezeitlichen Messer aus Itzehoe, Kr. Steinburg, bildet. Zieht man zum Vergleich etwa gleichalte Darstellungen aus dem östlichen Mittelmeer-Raum heran, dann findet man dort beispielsweise in den Gräbern der Pharaonen und Höflinge den Toten dargestellt, wie er mit erhobenen Händen vor die Götter tritt, die häufiger einen menschlichen Körper mit Tierkopf aufweisen. Da das Axt (Beil)-Symbol als ein Attribut des Wettergottes gilt, könnte

es sich bei der mittleren Gestalt auf dem Stein von Anderlingen möglicherweise um diesen Gott handeln. Schwieriger wird die Deutung für die rechte „Götterfigur". Durch die neuen durch Asmus veranlassten Abreibungen konnte geklärt werden, dass auch diese Figur kein Gewand trägt, aber etwas fülliger zu sein scheint als die beiden anderen und daher wohl als weibliches Wesen angesprochen werden muss, als Göttin.

Sieht man in den drei Figuren auf dem Bildstein von Anderlingen, Ldkr. Rotenburg – wie vorgeschlagen – den Verstorbenen als Adoranten neben zwei Göttergestalten, einer männlichen in der Mitte und einer weiblichen daneben, dann lassen sich mit Hilfe einiger Hortfunde aus der älteren Bronzezeit weitere Aussagen machen. Die oben vorgestellten Hortfunde der Gruppe Wiegersen/Rickling zeichnen sich durch eine auffallende inhaltliche Übereinstimmung aus, denn immer wieder sind Absatzbeile, Gürtelscheiben und Sicheln miteinander vergesellschaftet. Die Absatzbeile können der mittleren Figur zugeteilt werden, die als Wind- bzw. Wettergott angesprochen wurde, die Gürtelscheiben, ein für die Stader Geest und das südwestliche Holstein kennzeichnender Bestandteil der Frauentracht, und die Sichel der weiblichen Gottheit. In dieser könnte man dann eine Fruchtbarkeitsgöttin sehen, die zusätzlich mit einer Sichel, einem Erntegerät, ausgestattet worden ist. Die Hortfunde der Gruppe Wiegersen/Rickling können dann als gemeinsame „Weihefunde" an diese beiden Gottheiten angesehen werden.

Im Verlauf der mittleren Bronzezeit geht man von der Körperbestattungssitte ab und verbrennt stattdessen den Leichnam der Verstorbenen, ein Vorgang, der zu Beginn der jüngeren Bronzezeit als abgeschlossen angesehen werden kann. Der Leichenbrand wird in einem Behältnis, meist einem Tongefäß, der Urne, geborgen und beigesetzt. Auf den Leichenbrand werden – wenn überhaupt – einige wenige Beigaben gelegt, nämlich Nadeln, und bei den Männern zusätzlich noch Toilettegerät, und zwar Rasiermesser, Pinzette und Pfriem, bei den Frauen gelegentlich noch kleine Ringe. Rasiermesser und Pinzetten sind häufig noch mit Verzierungen geschmückt, wie sie in gleicher Weise auch auf anderen Gegenständen kultischen Charakters verwendet werden. Die dahinter stehenden, tiefgreifenden Veränderungen in den Glaubensvorstellungen können wenigstens teilweise über das Bestattungsbrauchtum und die kultisch bedingten Deponierungen erfasst werden.

Während der jüngeren Bronzezeit finden sich auf einem eng umgrenzten Bereich, der Holstein, die Lüneburger Heide und teilweise auch die Stader Geest umfasst, Garnituren, die sich nahezu ausschließlich aus Frauenschmuck zusammensetzen, wobei zeitgleiche Funde immer einen übereinstimmenden Inhalt aufweisen (Hortfunde der Gruppen Bahrendorf/Klein Hesebeck und Kronshagen/Deinstedt). Zieht man den Hals- und Armschmuck als Bewertungsmaßstab heran, dann zeigt sich, dass von einigen Ausnahmen abgesehen in diesen Horten stets Teile von mehreren mehr oder weniger vollständigen Schmucktrachten vorliegen. Da die Schmucktrachten aus einem Fund nachweislich zusammen niedergelegt worden sind, häufiger in einem metallenem Gefäß, einem so genannten „Hängebecken", und im selben Moor kein weiterer Hortfund gemacht wurde, spricht alles dafür, dass hier ein Dank- oder Ernteopfer an eine weibliche Gottheit niedergelegt worden ist oder aber die Schmucktracht, die bei kultischen Umzügen getragen wurde, und, um sie einem späteren profanen Gebrauch zu entziehen, zusammen mit dem metallenem Kultgefäß im Moor versenkt oder an „geweihten" Orten vergraben wurde. Dass hinter diesen „Weihefunden" nicht ein einzelner, sondern eine Gemeinschaft steht, belegt allein schon das Fehlen entsprechender Einzelstücke der Schmucktracht aus Mooren und Flüssen.

Möglicherweise müssen diese Hortfunde wiederum im Zusammenhang mit der „Erntegöttin" gesehen werde. Für eine derartige Überlegung spräche, dass sich in diesen Schmuckhorten gelegentlich auch einzelne Tüllen- und Lappenbeile finden, Beile, die – wie zuvor schon die Rand- und Absatzbeile (Abb. 1 u. 4) – besonders zahlreich als Einzelfunde aus Mooren bekannt sind (Abb. 7). Tüllenbeile werden in anderen Hortfunden häufiger auch zusammen mit „Nierenringen" und anderen nicht in Schmuckhorten vertretenen Armringformen gefunden (Abb. 5), aber auch zusammen mit Lanzenspitzen und Messern, vereinzelt sogar mit Schwertern. Das Beil wird man nach wie vor als Attribut des Wettergottes ansehen dürfen, der nun nicht mehr überall – man findet nur einzelne Tüllenbeile in fließenden Gewässern – verehrt wurde, sondern offensichtlich in und an Mooren, gelegentlich wohl auch auf festem Boden bei großen Steinen und anderen ähnlichen Örtlichkeiten.

An die Stelle der Beile traten jetzt bei den Flussfunden verschiedene Formen von Lanzenspitzen (Abb. 7), vereinzelt auch Schwerter (Abb. 6). Das sind nicht mehr die Attribute einer „Wettergottheit", sondern die eines Kriegsgottes. Eine Erkärung liegt vielleicht in einem weiteren Bildstein, der bei der Ausgrabung einiger jungbronzezeitlichen Urnen bei Gerkenhof, Gem. Schafwinkel, Ldkr. Verden, gefunden wurde. Der Stein selbst wurde bereits während der Ausgrabung dokumentiert, seine Bedeutung jedoch erst einige Zeit später erkannt. Der 35 cm lange Stein (Porphyr) lag mit der Bildseite nach unten. Dargestellt ist eine männliche Figur mit Rundschild und Hörnerhelm; die Arme sind nicht sichtbar, da sie durch einen übergroßen Schild verdeckt sind. Was die Figur in einer Hand getragen haben könnte, lässt sich nur im Vergleich mit verwandten skandinavischen Felsbildern vermuten, nämlich einen Speer.

Speertragende, schreitende Männer mit Hörnerhelm und einem übergroßen Schild, der fast den gesamten Körper verdeckt, finden sich auch auf der etwa gleichalten so genannten „Kriegervase" von Mykenai in Griechenland. Die hier wirksam werdenden Verbindungen sind nicht zufällig, denn wiederholt haben einzelne Fundstücke und damit verbunden auch Ideen und Vorstellungen aus dem Bereich der Ägäis und aus dem östlichen Mittelmeerraum Norddeutschland und Skandinavien erreicht, so Krummschwerter, die im Norden nachgegossen wurden, die mykenische Bronzetasse von Dohnsen, Stadt Bergen, Ldkr. Celle, die Idee des Klappstuhls, doppelaxtförmige Anhänger u.a. mehr.

Bemerkenswert ist, dass schon einmal, in der ausgehenden frühen Bronzezeit (Sögel-Wohlde-Zeitstufe) Hinweise auf eine Waffen tragende Gottheit anzutreffen sind, denn eine Anzahl von frühbronzezeitlichen Schwertern und Randleistenbeilen, wie sie sonst nur in Grabfunden vorkommen, fanden sich auch in Mooren und Flüssen (Abb. 1–2).

* * *

Die bronzezeitlichen Hortfunde, aber auch die einzeln gefundenen Bronzen, die aus Flüssen, aus Mooren oder bei anderen vergleichbaren Örtlichkeiten gefunden wurden, müssen als „Opfer- oder Weihefunde" an Götter und andere Mächte angesprochen werden. Die meisten dieser Funde dürften einem „Wettergott" und einer „Fruchtbarkeits- oder Erntegottheit" geweiht worden sein. Mit dem Aufkommen der Brandbestattungssitte verbunden wird für die jüngere Bronzezeit noch eine weitere Gottheit fassbar, möglicherweise ein Kriegsgott, mit der die Versenkungen von Lanzenspitzen und Schwertern in Verbindung gebracht werden können. Über allem dürfte ein Sonnengott gestanden haben, als dessen „Weihegaben" die goldenen Scheiben, goldenen Gefäße und Schmuckstücke angesehen werden müssen.

Ausgewählte Literatur

Hortfunde aus dem Moor und auf festem Boden
A. und B. Hänsel (Hrsg.), Gaben an die Götter. Schätze der Bronzezeit Europas. Berlin 1997
H.-J. Hundt, Versuch zur Deutung der Depotfunde der nordischen jüngeren Bronzezeit unter besonderer Berücksichtigung Mecklenburgs. Jahrbuch des Römisch-Germanischen Zentralmuseums Mainz 2, 1955, 95–132
F. Laux, Die Fibeln in Niedersachsen. München 1973
F. Laux, Die Nadeln in Niedersachsen. München 1976
F. Laux, Die Beile in Niedersachsen I (im Druck)
E. Sprockhoff, Niedersächsische Depotfunde der jüngeren Bronzezeit. Hildesheim und Leipzig 1932
E. Sprockhoff, Jungbronzezeitliche Hortfunde Norddeutschlands (Periode IV). Mainz 1937
E. Sprockhoff, Jungbronzezeitliche Hortfunde der Südzone des Nordischen Kreises (Periode V). Mainz 1956
G. Wegner (Hrsg.), Leben – Glauben – Sterben vor 3000 Jahren. Bronzezeit in Niedersachsen. Oldenburg 1996
K.-H. Willroth, Die Opferhorte der älteren Bronzezeit in Südskandinavien. Frühmittelalterliche Studien 18, 1984, 48–72

Flussfunde
W. Torbrügge, Vor- und frühgeschichtliche Flußfunde. Zur Ordnung und Bestimmung einer Denkmälergruppe. Berichte der Römisch-Germanischen Kommission 51/52, 1970/71, 1–146
W. Torbrügge, Die bayerischen Inn-Funde. Bayerische Vorgeschichts Blätter 15, 1960, 16–69
G. Wegner, Die vorgeschichtlichen Flußfunde aus dem Main und dem Rhein bei Mainz. Kallmünz 1976
W. H. Zimmermann, Urgeschichtliche Opferfunde aus Flüssen, Mooern, Quellen und Brunnen Südwestdeutschlands. Ein Beitrag zu den in Opferfunden vorherrschenden Fundkategorien. Neue Ausgrabungen und Forschungen in Niedersachsen 6, 1970, 53–92

Der Hortfund von Rickling, Kr. Segeberg

Um 1904 wurde bei Rickling, Kr. Segeberg, ein kleiner Hortfund geborgen und zum größten Teil noch im gleichen Jahr von der vorgeschichtlichen Abteilung des Hamburger Museums für Völkerkunde angekauft. Die dunkelgrüne Oberfläche (Patina) der bronzenen Fundstücke, nämlich zwei mittelgroßen, reich verzierten Schmuckscheiben und vier Absatzbeilen mit noch anhaftenden Gussrückständen, spricht dafür, dass diese Gegenstände auf festem Land gefunden worden sind.

Der älterbronzezeitliche Hortfund von Rickling steht für eine Anzahl von Fundkomplexen, deren auffallend übereinstimmende Zusammensetzung sie von anderen Funden unterscheidet. Daher liegt die Vermutung nahe, dass sie aus dem gleichen Anlass und aus denselben Gründen deponiert worden sind. Regelhaft sind in diesen Funden jeweils mehrere Absatzbeile, ein- oder mehrere mittelgroße Gürtelscheiben sowie ein oder auch mehrere Sicheln zusammen gefunden worden. Ganz vereinzelt kommen noch Armringe der Frauentracht hinzu. Entsprechende Hortfunde sind von Schleswig-Holstein (z. B. Rickling, Kr. Segeberg) über die Stader Geest (z. B. Wiegersen, Gem. Sauensiek, Ldkr. Stade) bis hin in den Nienburger Raum an der mittleren Weser (z. B. Landesbergen, Ldkr. Nienburg) verbreitet, ein geographischer Bereich, der in der älteren Bronzezeit unter dem Einfluss des Nordischen Kreises der Bronzezeit steht.

Die in diesen Horten geborgenen Absatzbeile sind nicht überarbeitete Rohlinge von Formen, wie sie üblicherweise nicht unter den Beigaben aus Grabinventaren bekannt sind. Es wird sich demzufolge wohl eher um Geräte als um Waffen handeln. Die mittelgroßen Gürtelscheiben sind wichtiger Bestandteil der weiblichen Schmucktracht, wobei es im südwestlichen Holstein Brauch und Konvention erforderten, dass am Gürtel jeweils zwei dieser Scheiben getragen wurden (z. B. Vaale, Kr. Rendsburg), dagegen auf der Stader Geest und im Elbe-Weser-Dreieck nur eine (z. B. Westerwanna, Gem. Wanna, Ldkr. Cuxhaven). In anderen Gegenden wurden ähnliche Scheiben gelegentlich als Kleiderbesatz verwendet. Im Verbreitungsbereich der Horte, von denen hier der von Rickling vorgestellt wird, gehören diese mittelgroßen Gürtelscheiben zum kennzeichnenden Schmuck der Frauen. In den Sicheln müssen Erntegeräte gesehen werden.

In Hortfunden, deren Zusammensetzung derjenigen von Rickling gleicht, sind somit Absatzbeile mit weiblichem Schmuck und Erntegeräten vereint. Im Zusammenhang mit diesen Hortfunden müssen wohl auch die vielen Absatzbeile gesehen werden, die als Einzelfunde aus Flüssen und Mooren geborgen wurden. Dagegen finden sich einzelne Gürtelscheiben und Sicheln nicht unter den Gegenständen, die in Mooren oder Flüssen geborgen werden.

Die Hortfunde vom Typ Rickling werden als gemeinsames Opfer an eine männliche und weibliche Gottheit angesehen werden müssen, die Beile vielleicht an einen Wettergott, die Sichel und das weibliche Inventar an eine Fruchtbarkeits- oder Erntegöttin.

F. L.

Datierung: Ältere Bronzezeit (um 1400 v. Chr.)
Verbleib: Helms-Museum, Hamburg
Lit.: K. Kersten, Einige Funde der Ilmenau-Kultur in Schleswig-Holstein. Offa 11, 1952, 10–24, bes. 12 f. Abb. 2; F. Laux, Ein älterbronzezeitliches Frauengrab aus Thaden, Kr. Rendsburg-Eckernförde. Offa 37, 1980, 31–40

Foto: K. Elle

Die Fibel von Hamburg-Boberg

1927 fand ein Mitarbeiter einer Tiefbaufirma am Moorrand nördlich von Ohlenburg beim Abfahren von Dünensand die Fibel, die frei im Sande lag. Dieser durch nachträgliche Befragung erstellte Fundbericht kann nicht vollständig den wirklichen Geschehnissen entsprechen, denn die Fibel weist eindeutig auf ihrer Oberfläche eine bräunliche Färbung auf, wie sie nur bei Moorfunden entstehen kann.

Es handelt sich um eine sogenannte „Lüneburger Haarknoten-Fibel", die in kleinerer Form in den Frauengräbern der Lüneburger Heide und auch im Lauenburgischen mit der verzierten Schauseite nach unten am Hinterkopf liegend aufgefunden wurden. Vermutlich haben diese Fibeln dazu gedient, einen Haarknoten festzustecken. Das vorliegende Exemplar aus Hamburg-Boberg ist größer und schwerer als die übrigen, so dass hier an eine andere Trageweise – vielleicht an einer Kappe festgesteckt – gedacht werden könnte. Das Fundstück vermittelt in der Form und Verzierung des ovalen Bügels einerseits und durch die Größe und das Gewicht andererseits zwischen den genannten „Lüneburger Haarknoten-Fibeln" der mittleren Bronzezeit und den entsprechenden Exemplaren mit rautenförmigem Bügel, Leierkopfnadel und großen stehenden Spiralen der jüngeren Bronzezeit andererseits.

Die Fibel aus Hamburg-Boberg ist aber auch noch aus anderen Gründen von großem Interesse. Die Spiralenden sind ausgehämmert und auf der Bügelplatte festgenietet worden, die Enden des Bügels wurden zu Laschen ausgeschmiedet, die das untere Ende der Spiralen umklammerten und so fixieren sollten. Da diese Konstruktion der Belastung nicht standhielt, musste eine dieser Laschen ausgebessert werden.

Bei dem Fundstück aus Hamburg-Boberg kann es sich nur um den Überrest eines wesentlich umfangreicheren Hortfundes handeln. Große „Haarknoten-Fibeln" mit rautenförmigem Bügel, zu denen auch das vorliegende Exemplar gerechnet werden muss, sind bislang nur aus Hortfunden mit mehrteiligen weiblichen Schmuckensembles bekannt geworden, nicht aber als Einzelfundstücke. Denkbar wären als weitere nicht geborgene oder erhaltene Fundstücke dieses hypothetischen Hortfundes: Halskragen aus mehreren mit einem Flechtband verzierten sichelförmigen Platten, Plattenfibeln mit raupenförmigem Bügel (Typ Dörmte), verschiedene Formen von verzierten blechförmigen Armringen, flache Bronzeknöpfe mit unterseitiger Öse und quergerippte, kegelförmige Knöpfe mit linsenförmigem Kopf. Mit diesen Fundstücken zusammen werden üblicherweise auch kleine Metallgefäße, sogenannten „Hängebecken" deponiert.

F. L.

Datierung: Späte mittlere Bronzezeit (um 1100 v. Chr.)
Verbleib: Helms-Museum, Hamburg
Lit.: H. Drescher, Eine Lüneburger Fibel aus Hamburg-Boberg. Hammaburg 5, 1957/58, 29–30, Taf. XIII; R. Schindler, Die Bodenaltertümer der Freien und Hansestadt Hamburg. Hamburg 1960, 91 Taf. 88,1

Foto: K. Elle

Der Hortfund von Klein Hesebeck, Ldkr. Uelzen

Nach dem Fundbericht wurde der Hortfund 1840 von zwei Maurergesellen entdeckt, die in der Feldmark einen großen Findling sprengen sollten, um Steine zu
gewinnen. Die geborgenen Fundstücke gelangten unmittelbar danach in die
Sammlung des Freiherrn Georg Otto Carl v. Estorff. Dieser berichtet nach einge-
hender Befragung der beiden Gesellen, dass die Gegenstände „neben einander
liegend aufgefunden" worden sein sollen. Dies lässt wohl nicht auf eine allzu genaue Beobachtung der Fundumstände durch die Maurergesellen schließen, denn
die Fundstücke dürften eher auf einem Haufen gelegen haben.

Gefunden wurde ein kleines metallenes Gefäß mit zwei Henkelösen, ein sogenanntes „Hängebecken", ferner drei Lüneburger „Haarknoten-Fibeln" mit rautenförmigem Bügel sowie die Spirale einer vierten, eine Plattenfibel vom Typ
Dörmte mit raupenförmigem Bügel und randlich gekerbten Bügelplatten, zwei
Gürtelbuckel mit radförmiger Befestigungsplatte und zehn flach gewölbte Knöpfe
mit unterseitiger Öse. Hinzu kommt noch eine Sichel. An der Zusammengehörigkeit dieser Fundstücke kann kein Zweifel bestehen, eher schon an der Vollständigkeit. Es fällt nämlich auf, dass der sonst übliche Hals- und Armringschmuck,
nämlich längsgerippte Halskragen oder Halskragen aus mehreren mit einem
Flechtband verzierten sichelförmigen Platten und die verschiedenen Formen und
Varianten der verzierten und unverzierten blechförmigen Armringe, fehlt. Der
Hortfund datiert in eine frühe Phase der jüngeren Bronzezeit (Periode IV).

Dennoch kann man ausgehend von der Anzahl der Lüneburger „Haarknoten-
Fibeln" feststellen, dass der hier vorliegende Schmuck auf vier Trägerinnen verteilt werden kann, die dann jeweils mehr oder weniger reich ausgestattet waren.

Warum wurde dieser Schmuck an einem freistehenden Findling vergraben? Da
in der Zusammensetzung dieser sowohl im südöstlichen Holstein als auch in der
Lüneburger Heide verbreiteten Horte mit weiblichem Schmuckinventar, seien sie
nun in Mooren oder auf dem festen Boden gefunden worden, keine Unterschiede
bestehen, müssen auch die Gründe und die dahinterstehenden kultischen Vorstellungen bei ihrer Niederlegung bzw. Versenkung im Moor die gleichen sein. In
keinem Fall wurden zudem Stücke dieser Schmuckausstattungen als Einzelstücke
gefunden, sondern immer nur in der Kombination mit anderen Fundstücken dieser Schmuckensembles. Die aus Hortfunden bekannten Schmuckzusammenstellungen können rein rechnerisch entweder auf nur eine oder auch mehrere, nämlich bis zu fünf Personen verteilt werden. Es handelt sich dabei entweder um die
Ausstattung einer weiblichen Gottheit, die im Moor oder bei erratischen Blöcken
oder – was heute nicht mehr nachweisbar ist – bei großen Bäumen verehrt wurde,
oder um die Ausstattungen von Priesterinnen, die diese nach kultischen Umzügen
an geheiligten bzw. geweihten Örtlichkeiten vergruben oder versenkten, um sie
auf diese Weise dem profanen Gebrauch zu entziehen.   *F. L.*

Datierung: Jüngere Bronzezeit,
Periode IV (um 1000 v. Chr.)
Verbleib: Niedersächsisches Lan-
desmuseum, Urgeschichtsabteilung,
Hannover
Lit.: G. O. C. v. Estorff, Heidnische
Alterthümer der Gegend von
Uelzen im ehemaligen Bardengaue
(Königreich Hannover). Hannover
1846, 98 ff. Taf. XII; H. Hahne,
Vorzeitfunde aus Niedersachsen.
Hildesheim 1915/1925, 29 ff.
Taf. II–VIII

Foto: K. Elle

Der Hortfund von Hamburg-Volksdorf

Der Hortfund wurde 1909 bei Ausschachtungsarbeiten an der Hochbahnlinie von Volksdorf nach Wohldorf geborgen. Der knappe Fundbericht besagt, dass in unmittelbarer Nähe von einigen runden Steinsetzungen, die Asche und Tonscherben enthielten, ein großes Gefäß gefunden wurde. Dieses ist beim Herausnehmen der Fundgegenstände zerbrochen, und die Scherben sind fortgeworfen worden. In dem Tongefäß lag ein bronzenes „Hängebecken", ein gedrehter Halsring mit Hakenenden, ein weiterer mit breiten, ornamentierten, ovalen Platten und einem Spiralscheibenverschluss sowie zwei heute noch federnde lange Armspiralen.

Dieser Fundbericht kann nicht den Tatsachen entsprechen, denn die hellbraungelbe Patina (Oberfläche) der Bronzen spricht eindeutig für einen Moorfund und nicht für einen Verwahrfund vom festen Land. Als Behältnis für die verschiedenen Schmuckstücke diente auch nicht das zerschlagene große Tongefäß, sondern vielmehr das bronzene „Hängebecken".

„Hängebecken" sind metallene Gefäße unterschiedlicher Größe und Form mit zwei randständigen Henkelösen. Ihre Außenwandung ist in aller Regel verziert. Da entsprechende Gefäße nicht nur häufig mit „Wasservogelmotiven" und der „Vogelsonnenbarke" geschmückt sind, haben sie vermutlich eine Funktion im kultischen Bereich gespielt. In ihnen wurden in aller Regel Fundstücke des weiblichen Trachtenzubehörs – wie in Hamburg-Volksdorf – aufgefunden. Bei den sehr aufwendig gestalteten und auch schweren Schmuckstücken, zumeist Hals- und Armringen, könnte dabei an Schmuck gedacht werden, der einer weiblichen Gottheit geweiht worden ist. Denkbar wäre allerdings auch, dass dieser Schmuck während einer Kulthandlung von „Priesterinnen" oder weiblichen Adoranten getragen und nach den kultischen Umzügen im Moor versenkt wurde, um ihn auf diese Weise dem profanen Zugriff Unbefugter zu entziehen.

F. L.

Datierung: Jüngere Bronzezeit, Periode V (um 900 v. Chr.)
Verbleib: Helms-Museum, Hamburg
Lit.: F. Laux, Hortfund von Hamburg-Volksdorf. In: Ralf Busch (Hrsg.), Fund und Deutung. Alte und neue Funde aus den archäologischen Sammlungen. Hamburg 1995, 56 f. Abb.; R. Schindler, Die Bodenaltertümer der Freien und Hansestadt Hamburg. Hamburg 1960, 271 Taf. 88,3; E. Sprockhoff, Jungbronzezeitliche Hortfunde der Südzone des Nordischen Kreises (Periode V). Mainz 1956, 28 f.

Foto: K. Elle

Mittelbronzezeitliche Lanzenspitzen aus Westerwanna

1902 wurden von der vorgeschichtlichen Abteilung des Hamburger Museums für Völkerkunde und Vorgeschichte von dem Gastwirt Winter zusammen mit zahlreichen Urnen vom völkerwanderungszeitlichen Urnenfriedhof von Westerwanna, Gem. Wanna, Ldkr. Cuxhaven, auch zwei Lanzenspitzen erworben. Die Umstände ihrer Fundbergung werden zwar nicht mitgeteilt, doch lässt die schmutzigbraune Oberfläche (Patina) der beiden Fundstücke eine Aussage zu. Es handelt sich offensichtlich um Moorfunde, wobei es sehr wahrscheinlich ist, dass die beiden Fundstücke zusammen niedergelegt worden sind.

Beide Lanzenspitzen weisen eine lange Tülle und ein kurzes Blatt auf, das eine geschwungen dreieckige Form hat; sie unterscheiden sich lediglich in der Länge der Tülle voneinander. Die Form selbst ist nicht unbekannt, sondern findet sich als Grabbeigabe einer Anzahl von Baumsärgen der weiter östlich verbreiteten Lüneburger Gruppe. Dort bilden sie zusammen mit einem Kurzschwert eine gängige Waffenausstattung, die in eine späte Phase der mittleren Bronzezeit datiert. Im Stader Bereich und im Elbe-Weser-Dreieck kennt man entsprechende Grabfunde nicht, da man hier schon zu Beginn der mittleren Bronzezeit zur beigabenlosen Brandbestattung übergegangen ist.

Die Fundkomplexe aus dem Lüneburgischen verweisen auf die Funktion derartiger Lanzenspitzen. Da sie sehr häufig mit einer zweiten Waffe, einem Kurzschwert oder einem langen Dolch, vergesellschaftet sind, haben sie vermutlich als Fernkampfwaffe gedient, nämlich als Speer.

Von Interesse ist nun, dass seit der ausgehenden mittleren Bronzezeit unter den einzeln in Mooren gefundenen Gegenständen zahlenmäßig die vorher so häufigen Absatzbeile zurücktreten und an ihre Stelle Lanzenspitzen treten. Erst in einer fortgeschrittenen Phase der jüngeren Bronzezeit (Periode V) nehmen die Beilklingen, nun solche von Tüllenbeilen, wieder ihre alte Vorrangstellung ein. In diesen relativ kurzen Zeitabschnitt muss auch der kleine Hortfund aus Westerwanna, Gem. Wanna, Ldkr. Cuxhaven, eingeordnet werden.

Da Moorfunde, ebenso wie ein großer Teil der Flussfunde, als Opfer- und Weihefunde angesehen werden müssen, die deponiert wurden, um nie wieder gehoben zu werden, stellt sich die Frage, welcher Gottheit die beiden Lanzenspitzen aus Westerwanna geopfert worden sind. Zu einer möglichen Lösung könnten die Flussfunde beitragen. Ebenso wie bei den Moorfunden treten seit der jüngeren Bronzezeit an die Stelle der vorher geläufigen Beilklingen Lanzenspitzen verschiedener Formen und Größen. Seltener, aber dennoch häufiger als Tüllenbeile, finden sich unter den Flussfunden gelegentlich auch Schwerter und aus der Lesum bei Bremen auch ein Kammhelm, doch fehlt, von seltenen Ausnahmen abgesehen, weibliches Trachtenzubehör wie Ringe und anderer Schmuck. Das weist darauf hin, dass die aus Flüssen geborgenen Fundgegenstände offensichtlich einer männlichen Gottheit geweiht waren, vermutlich einem Kriegsgott.   *F. L.*

Datierung: Mittlere Bronzezeit (um 1100 v. Chr.)
Verbleib: Helms-Museum, Hamburg
Lit.: unpubliziert

Foto: K. Elle

Der Hortfund von Handorf, Ldkr. Lüneburg

Der kleine Hortfund aus Handorf, Ldkr. Lüneburg, wurde 1891 von der vorgeschichtlichen Abteilung des Hamburger Museums für Völkerkunde angekauft. Er setzt sich aus einer an der Tülle beschädigten Lanzenspitze, drei verschiedenen Tüllenbeilen und zwei Knopfsicheln zusammen. Über die Fundgeschichte ist zwar nichts bekannt, doch lässt die Farbe der Oberfläche (Patina) der Bronzen dazu noch einige Aussagen zu. So deutet die schwarzbraune Patina der Fundstücke auf einen Moorfund hin. Darüber hinaus weisen einige der Fundstücke einseitig noch eine grünlichgraue Verfärbung auf, was anzeigt, dass sie zumindest mit dieser Seite eine Zeit lang trocken gelegen haben müssen. Vermutlich waren die einzelnen Fundstücke mehr oder weniger übereinander geschichtet im Randbereich eines Moores niedergelegt worden, zuunterst das Tüllenbeil mit den rudimentären Schaftlappen und die Lanzenspitze, darüber die beiden anderen Tüllenbeile und die kleinere der beiden Sicheln, wohingegen die zweite Sichel senkrecht im Moor gesteckt haben muss, was die Spitze der Sichel anzeigt, die allein Moorpatina aufweist.

Darüber hinaus eröffnet der kleine Hortfund auch noch weitere Einblicke. Das kleine Tüllenbeil mit glockenförmig abgesetzten Breitseiten und zwei schmalen Halsrippen ist zweifelsfrei heimischer Fertigung, anders dagegen die beiden übrigen. So muss das Exemplar mit den angedeuteten Schaftlappen und dem nahezu quadratischen Querschnitt der Tüllenöffnung zu den aus dem westlichen Niedersachsen bzw. aus dem niederrheinisch/belgischen Raum importierten Fundstücken gezählt werden. Das dritte Tüllenbeil weist auf Grund seiner Formgebung und Verzierung auf eine Herkunft aus dem mittleren Donau-Raum hin. Mit diesen fremden Tüllenbeilen sind auch religiöse Vorstellungen und Praktiken aus ihren Herstellungsbereichen nach Norddeutschland gelangt, die wenigstens teilweise übernommen wurden.

Der Hortfund gehört zu einer kleinen Gruppe ganz ähnlicher Fundkomplexe aus der späten Phase der jüngeren Bronzezeit (Periode V). In diesen Fundkomplexen kommen – zumeist in gleicher Anzahl – Tüllenbeile und Lanzenspitzen zusammen vor. Andererseits könnte man in diesem Hortfund auch einen jener Beilhorte sehen, die seit der frühen Bronzezeit immer wieder einmal in Mooren oder des öfteren auch auf festem Boden gefunden wurden. Für die jüngere Bronzezeit typisch ist, dass in bestimmten Bereichen Niedersachsens, insbesondere in West- und Mittelhannover Lanzenspitzen eine entscheidende Rolle spielen, die in Hortfunden, aber auch als Einzelfunde aus Mooren und Flüssen vorliegen. Sie müssen offensichtlich als Gabe an eine andere Gottheit angesehen werden, als diejenigen, denen Beilklingen und Schmuckstücke geopfert wurden, vielleicht an einen Kriegsgott.

F. L.

Datierung: Jüngere Bronzezeit, Periode V (um 900 v. Chr.)
Verbleib: Helms-Museum, Hamburg
Lit.: F. Laux, Zur Vor- und Frühgeschichte des unteren Elbtales. In: Z. Reky (Hrsg.), Die Elbe, ein Lebenslauf. Berlin 1992, 58–60, Kat.-Nr. 11/19

Foto: K. Elle

Bronzezeitliche Fundstücke aus der Elbe und ihren Nebenflüssen

Fundstücke aus der Bronzezeit wurden aus Flüssen sehr viel seltener geborgen als aus Mooren, wobei in den einzelnen Zeitphasen jeweils auch andere Objekte bevorzugt wurden.

Aus der frühen Bronzezeit liegen aus Flüssen und Mooren verschiedene Formen von Randleistenbeilen vor, hinzu kommen – wenn auch selten – einzelne Schwerter der im niedersächsischen Flachland verbreiteten spätfrühbronzezeitlichen Sögel-Wohlde-Gruppe. Von Interesse ist, dass die gleichen Formen wie bei den Weihegaben – wenigstens zum Teil – auch als Waffen aus Grabfunden angetroffen werden.

Schon in der älteren und mittleren Bronzezeit geht man von diesem Brauch ab. Am häufigsten werden zwar immer noch Beile (Absatzbeile) als Einzelstücke in Flüssen versenkt und in Mooren deponiert, doch liegen nun ausschließlich Formen vor, die in Grabfunden kaum gefunden werden, nämlich verschiedene Varianten der norddeutschen Absatzbeile, wie die hier gezeigten, und der schlichten Absatzbeile. Es handelt sich bei diesen Absatzbeilen wohl nicht mehr um Waffen, sondern eher um Geräte. Seltener werden aus Flüssen und Mooren auch andere Bronzen geborgen, z. B. Nadeln.

Am Ende der mittleren Bronzezeit, insbesondere aber seit der jüngeren Bronzezeit ändert sich das Spektrum der geborgenen Fundstücke erneut. Die für die jüngere Bronzezeit kennzeichnenden Tüllenbeile sind zwar weiterhin unter den Moorfunden häufig vertreten, aber nur in Ausnahmefällen noch unter den Fundstücken aus Flüssen zu finden. Ihre Stelle nehmen nun offensichtlich die verschiedenen Formen der Lanzenspitzen ein, die von der Menge her gesehen, etwa in gleicher Anzahl aus Mooren (mit einem deutlichen regionalen Schwerpunkt im Oldenburgischen) und aus Flüssen stammen. Vorgestellt werden hier drei Lanzenspitzen, die sämtlich bei Hamburg-Harburg aus der Elbe ausgebaggert worden sind. Am ältesten von diesen drei Lanzenspitze ist die mittlere mit den langgezogenen dreieckigen Blättern und der facettierten Tülle, eine Form, die verschiedentlich noch als Waffenbeigabe in Männergräbern der späten mittleren Bronzezeit der Lüneburger Heide gefunden wird. In die jüngere Bronzezeit datieren dagegen die lange Lanzenspitze mit schmalen, weit heruntergezogenen Blättern und dem Nietloch auf der Vorderseite und das kleine Exemplar mit den gleichmäßig gerundeten Blättern.

Dieser wiederholte Wechsel bei den Weihegaben, anfangs Beile, später Lanzenspitzen, geht wahrscheinlich auf veränderte kultische Vorstellungen zurück. Die in den Flüssen und Mooren deponierten frühbronzezeitlichen Randleistenbeile und Kurzschwerter entsprechen jenen aus den Gräbern, sind demnach als Waffen anzusprechen. Diese Weihegaben galten vermutlich einem „Kriegsgott". Dagegen

Foto: K. Elle

Datierung: Ältere und jüngere Bronzezeit (1400–900 v. Chr.) Verbleib: Museum für das Fürstentum Lüneburg (Beile); Helms-Museum, Hamburg (Lanzenspitzen) Lit.: G. Jacob-Friesen, Bronzezeitliche Lanzenspitzen Norddeutschlands und Skandinaviens. Hildesheim 1967; F. Laux, Äxte und Beile in Niedersachsen I. Reihe Prähistorische Bronzefunde Mitteleuropas. Stuttgart 2000

Bronzezeitliche Metallfunde aus Flüssen

haben die Absatzbeile der älteren und mittleren Bronzezeit, die aus Flüssen und Mooren geborgen wurden, keinen Waffencharakter mehr, sondern sind vielmehr Geräte, die möglicherweise als Weihegaben an einen „Wettergott" angesehen werden können. Dies gilt auch für die beim Abtorfen der Moore gefundenen jungbronzezeitlichen Tüllenbeile, die unter den Flussfunden nahezu unbekannt sind. Hier findet man hauptsächlich eine Waffe, die Lanzenspitze, wiederum das Attribut eines „Kriegsgottes".

F. L.

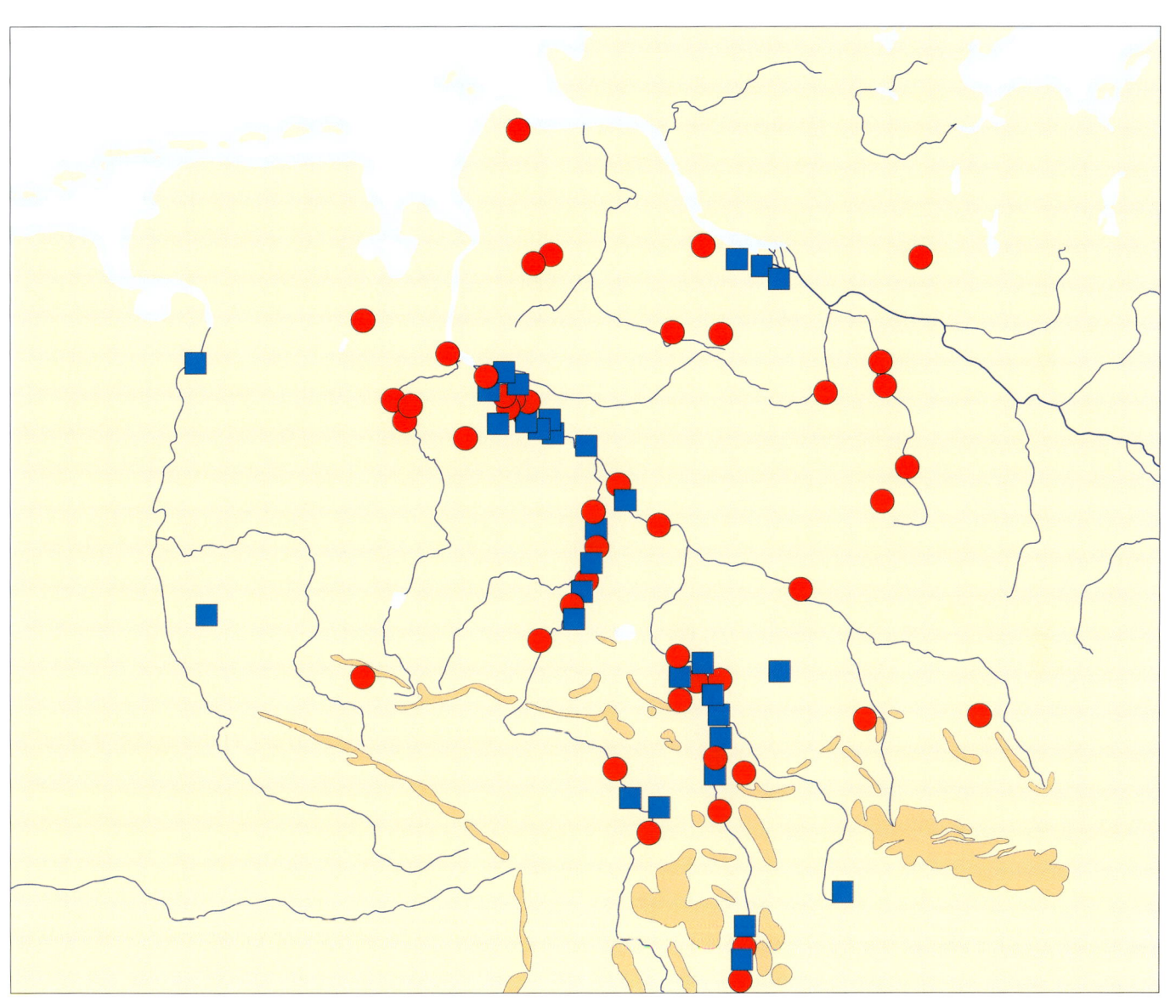

🔴 Frühe, ältere und mittlere Bronzezeit

🟦 Jüngere Bronzezeit

6b. Ringsymbole und Ringopfer

Von Torsten Capelle

Geschlossene Ringe müssen schon sehr früh einen hohen Symbolwert für Zusammengehöriges und als Ewigkeitszeichen (ohne Anfang und Ende) gehabt haben. Obgleich sie auch aus anderen Materialien wie Holz, Lignit, Glas oder Stein bestehen können, sind sie vor allem aus Bunt- und Edelmetallen überliefert, seitdem mit Beginn der Bronzezeit durch die Metallurgie ganz neue Möglichkeiten der Formgebung unabhängig von der vorgefundenen Größe eines natürlichen Werkstoffes zur Verfügung standen. Dabei wird durch die Quellen – Gräber, Depots, Bilddarstellungen und für die jüngeren Perioden auch jeweils zeitgenössische schriftliche Überlieferungen – oft sehr deutlich, dass Ringe verschiedener Art schon bald nicht nur eine reine Schmuckfunktion hatten oder der Zurschaustellung von Wohlstand dienten. Diese beiden sehr nahe liegenden Tragweisen sind zwar in manchen Kombinationen mehr oder weniger in allen Perioden reichlich belegt – in erster Linie in Frauenbestattungen – doch gibt es zumindest seit Beginn der Eisenzeit sowohl in der keltischen als auch in der germanischen Welt nun auch bei Männern herausragende Einzelstücke, mit denen eine besondere Stellung innerhalb der Gesellschaft oder gar eine ganz bestimmte Funktion in dieser zum Ausdruck kommen sollte.

Reinen Schmuckcharakter werden die Fuß- und Knöchelringe gehabt haben, die in manchen Regionen von Frauen in der Bronzezeit und in der frühesten Eisenzeit getragen wurden. Dasselbe wird für Ohrringe zutreffen, die nur als weiblicher Schmuck und auch das nur sehr selten belegt sind. Fingerringe könnten dagegen (wie die gleichartige Ausstattung einiger weniger benachbarter Männer- und Frauengräber andeutet) seit der jüngeren Bronzezeit vereinzelt schon wie moderne Eheringe als Zeugnisse eines Treuegelöbnisses verwendet worden sein. Aber erst seit der römischen Kaiserzeit waren Fingerringe unter römischem Einfluss als zum Teil aufwendige Zierringe im Barbaricum etwas weiter verbreitet. Im frühen Mittelalter sind sie dann auch als Recht bestätigende Siegelringe sowie als Monogrammringe bezeugt. Seit dem hohen Mittelalter dienten sie

in königlichen Familien als Markierung der Zugehörigkeit beziehungsweise der königlichen Abkunft sowie im kirchlichen Bereich etwa als Bischofsringe, um den hohen Rang in der so stark gegliederten Hierarchie zu dokumentieren und ständig zur Schau zu stellen.

Vor allem aber waren es Arm- und Halsringe, die als Ehren- und Würdezeichen getragen wurden. Schon in der spätkeltischen Welt der letzten Jahrhunderte vor Christi Geburt dienten Halsringe – meist in gedrehter Form als sogenannte Torques – zur Kennzeichnung von Heroen und Göttern. Letzteres wird unter anderem deutlich auf den unproportionalen und überdimensionierten Bilddarstellungen des aus dem Süden importierten Silberkessels von Gundestrup im nördlichen Jütland, auf dem mehrere Götterbüsten mit markanten Torques ausgestattet sind (und der selbst, um einer zweckentfremdeten Entweihung vorzubeugen, in demontiertem Zustand wohl als Opfergabe auf einem bereits verfestigten Sumpfboden niedergestellt war). Es ist naheliegend, dass solche Ringe auch als verehrungswürdige Ob-

Götterbüste mit Torques auf dem Silberkessel von Gundestrup (Nationalmuseum Kopenhagen)

*Götterbüste mit Torques auf dem Silberkessel
von Gundestrup (Nationalmuseum Kopenhagen)*

jekte eine besondere Behandlung erfahren haben. Entsprechend gibt es sie auch nicht als ehemals persönlichen Besitz in Gräbern, sondern sie treten nur in Depotfunden auf, in denen sie offensichtlich mit ganz besonderer Sorgfalt verwahrt wurden.

Bei den Germanen waren als insignienähnliche Macht- oder gar Herrschaftszeichen sowohl Halsringe als auch Armringe bekannt. In der schriftlichen Überlieferung sind solche bis zu den altnordischen Sagas mehrfach als erlesene Ehrengaben und auch als Rangabzeichen ausdrücklich erwähnt. Sogar Odin hatte einen sich selbst immer wieder vervielfachenden Goldring namens Draupnir, dem jede neunte Nacht acht gleichschwere Goldringe enttropften.

Aus der Völkerwanderungszeit liegen einige wenige schwere und massive Goldringe vor, die von Mitgliedern wohl königlicher Familien den Grabbefunden nach zu urteilen gerade als Kennzeichnung dieser Zugehörigkeit stets am rechten Handgelenk getragen wurden und die nicht ohne weiteres abgelegt werden konnten, obgleich sie nicht

geschlossen waren. Aus einem germanischen Schatzfund von Szilágysomlyó in Siebenbürgen stammt neben vielen anderen Miniaturen als Anhänger auch eine goldene rechte Hand mit betontem Handgelenkring, der vielleicht eine ähnliche Bedeutung gehabt hat. Aber auch später noch gibt es Hinweise auf besondere Ringe als Zeichen weltlich führender Stellung. So designierte Konrad I. laut Widukind von Corvey im Jahre 918 seinen Nachfolger Heinrich mit goldenen Armringen, und ebenfalls bei manchen unmittelbaren Investituren wird ausdrücklich ein goldener Halsschmuck erwähnt, bei dem es sich auch ohne exakte Beschreibung jeweils um einen Halsring gehandelt haben kann.

Aus der Völkerwanderungszeit stammt auch die einzige frühe bewahrte germanische ‚Götterfigur' aus Holz von Rude Eskildstrup auf der dänischen Insel Seeland, die aufrecht sitzend in einem offensichtlich durch seine Heiligkeit geschützten (Tabu) vermoorten Sumpf angetroffen wurde und die als Attribut einen großen dreirippigen Halskragen trägt (vergleiche Beitrag 8. zu Idolen). An vergleichbaren mehrrippigen originalen Halskragen aus Gold gibt es nur drei vollständige Exemplare – aus dem benachbarten Südschweden – , die bemerkenswerterweise alle einzeln als Depotfunde angetroffen wurden, wodurch ihre Sonderstellung außerhalb des Alltäglichen unterstrichen wird. Kleine

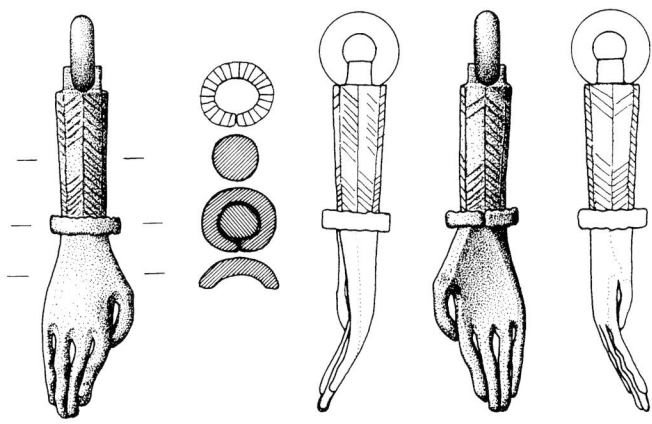

Szilágysomlyó-Hand (nach Capelle 1994)

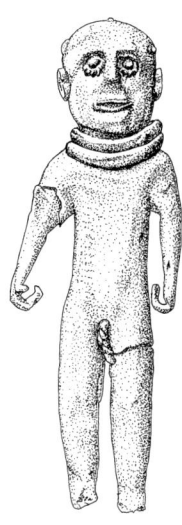

Nyborg-Statuette

Statuetten dieser Zeit, die nur mit überdimensionalen Halsringen ausgestattet sind, verweisen ebenfalls auf eine besondere Rolle solcher ‚Schmuckstücke': In einem Brief des Ambrosius aus dem Jahre 381 n. Chr. wird berichtet, dass ein christlicher Priester es wagte, auf heidnische Weise angetan mit Halsring und Armringen vor dem Römer zu erscheinen; nur heidnische gotische Priester pflegten so aufzutreten. Etwa zeitgleich damit ist ein massiver goldener Halsring aus einem Schatzfund von Pietroassa in Rumänien, der in Runen eingraviert folgende Inschrift trägt: „Der Goten Besitz, heiliges Weihtum". Ohne Zweifel sind demnach manche goldenen Ringe auch sakrale Symbole gewesen.

In der germanischen Welt war auch ein sogenannter Eidring bekannt – ein ganz besonderer Ring, auf den (wie später auf die Bibel) ein unverbrüchlicher Schwur abgelegt werden konnte. Zwar ist dessen Aussehen unbekannt, doch wird seine Sonderstellung durch die altnordische Überlieferung deutlich. Dort wird er als *stallahringr* bezeichnet, was ungefähr mit 'Altarring' übersetzt werden kann. Er wurde vom Goden als Priester und Rechtsverwalter bei Rechtshandlungen eingesetzt und er muss ebenfalls entsprechend einen hohen Symbolwert gehabt haben.

Bei einer solchen über lange Zeit verfolgbaren Hochschätzung besonderer Ringe sowohl aus der profanen als auch aus der sakralen Welt verwundert es nicht, dass nicht nur die bereits genannten keltischen Torques und die Goldhalskragen der Völkerwanderungszeit, sondern auch manche anderen Prunkringe, nachdem sie ihre ursprüngliche Funktion erfüllt hatten oder zumindest vorübergehend, durch Thesaurierung oder als Weihegaben der Alltagswelt entzogen wurden.

Natürlich ist es schwierig, ohne Kontext angetroffene Ringe als Opfer anzusprechen. Sind sie jedoch mit weiteren Gaben wie geopferten Tieren, Waffen und anderem mehr niedergelegt beziehungsweise versenkt worden, dann ist eine gleichartige Deutung naheliegend. Darüber hinaus gibt es aber auch einige andere Anhaltspunkte für die Interpretation von Ringen als Opfer- und Weihestücke.

So sind aus der jüngeren Bronzezeit Norddeutschlands, Dänemarks und Südschwedens zahlreiche Depotfunde bekannt, die ausschließlich aus zwei oder mehr Halsringen bestehen. Zum Teil weisen diese Ringe deutliche Abnutzungsspuren auf, das heißt sie sind vor ihrer Niederlegung tatsächlich auch (von Frauen, wie andere Befunde lehren) getragen worden. Da sie nur aus Bronze bestehen, können sie nicht der materiell höchsten Wertkategorie angehört haben. Vielmehr muss die auffallende Auswahl darauf zurückgeführt werden, dass es für Frauen einen bestimmten (heute leider nicht mehr erkennbaren) Anlass gab, sich von diesen dekorativen Schmuckstücken zu trennen. Zeitgleich damit gibt es aus dem südlichen Ostseeraum auch kleine unbekleidete Frauenstatuetten, deren Attribute doppelte Halsringe sind. Diese deuten zumindest an, dass Halsringe zu dieser Zeit im Kult eine besondere Rolle gespielt haben müssen.

Aus der vorchristlichen keltischen Welt zeigen die bereits genannten Torques, dass diese meist goldenen außergewöhnlichen Embleme aus der Götterwelt mit besonderer Fürsorge behandelt wurden, die von hoher Achtung zeugt.

Götterbüste auf dem Kessel von Gundestrup (Nationalmuseum Kopenhagen) (nach Frey/Szabó 1991)

Etwas anders verhält sich das mit den vielen Goldringfunden der jüngeren römischen Kaiserzeit und der Völkerwanderungszeit aus dem westlichen Ostseeraum. Manche von diesen waren auf festem Boden niedergelegt worden, und diese machen daher am ehesten den Eindruck – gleichsam als tresorähnliche Barschaft – versteckt worden zu sein, um sie bei Bedarf wieder an sich nehmen zu können. Andere dagegen wurden in Mooren und Gewässern geborgen. Bei diesen ist kaum anzunehmen, dass sie nur zur vorübergehenden Verwahrung dort deponiert wurden. Sie werden vielmehr analog zu Goldringen aus einigen großen Mooropferplätzen als unwiederbringlich versenkte Gaben anzusehen sein. Hier sind also für eine vom Inhalt her so einheitlich wirkende Fundgruppe zwei gänzlich verschiedene Deutungsmöglichkeiten gegeben.

Überzeugende Regeln werden sich für die Bestimmung von Ringopfern nicht aufstellen lassen. Die bereits literarisch, aber auch archäologisch bezeugte Vielseitigkeit des Ringverständnisses in der Ur- und Frühgeschichte als Werteinheit in Form von Ringgeld, als Schmuck sowie als kultisches Objekt und als Würdezeichen, lässt zunächst einmal stets alle Deutungsmöglichkeiten offen und zwingt dazu, bei jedem Fund und Befund sowie für jeden Kulturbereich und jede Zeitstufe die Entscheidung jeweils gesondert zu suchen und dabei möglichst auch stets nach dem Motiv für die Niederlegung erneut zu fragen. Doch liegt es generell nahe, wegen des Symbolcharakters zumindest bei außergewöhnlichen Ringen oft einen Zusammenhang mit kultisch bedingten Maßnahmen zu sehen. Da goldene Ringe gemäß der altnordischen Überlieferung von weltlichen Fürsten an Gefolgsleute als herausragende Auszeichnungen vergeben wurden, die entsprechend natürlich hoch geschätzt waren, müssen Goldringe auch in besonderem Maße geeignete und würdige Gaben an Gottheiten gewesen sein.

Literatur

T. Capelle, Ringopfer. In: H.Jankuhn (Hrsg.), Vorgeschichtliche Heiligtümer und Opferplätze in Mittel- und Nordeuropa. Göttingen 1970, 214–218

T. Capelle, Die Miniaturenkette von Szilágysomlyó (Simleul Silvaniei). Universitätsforschungen zur Prähistorischen Archäologie 22. Bonn 1994

O. H. Frey / M. Szabó, The Celts in Balkan Area. In: M. Andreose (Hrsg.), The Celts. Mailand 1991, 478–484

H. Geisslinger, Horte als Geschichtsquellen. Neumünster 1967

K. Hauck, Halsring und Ahnenstab als herrscherliche Würdezeichen. In: P. E. Schramm (Hrsg.), Herrschaftszeichen und Staatssymbolik 1. Stuttgart 1954, 146–212

J. Hoops, Reallexikon der Germanischen Altertumskunde, 2. Auflage Berlin 1973 ff.: Armring, Fingerring, Fußring, Goldring, Halsring

W. Krause und H. Jankuhn, Die Runeninschriften im älteren Futhark. Göttingen 1966

J. Werner, Der goldene Armring des Frankenkönigs Childerich und die germanischen Handgelenkringe der jüngeren Kaiserzeit. Frühmittelalterliche Studien 14, 1980, 1–41

Der Hortfund von Hitzacker, Ldkr. Lüchow-Dannenberg

Im Bereich des mehrperiodigen vorgeschichtlichen Siedlungsplatzes „Hitzacker-See" am südlichen Stadtrand von Hitzacker wurde 1991 im Zuge der Ausgrabungen in der Nachbarschaft von Hausgrundrissen und Gruben ein Hortfund gemacht. Dieser kam in einer kreisrunden Grube zu Tage, die sich von den benachbarten nur dadurch unterschied, dass aus ihrem nördlichen Teil ein Steinbrocken herausragte. Bei der Ausgrabung dieser mit braungrauem, schwach humosem Sand verfüllten Grube fanden sich etwa in halber Höhe direkt neben einer Anhäufung von klein fragmentierten Knochen vier bronzene Armringe. Am Rande der Grube stand, durch Standspuren gesichert, eine 80 cm hohe, 50 cm breite und 20 cm starke Stele aus einem nordischen Geschiebeblock, der an seinem unteren Ende rechtwinklig zugeschlagen und am oberen Ende mit einem Schälchen versehen war. Dieser Stelenstein ist, nachdem Ringe und Knochensplitter schon in der Grube lagen, langsam in diese hineingerutscht.

Bei den vier bronzenen Armringen handelt es sich aufgrund der Verzierung um Lüneburger Armringe, die zwei Paare bilden, eines mit D-förmigem Stabquerschnitt und einem Leiterbandmuster zwischen den umlaufenden Rillen, das andere mit mehr ovalem Stabquerschnitt und einem Fischgrätenmuster dazwischen. Die Ringe datieren in die mittlere Bronzezeit der Lüneburger Gruppe und sind üblicherweise Bestandteil der Schmucktracht vom Typ Deutsch Evern. Armschmuck wie dieser wurde in der Lüneburger Heide, im südöstlichen Holstein, in Mecklenburg und in der Altmark paarig getragen. Dennoch könnte es sich um den Armschmuck nur einer Frau handeln, wenn auch die doppelte Tragweise ungewöhnlich ist.

Die Untersuchung der klein fragmentierten Knochen, von denen einige dem Feuer ausgesetzt waren, ergab, dass sie von einem dreijährigen Hund stammen, der zur Gruppe der heutigen Schäferhunde bzw. Airedaleterrier gehört haben muss. Das Tier war vor seiner Niederlegung offensichtlich zerlegt worden.

Ein von den Fundumständen vergleichbarer Befund scheint aus Rheda, Kr. Wiedenbrück, vorzuliegen. Der Fundbericht aus dem Jahre 1911 besagt, dass in 0,75 m Tiefe ein bronzenes Gefäß, ein sogenanntes „Hängebecken", ein Messer, zwei große ineinanderhängende Ringe und fünf gerillte lange Perlen gefunden wurden. Das „Hängebecken" lag umgestülpt über Holzkohlen und „verbrannten Knochen eines Kindes". Ein ebenfalls vorhandener Spinnwirtel ist verloren gegangen. Auch hier scheint eine absichtliche Deponierung vorzuliegen, denn jungbronzezeitliche „Hängebecken" finden sich ausschließlich in Hort- und Einzelfunden, in keinem Fall jedoch in Gräbern. Die Angabe „verbrannte Knochen eines Kindes" wird sich demzufolge wohl auch eher auf klein fragmentierte Knochen beziehen.

Die Bedeutung des Hortfundes von Hitzacker liegt darin, dass hier erstmalig eine absichtlich niedergelegte Deponierung während einer planmäßigen Ausgrabung gefunden und untersucht werden konnte. Dabei konnten alle Umstände beobachtet werden, die mit der Niederlegung des Hortes in Verbindung stehen.   *F. L.*

Datierung: Mittlere Bronzezeit (um 1200 v. Chr.)
Verbleib: Archäologisches Zentrum Hitzacker
Lit.: F. Langewiesche, Ein Bronzefund in Rheda (Westfalen). Prähist. Zeitschr. 4, 1912, 383–385; C. Sommerfeld, Ein mittelbronzezeitlicher Hortfund aus Hitzacker, Ldkr. Lüchow-Dannenberg. Zur Deutung der Quelle „Hort" in der Bronzezeit. Berichte zur Denkmalpflege in Niedersachsen 1994 (1), 9–15

Abb. nach Sommerfeld 1994, Abb. 5

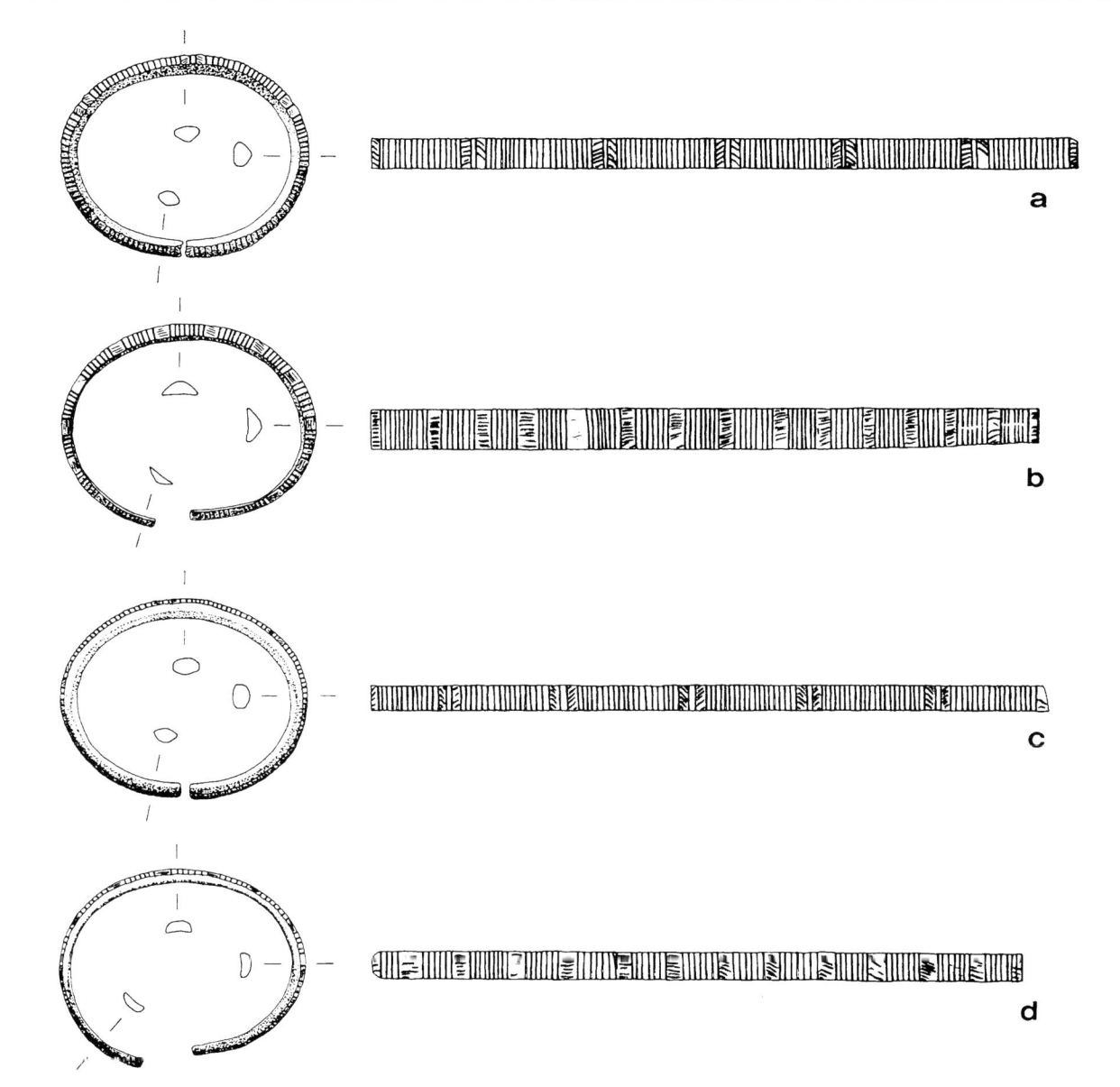

a

b

c

d

Der Ringhort von Lauingen, Ldkr. Helmstedt

Nach einem Bericht aus dem Jahre 1818 wurden beim Torfabbau in Lauingen in etwa 0,7 m Tiefe zwischen Birkenstämmen und anderen Hölzern vier bronzene Ringe gefunden. Von diesen gelangten nur drei Exemplare – das vierte wurde von den Torfarbeitern zerschlagen – über das Herzogliche Museum in Braunschweig in das heutige Braunschweigische Landesmuseum. Das Wissen um den Fundort und auch um die Fundumstände der Ringe gingen verloren, und erst um 1910 gelang es mit Hilfe der vagen Beschreibung, dass die Ringe „Sarghenkeln", also Sarggriffen, nicht unähnlich sind, eine genaue Zuordnung dieser Ringe vorzunehmen. Sie sollen aus dem Riesebergmoor bei Lauingen. Ldkr. Helmstedt, stammen.

Trotz dieser ziemlich genauen Lokalisation sind zumindest bei den Fundumständen erhebliche Zweifel anzumelden. Funde aus Mooren haben eine bräunliche Oberfläche (Patina), in keinem Fall aber die glatte, dunkelgrüne Edel-Patina die die beiden heute noch erhaltenen Ringe aufweisen. Die Farbe der Oberfläche spricht vielmehr für einen Fundort auf festem Boden, wobei es sogar nicht unwahrscheinlich ist, dass die vier Ringe in einem Tongefäß gelegen haben.

Die Ringe fallen durch ihre ungewöhnliche Form und Verzierung ins Auge. Die beiden heute noch erhaltenen Exemplare besitzen einen nierenförmigen Umriss mit einem nach innen gewölbten abgeflachten Teil. Offensichtlich sind sie hohl über einem Tonkern gegossen worden. Beide Ringe sind verschieden groß, weisen aber eine übereinstimmende Verzierung auf. Die Außenseite des Ringkörpers wird durch vier Steggruppen aus jeweils vier scharfkantigen Rippen aufgegliedert. Dazwischen befindet sich eine Verzierung aus konzentrischen Kreisen und Halbkreisen, sowie punktgesäumten Schlingbändern. Der dritte Ring, dessen Enden offen waren, hat einen D-förmigen Umriss; er ist zudem voll gegossen. In der Ornamentik ist er den anderen nicht unähnlich, denn auch hier finden sich wiederum vier Steggruppen, nun allerdings mit je drei Rippen, und in der Verzierung werden die Schlingbänder durch schräge Strichgruppen ersetzt. Wie der vierte Ring ausgesehen hat, ist unbekannt.

Entsprechende Armringe sind unter der Bezeichnung „Steggruppenringe" eine geläufige Ringform der jüngeren Urnenfelderkultur in Hessen. Von dort gelangten einzelne Fundstücke zusammen mit Lappenbeilen aber auch Messerformen in das norddeutsche Flachland. Der bisher nördlichste Fundpunkt liegt bei Beckdorf, Ldkr. Stade, wo zwei entsprechende Armringe zusammen mit einem ebenfalls aus dem hessischen Urnenfelderbereich stammenden Lappenbeil, einer Lanzenspitze und einem meißelförmigen Werkzeug beim Kultivieren von Heide gefunden worden sind. Diese beiden Ringe und jene beiden aus Lauingen müssen möglicherweise als heimische Nachahmungen nach den hessischen Grundformen angesehen werden. Die Bedeutung dieser Ringe ist unklar, da sie kaum als Schmuckstücke getragen worden sein können.   *F. L.*

Datierung: Jüngere Bronzezeit (um 1000 v. Chr.)
Verbleib: Braunschweigisches Landesmuseum, Wolfenbüttel
Lit.: I. Richter, Der Arm- und Beinschmuck der Bronze- und Urnenfelderzeit in Hessen und Rheinhessen. München 1970; E. Sprockhoff, Jungbronzezeitliche Hortfunde der Südzone des nordischen Kreises (Periode V). Mainz 1956; T. Vosges, Die Bronzeringe von Lauingen. Prähistorische Zeitschrift 2, 1910, 188–192

Foto: I. Simon

Vier Halsringe aus dem Moor bei Wahnbeck im Ammerland

Die vier in einem Moor bei Wahnbeck, Gem. Rastede, Ldkr. Ammerland, geborgenen bronzenen Halsringe sind von annährend gleicher Größe und ähnlicher Stärke des Ringkörpers; einer der Ringe ist in zwei Teile zerbrochen. Die Ringe haben flach gehämmerte und dann hakenförmig umgebogene Enden, die – anders als bei der Mehrzahl dieser Halsringe – unverziert bleiben. Die Verzierung der vier Halsringe – nur in einer Richtung schräg angeordnete Spiralwindungen – wird von kurzen glatten Zwischenstücken unterbrochen. Auch dadurch unterscheiden sich diese vier Fundstücke von anderen vergleichbaren Ringen, bei denen die Verzierung in wechselnden Drehungen verläuft. Die Ringe datieren in die frühe Eisenzeit (Periode VI).

Seit der auslaufenden jüngeren Bronzezeit und beginnenden frühen Eisenzeit wird es Brauch, an Stelle der umfangreichen Hortfunde mit weiblichem Trachtenzubehör nun nur noch zwei Halsringe im Moor zu versenken. Der doppelte Satz von vier Halsringen – wie hier in Wahnbeck – ist ausgesprochen selten. Diese Halsringsätze setzen sich sowohl aus dünnen, wie auch aus scharflappigen echten Wendelringen oder aus gegossenen breit- oder engrippigen unechten Wendelringen zusammen, zu der auch die vorliegende Form aus Wahnbeck gehört. Als Wendelringe bezeichnet man gedrehte Ringe, deren Drehung ein- oder mehrmals gegeneinander wechselt. Die Verschlüsse dieser Ringe sind verschieden gestaltet, es überwiegen jedoch Hakenverschlüsse.

Die Formen der Wendelringe gelangten aus dem Bereich der süd- und westdeutschen Hallstatt-Kulturen, aus dem Raum der Hunsrück-Eifel-Kultur bzw. der Thüringischen Kultur, den niedersächsischen Bereich.

In der auf die jüngere Bronzezeit folgenden vorrömischen Eisenzeit wird die Sitte, Sätze von Halsringen in Mooren niederzulegen, zugunsten der Kronenhalsringe aufgegeben, die nun jeweils nur noch als Einzelstück deponiert werden.

F. L.

Datierung: Frühe Eisenzeit, Periode VI (um 800 v. Chr.)
Verbleib: Museum für Naturkunde und Vorgeschichte, Oldenburg
Lit.: F. Both, Vier Halsringe. In: Günter Wegner (Hrsg.), Leben – Glauben – Sterben vor 3000 Jahren. Bronzezeit in Niedersachsen. Oldenburg 1996, 368, Nr. 12/38; E. Sprockhoff, Niedersächsische Depotfunde der jüngeren Bronzezeit. Hildesheim und Leipzig 1932; D. Zoller, Beiträge zur archäologischen Landesaufnahme für den Landkreis Ammerland, Gemeinde Rastede (VI). Oldenburger Jahrbuch 78/79, 1978/79, 295–352, bes. 341 Nr. 149

Abb. nach Wegner, 1996

Der Kronenhalsring aus Emmendorf, Ldkr. Uelzen

1852 wurde ein Kronenhalsring mit einem breiten Ringkörper und extrem hoch stehenden Zacken in einem Moor bei Emmendorf, Ldkr. Uelzen, geborgen. Über die Auffindung des Ringes schreibt der Goldschmied E. Küster aus Uelzen am 10. Mai 1852 an den Lüneburger Baumeister und Eisengießereibesitzer August Wellenkamp, der diesen Ring für seine Sammlung erworben hat: „Derselbe ist bei Emmendorf, zwischen Ülzen und Bevensen an der Eisenbahn gelegen, beim Torfgraben gefunden; es soll aber nichts dabei gelegen haben". 1860, beim Verkauf der Sammlung Wellenkamp an den König von Hannover, gelangte auch dieses Fundstück über die Fideikommiss-Galerie des Gesamthauses Braunschweig-Lüneburg in die vorgeschichtliche Sammlung des heutigen Landesmuseums in Hannover.

Der Halsring aus dem Moor bei Emmendorf ist der größte und auffälligste der kleinen Gruppe aus dem niedersächsischen Bereich zwischen Weser und Elbe. Dem breiten, dreifach gerieften Ringkörper sitzen 14 große Zacken auf. Der Niet, der die Ringenden als Scharnier zusammenhält, endet in einem knospenartigen, aus vier „Blütenblättern" gebildeten Aufsatz. Das Gelenk ist außen mit einem schrägstehenden Kreuz aus nur schwach eingetieften Linien verziert. Die eigentliche Öffnung des Ringes führt durch die Spitze einer der 14 Zacken. Die freistehenden Enden sind mit Vertiefungen und Zapfen versehen, um so geschlossen werden zu können.

Der Kronenhalsring aus Emmendorf gehört zu einer Gruppe von Halsringen aus der vorrömischen Eisenzeit, die immer nur als Einzelstücke – was auch aus der alten Befundbeschreibung deutlich wird – in Mooren Norddeutschlands und Skandinaviens aufgefunden wurden. An einigen Ringen konnten Abnutzungsspuren beobachtet werden, was darauf hindeutet, dass sie wirklich getragen wurden. Bei einem Halsring von der Art des Emmendorfer Exemplares erscheint dies allerdings unvorstellbar.

F. L.

Datierung: Vorrömische Eisenzeit (um 600 v. Chr.)
Verbleib: Niedersächsisches Landesmuseum, Urgeschichtsabteilung, Hannover (Nachbildung: Museum für das Fürstentum Lüneburg)
Lit.: H. Hahne / H. Gummel, Kronen- und verwandte Ringe aus der Provinz Hannover. Vorzeitfunde aus Niedersachsen. Hildesheim 1915/25, 15 – 20; G. Jacob-Friesen, Einführung in Niedersachsens Urgeschichte, Teil III (Eisenzeit). Hildesheim 1973, 454, Abb. 473

Foto: K. Elle

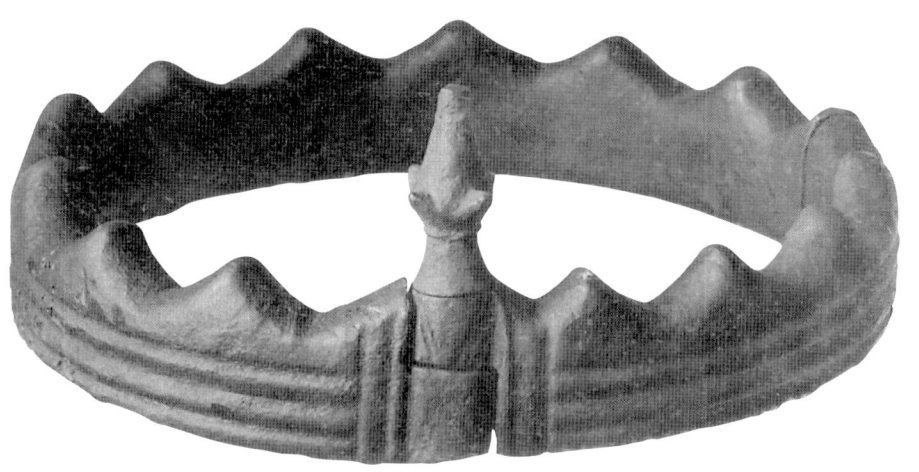

Der Halsring aus dem „Fehrmoor" bei Debstedt, Ldkr. Cuxhaven

1882 fand ein Torfgräber im „Fehrmoor" bei Debstedterbüttel, Gem. Langen, Ldkr. Cuxhaven, einen bronzenen Halsring, der im darauffolgenden Jahr von der vorgeschichtlichen Abteilung des Hamburger Museums für Völkerkunde angekauft wurde.

Der bronzene Halsring mit der typischen dunkelbraunen Moorpatina kann mit Hilfe eines Scharniers geöffnet werden. Die beiden abgeflachten Gelenkenden des Ringes werden durch einen Niet mit plastisch gestaltetem Kopf miteinander verbunden. Die eigentliche Öffnung ist an verdeckter Stelle angebracht, nämlich in einer Kerbe der aus 37 mehr oder weniger gleich großen kissenartigen Abschnitten aufgeteilten Oberseite des Ringkörpers. An den freien Enden befindet sich dann ein Knipschloss mit einer Vertiefung auf der einen Seite und einem kleinen Zapfen auf der anderen Seite. Auf der Oberfläche des Ringkörpers weist das Fundstück einige alte Ritzspuren auf. Der Halsring datiert in die vorrömische Eisenzeit. Noch heute ist der Halsring vollständig funktionsfähig.

Der Halsring aus dem „Fehrmoor" bei Debstedt zählt zu der in Niedersachsen nur zwischen Elbe und Weser verbreiteten Gruppe der Kronenhalsringe, die ihren Namen von den hochgezackten Stücken ableiten, wie bei jenem aus einem Moor bei Emmendorf, Ldkr. Uelzen. Die Gruppe selbst ist hauptsächlich in Dänemark verbreitet, kommt aber auch in den Ländern rings um die Ostsee vor.

F. L.

Datierung: Vorrömische Eisenzeit (um 600 v. Chr.)
Verbleib: Helms-Museum, Hamburg
Lit.: H. Hahne / H. Gummel, Kronen- und verwandte Ringe aus der Provinz Hannover. Vorzeitfunde aus Niedersachsen. Hildesheim 1915/25, 15 – 20; G. Jacob-Friesen, Einführung in Niedersachsens Urgeschichte, Teil III (Eisenzeit). Hildesheim 1973, 454, Abb. 471

Foto: K. Elle

7. Moorleichen

Von Torsten Capelle

In Sumpf und Moor gefundene Menschen haben zu allen Zeiten faszinierend gewirkt, da sie durchweg zunächst immer als Zeugnisse von Verbrechen oder von schaurig-makabren Riten uralter Zeiten verstanden wurden: Hier wurden nicht nur Hinterlassenschaften in Form von Scherben, Schätzen oder auch fürsorglich angelegten Gräbern greifbar, sondern unmittelbar die Menschen selbst mit Haut und Haaren, wie sie mit Gewalt aus dem Leben gerissen worden waren. Immer haftete einem solchen Fund etwas außergewöhnlich Spektakuläres an, da es sich dabei in der Regel um Menschen handelt, die nicht auf natürliche Weise zu Tode gekommen sind.

Heute ist eine etwas differenziertere Betrachtung dieser leibhaftigen Zeugen der Vergangenheit geläufig. Zwar sind immer noch die bei weitem meisten reine Zufallsfunde, die beim Torfstich oder Kultivierungsarbeiten angetroffen werden, doch gibt es inzwischen auch Beispiele, bei denen ein Fundzusammenhang gut beobachtet werden konnte, und es stehen nunmehr vor allem auch naturwissenschaftliche Untersuchungsverfahren zur Verfügung, mit deren Hilfe auch nach der Bergung noch wesentliche Erkenntnisse zu gewinnen sind.

Dabei dient 'Moorleichen' als ein übergeordneter oder eher zusammenfassender Begriff, da keineswegs alle diese Funde einem ehemaligen Moor übergeben wurden, sondern manche sicher auch stehenden Gewässern und Sümpfen, die erst im Laufe von vielen Jahrhunderten zu Feuchtgebieten verlandeten oder vertorften.

Weit über tausend Moorleichen sind bis jetzt registriert worden. Besonders viele stammen aus den Niederlanden, aus Norddeutschland und aus Dänemark. Aber auch aus dem alpinen Raum, aus England, aus Osteuropa und aus dem nördlicheren Skandinavien liegen nennenswerte Funde vor. Die genannte Funddichte mag darauf zurückzuführen sein, dass sich in der Region nordwärts der Mittelgebirge Moore verstärkt gebildet haben und entsprechend ein intensiverer neuzeitlicher Torfabbau mit folgendem Fundanfall betrieben wurde (vergleiche dazu auch Beitrag

6. über Mooropferplätze). Das kann natürlich auch die Aufmerksamkeit beeinflusst und zu einem gesteigerten Interesse an diesen Funden geführt haben. Wesentlich wahrscheinlicher ist jedoch, dass tatsächlich nicht überall Menschen gleichermaßen zu Tode gebracht worden sind.

Dass sich wohl wirklich in der regionalen Konzentration eine gewisse ‚Vorliebe‘ spiegelt, wird um so wahrscheinlicher, als sich auch eine zeitliche Massierung zu erkennen gibt. Zwar gehören die ältesten Funde noch der Jungsteinzeit an, und die jüngsten sind sogar neuzeitlich, doch sind die meisten – wie die Moorgeologie gezeigt hat – in das Jahrtausend um Christi Geburt zu datieren, das heißt in die Spanne von der beginnenden Eisenzeit bis zur Völkerwanderungszeit. Damit deuten Zeit und Raum des auffallend häufigen Vorkommens in besonderem Maße auf die germanische Welt.

Bei frühen Entdeckungen von Moorleichen wurde zuweilen vorschnell an ungeklärte Morde gedacht und daher die Polizei eingeschaltet (und die Leichen wurden dann schließlich auf christlichen Friedhöfen beigesetzt). Heute ist der allgemeine Kenntnisstand besser, und es werden eher in solchen Fällen die Archäologen gerufen.

Prinzipiell kommen verschiedene Deutungen in Betracht. Am ehesten können Moorleichen Zeugnisse von Unglücksfällen, von Kapitalverbrechen, von Todesstrafen und von Opferhandlungen sein. Aber auch echte Bestattungen sind nicht ganz auszuschließen. Bevor jedoch die Deutungsmöglichkeiten erörtert werden, seien einige der berühmten eisenzeitlichen Moorleichenfunde genannt. Abhängig von der jeweiligen Säure der einzelnen Moore und dem Grad des Luftabschlusses in Seen und Sümpfen ist deren Erhaltungszustand jedoch sehr verschieden. So gibt es zum Beispiel eine geradezu extreme Gerbung durch die Huminsäure, wobei Haut und Haare bewahrt sind, die eiweißreichen Weichteile und Knochen durch Entkalkung aber nicht oder kaum. In einem anderen Moor können dagegen die Skelette noch vorhanden sein, während die meisten übrigen Körperteile vergangen sind.

Zuweilen sind die Menschen auch nicht vollständig in den Sumpf oder das Moor gelangt. Das gilt zum Beispiel für den männlichen Schädel von Osterby, Schleswig-Holstein, mit einem sogenannten Suebenknoten, der von Tacitus im ausgehenden 1. Jahrhundert als typische, an der rechten Schläfe geknotete Frisur der Sueben (aber eben offensichtlich nicht ausschließlich von diesen getragen) überliefert wird.

Vollständig sitzend in einer Moorgrube versenkt und mit einem Birkenstock verankert war der unbekleidete Mann von Borremose, Jütland. Seine Hände zeigten, dass er sein Leben nicht mit besonders schwerer körperlicher Arbeit verbracht haben kann. Er kann demnach durchaus einer wirtschaftlich starken Gruppe angehört haben. Das hat ihn aber nicht vor einem grausamen Tod bewahrt: Sein Hinterkopf war zerschmettert worden und um den Hals lag ein Baststrick.

Auch der Mann von Grauballe, Jütland, scheint nicht übermäßig schwere Arbeiten geleistet haben zu müssen, wie die Papillarlinien der Handflächen erweisen. Bevor er durch einen Kehlenschnitt getötet wurde, scheint er durch einen Schlag an die rechte Schläfe gefoltert oder betäubt worden zu sein. Sein Mageninhalt – ein Brei aus 66 verschiedenen Bestandteilen – deutet auf einen Tod im Winter oder im Frühling.

Bis auf einen Ledergürtel und eine spitze Ledermütze unbekleidet war der auf der rechten Seite mit angezogenen Knien liegende Mann von Tollund (1481 noch als Torlund = Hain des Gottes Thor belegt), Jütland. Er war an einem aus zwei Riemen geflochtenen Tau erhängt worden. Seine letzte Mahlzeit bestand aus einer Grütze, die ebenfalls keine Spuren von Sommer- oder Herbstfrüchten enthielt.

In Lindow, England, wurde 1984 eine tätowierte männliche Moorleiche gefunden, der nicht nur die Kehle durchschnitten war, sondern die auch noch stranguliert, erschlagen und erstochen worden ist. Hier wollte man offensichtlich durch die Mehrfachtötung (einem richtigen overkill) ganz sicher gehen, um einem möglichen Wiedergänger auf jegliche Weise vorzubeugen.

Auch in Verbindung mit weiblichen Moorleichen wurden sehr auffallende Beobachtungen gemacht. So wurde im Room Moor, Jütland, der zwischen dem zweiten und dritten Halswirbel abgetrennte Schädel einer etwa 20jährigen Frau entdeckt, der in ein Schaffell eingewickelt war. Andere Maßnahmen waren die mehrfach beobachtete Haarschur vor der Versenkung oder vor der Tötung. Der jungen in Windeby, Schleswig-Holstein, gefundenen Frau waren

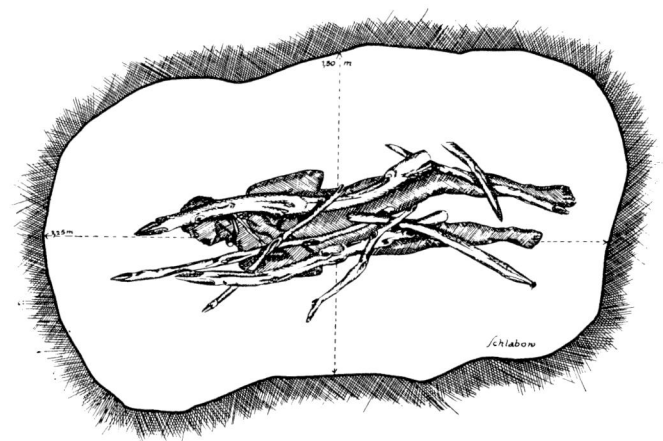

Windeby-Mädchen

die Augen verbunden, und ihr Körper war mit mehreren Stöcken auf dem Grund befestigt worden. Das heißt, Gewalteinwirkungen verschiedenster Art sind auch bei Frauen belegt.

Bei der Haarschur wird wohl gemäß Tacitus am ehesten an ein Schandzeichen zu denken sein. Er schreibt: „Ehebruch kommt bei einem so volkreichen Geschlecht nur ganz selten vor; die Strafe dafür folgt auf dem Fuße und ist dem Ehemann überlassen: er treibt sie mit abgeschnittenem Haar, ihrer Kleider beraubt, in Gegenwart der Verwandten aus dem Hause und jagt sie durch das ganze Dorf mit der Geißel" (Germania cap. 19).

Andere Merkmale wie vor allem Verstümmelungen, die zum Teil auch nach dem Tod erfolgt sein können, sind wohl als Zeichen für die besondere Ächtung eines Verbrechens zu verstehen, da körperliche Verunglimpfung und auch Tortur Bestandteile germanischen Rechtsbrauches sein konnten. Dazu gehörte auch die Verweigerung einer normalen Bestattung: „Verräter und Überläufer hängen sie an Bäumen auf, Feiglinge und Zage und an ihrem Leib geschändete versenken sie im Kot und Sumpf, wobei sie noch Flechtwerk darüber decken" (Tacitus, Germania cap. 12). Solchermaßen sollten die Täter für immer aus dem Lebensbereich der Gemeinschaft entfernt werden. Dazu passt auch ganz gut die Tatsache, dass viele der einzeln angetroffenen Moorleichen weit außerhalb der Siedlungskammern, gleichsam in eine Art Niemandsland verbannt, angetroffen wurden sowie weiterhin, dass zu dieser Gruppe von Funden in der Regel keine Kinder zählen, die als Missetäter für schwere Gewalttaten eben kaum in Frage kamen.

Eine ganz andere Deutungsmöglichkeit bietet sich dann an, wenn Moorleichen nicht abseits verborgen wurden, sondern im näheren Umfeld der Lebenden, das heißt, wenn die Stätten der Versenkung weiterhin Bestandteil gemeinschaftlicher Aktivitäten blieben. Das trifft für manche der großen Opferplätze zu, an denen Gaben verschiedenster Art den Göttern dargebracht wurden (siehe dazu Beitrag 6. über Mooropferplätze). Diese lagen oft leicht zugänglich innerhalb der größeren Siedlungsräume als eine Art zentrale Heiligtümer mit zum Teil zeitlich sich wandelnden Schwerpunkten der Opferhandlungen.

Auf manchen dieser großen Mooropferplätze wurden auch nachweislich Menschenleben dargebracht. Das trifft zum Beispiel für Rappendam im dänischen Jütland, Skedemosse auf der schwedischen Ostseeinsel Öland und Oberdorla in Thüringen zu. In solchen Fällen werden die menschlichen Skelettteile ohne Zweifel als Zeugnisse von Opfern anzusprechen sein, da sie dort in unmittelbarer Verbindung mit anderen Belegen wie etwa Kriegsbeuteopfern oder Fruchtbarkeitsopfern auftreten. Doch scheinen Menschenopfer nicht an allen großen Kultplätzen stattgefunden zu haben, da solche bisher beispielsweise in Thorsberg, Nydam, Ejsbøl oder Illerup noch nicht nachgewiesen werden konnten. Vielleicht hat es dort eigene, noch nicht erfasste Bereiche für diese besondere Art von Opferungen gegeben.

In Skedemosse fanden sich auf mehreren Schädeln Spuren einer gewaltsamen Tötung. In Oberdorla wurden an einer Stelle des ausgedehnten Komplexes lediglich der Kopf und die Extremitäten eines Menschen geborgen, die in einem Wasserloch versenkt worden waren. Diese bemerkenswerte Auswahl wird sonst nur bei Pferde- und Rinderopfern beobachtet. An anderer Stelle in Oberdorla lagen die vollständigen Skelettteile eines etwa 15jährigen Mädchens bei einer anthropomorphen hölzernen Figur, das heißt, sie waren diesem Idol direkt zugeordnet (vergleiche Beitrag 8. über Idole).

Im Gegensatz zu erwachsenen Tätern schwerer Gewalthandlungen, die mit dem Tode bestraft worden sein werden, können Kinder als Exponenten einer eigentlich noch langdauernden Lebenskraft durchaus auch als würdige Gaben an eine Gottheit gegolten haben. Das könnte bei dem knapp vierzehnjährigen Knaben von Kayhausen, Niedersachsen, der Fall gewesen sein, der komplett gefesselt wehrlos bei lebendigem Leibe dargebracht worden sein kann. Wertvoller konnte ein Opfer wohl kaum sein.

Dass es bei den Germanen tatsächlich Menschenopfer

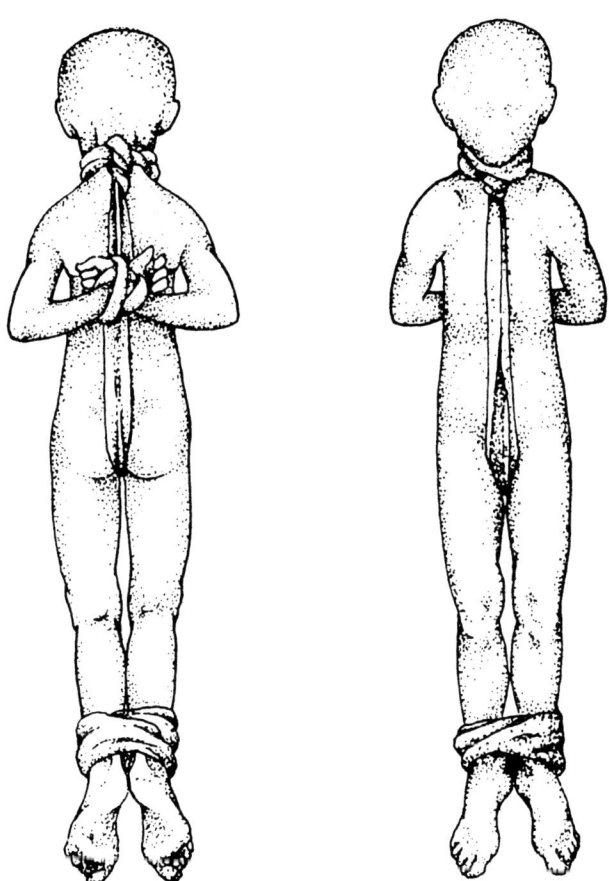

Gefesseltes Kind von Kayhausen (nach Hayen 1987)

gegeben hat, wird von Tacitus als dem wichtigsten frühen Gewährsmann bestätigt. Aber auch noch so spät wie im 11. Jahrhundert weiß Adam von Bremen zu berichten, dass beim Tempel von Alt-Uppsala verschiedene Lebewesen und dabei eben auch Menschen als Opfer im heiligen Hain endeten: „Auch wird alle neun Jahre in Uppsala ein gemeinsames Fest aller schwedischen Stämme begangen … Die Opferfeier geht folgendermaßen vor sich: von jeder Art männlicher Lebewesen werden neun Stück dargebracht; mit ihrem Blute pflegt man die Götter zu versöhnen. Die Leiber werden in einem den Tempel umgebenden Haine aufgehängt." Ähnliches überliefert Thietmar von Merseburg auch für Lejre auf Seeland.

Sichere zeitgenössische Bildquellen für Menschenopfer sind dagegen schwer beizubringen, zumal die germanischen Künstler in der Regel nicht besondere Geschehnisse wiederzugeben pflegten, sondern überwiegend bis zum Ornamentalen hin stark abstrahierte oder verkürzte Schlaglichter mythologischen Inhaltes bevorzugt darstellten. Ein wikingischer Bildstein auf der schwedischen Ostseeinsel Gotland zeigt jedoch einen gehenkten bewaffneten Mann, unter dessen Last sich der Baum biegt und vor dem sich ein altarähnliches Requisit befindet. Möglicherweise handelt es sich dabei um eine Opferszene, die der genannten Schilderung bei Adam von Bremen entspricht.

Abgesehen von reinen Opfern kommen für die germanische Welt eventuell auch noch sogenannte Strafopfer in Frage. Zwar hatten die germanischen Götter nicht besonders viel mit der Rechtspflege zu tun und sie wurden nur ausnahmsweise als Gesetzgeber (Odin) angesehen, doch gab es immerhin die Vorstellung von einem berechtigten Sühneopfer. Bei diesem geradezu pragmatisch wirkenden Verfahren wird die Hinrichtung eines Verbrechers oder eines gefangenen Feindes zugleich als Opfer verstanden, da der Verurteilte durch seine Untaten den Zorn der das zwischenmenschliche Leben schützenden Götter erregt hat. Strafe und Opfer werden dabei also zugleich vorgenommen. In solchen Fällen kann die Todesstrafe durchaus also auch sakrale Hintergründe gehabt haben.

Die angedeuteten Möglichkeiten der Ansprache lassen ganz offensichtlich eine pauschale Wertung der Moorleichen als Zeugnisse von Opferhandlungen als bedenklich erscheinen. Manche werden sicher auf Rechtsbräuche zurückzuführen sein. Das kommt vor allem für diejenigen in Frage, die in den unbesiedelten Ödmarkzonen angetroffen wurden, da der Verbleib dieser Körper aufgrund des schändlichen Tuns der Getöteten innerhalb der Siedlungswelt nicht geduldet wurde. Bei diesen gibt es entsprechend auch keinerlei zusätzliche Opfermerkmale als erklärende Begleiterscheinungen.

Viele Moorleichen werden aber Zeugnisse für einen auch Menschen opfernden Ritus sein. Insbesondere trifft das zu, wenn ein lokaler Kontext mit anderen Sachopfergaben festzustellen ist. Dort werden diese bedauernswerten Menschen, zu denen auch Kinder und Jugendliche (dazu siehe auch Beitrag 9. über Bauopfer sowie Beitrag 4. über Quell- und Brunnenopfer) gehört haben können, in aller Öffentlichkeit dem Sumpf oder Moor und damit den übernatürlichen Mächten anvertraut worden sein.

Nicht ganz klar ist es, ob Strafopfer in beiden Kategorien vorkommen können. Bei solchen Personen, die für Verbrechen innerhalb der Gemeinschaft bestraft wurden, ist eine Verbringung in die Außenwelt am wahrscheinlichsten, bei getöteten Kriegsgefangenen ist aber eher eine Opferung an den zentralen Kultstätten anzunehmen. Diffamierungserscheinungen wie Verstümmelung, Mehrfachtötung oder Verankerung auf dem Grund kann es in beiden Fällen gegeben haben, da gemäß späterer volkskundlicher und historischer Überlieferung durch Gewalt umgekommene Menschen als sogenannte Wiedergänger gefürchtet wurden, und bei diesen daher zur Entkräftung apotropäische, das heißt abwehrend schützende Maßnahmen getroffen wurden.

Schriftzeugnisse und archäologische Befunde erweisen also, dass es aus verschiedenen Gründen bei den Germanen Menschenopfer gegeben hat. Zwar sind sie bei weitem nicht so oft belegt wie andere Opferungen, da Sachopfer jedweder Art leichter zu erbringen waren und ein Menschenleben wohl doch ein besonders hohes Gut dargestellt hat, das nur mit guten Gründen einer Gottheit als Geschenk dargebracht werden durfte.

Obgleich noch im 11. Jahrhundert in Uppsala und Lejre trotz Zugehörigkeit zum Sprengel von Hamburg-Bremen Menschenopfer stattgefunden haben sollen, hatte dieses größte aller Opfer durch das Selbstopfer von Christus ei-

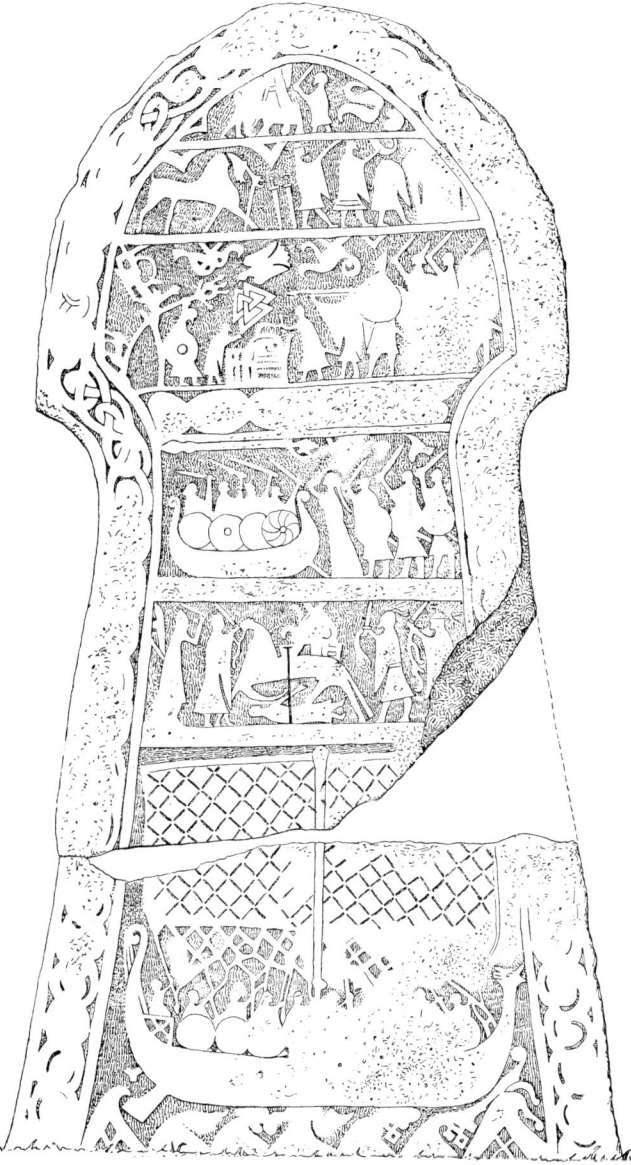
Bildstein aus der Wikingerzeit aus Gotland.
In der dritten Rubrik von oben die „Opferszene"

gentlich auch im Norden seit der Missionierung seinen Inhalt oder Zweck verloren.

Dennoch gibt es sowohl auf dem Kontinent als auch in Skandinavien noch weit später Moorleichen. Diese belegen, dass eben nicht nur Opferungen als Erklärung für die eigentlichen, zum Teil blutig zustande gekommenen Moorleichen dienen können.

Literatur

H. Beck, Germanische Menschenopfer in der literarischen Überlieferung. In: H. Jankuhn (Hrsg.), Vorgeschichtliche Heiligtümer und Opferplätze in Mittel- und Nordeuropa. Göttingen 1970, 240–258

T. Capelle, Bildzeugnisse frühgeschichtlicher Menschenopfer. Offa 37, 1980, 97–100

W. Capelle, Das alte Germanien – Die Nachrichten der griechischen und römischen Schriftsteller. Jena 1937

A. Dieck, Die europäischen Moorleichenfunde. Neumünster 1965

P. V. Glob, Schläfer im Moor. München 1966

H. Hayen, Die Moorleichen im Museum am Damm. Oldenburg 1987

H. Jankuhn, Archaeologische Beobachtungen zu Tier- und Menschenopfern bei den Germanen in der Römischen Kaiserzeit. Nachrichten der Akademie der Wissenschaften in Göttingen. Phil.-hist. Klasse 1967, Nr. 6

M. Rind, Menschenopfer – Vom Kult der Grausamkeit. Regensburg 1996

R. Rolle, Zum Problem der Menschenopfer und kultischen Anthropophagie in der vorrömischen Eisenzeit. Neue Ausgrabungen und Forschungen in Niedersachsen 6, 1970, 46–52

W. van der Sanden, Mumien aus dem Moor – Die vor- und frühgeschichtlichen Moorleichen aus Nordwesteuropa. Amsterdam 1996

K. W. Struve, Die Moorleiche von Dätgen – Ein Diskussionsbeitrag zur Strafopferthese. Offa 24, 1967, 33–76

W. Trillmich und R. Buchner, Quellen des 9. und 11. Jahrhunderts zur Geschichte der Hamburgischen Kirche und des Reiches. Berlin 1961

R. C. Turner und B. G. Scaife (Hrsg.), Bog Bodies – New Discoveries and New Perspectives. London 1995

Bareler Moor, Kr. Oldenburg

Eine merkwürdige Fundgeschichte erfuhr die 1784 im Bareler Moor südöstlich von Oldenburg angetroffene Moorleiche, über die erstmals 1791 berichtet wurde. Sie wurde beim Torfstechen entdeckt, dabei offensichtlich schon zerteilt und die bewahrten Stücke zum Trocknen an die Oberfläche gelegt. Nachuntersuchungen förderten noch weitere Teile zutage. Die bewahrten Reste ließen die Bestimmung einer 'jüngeren Frau' zu.

    Das antiquarische, auch an den Erhaltungsbedingungen in Mooren (Mumien) ausgerichtete Interesse der Zeit führte dazu, dass die einzelnen Teile nicht beisammen blieben, sondern verschiedenen Sammlungen zur Verfügung gestellt wurden. So gelangten Teile nach Kopenhagen, St. Petersburg, Hamburg, Göttingen und Clausthal-Zellerfeld, wo diese inzwischen jedoch leider alle als verschollen gelten. Bewahrt ist nur die etwa 35 cm lange rechte Brusthälfte in Oldenburg.

    Über die Art der Niederlegung und eventuell zugehörige Funde und Befunde ist nichts überliefert.

T. C.

Datierung: Unbekannt; vermutlich vorrömische Eisenzeit (um Christi Geburt)
Verbleib: Staatliches Museum für Naturkunde und Vorgeschichte Oldenburg
Literatur: H. Hayen, Die Moorleichen im Museum vom Damm, Oldenburg 1987; W. van der Sanden, Mumien aus dem Moor, Amsterdam 1996

Abb. nach Hayen, 1987

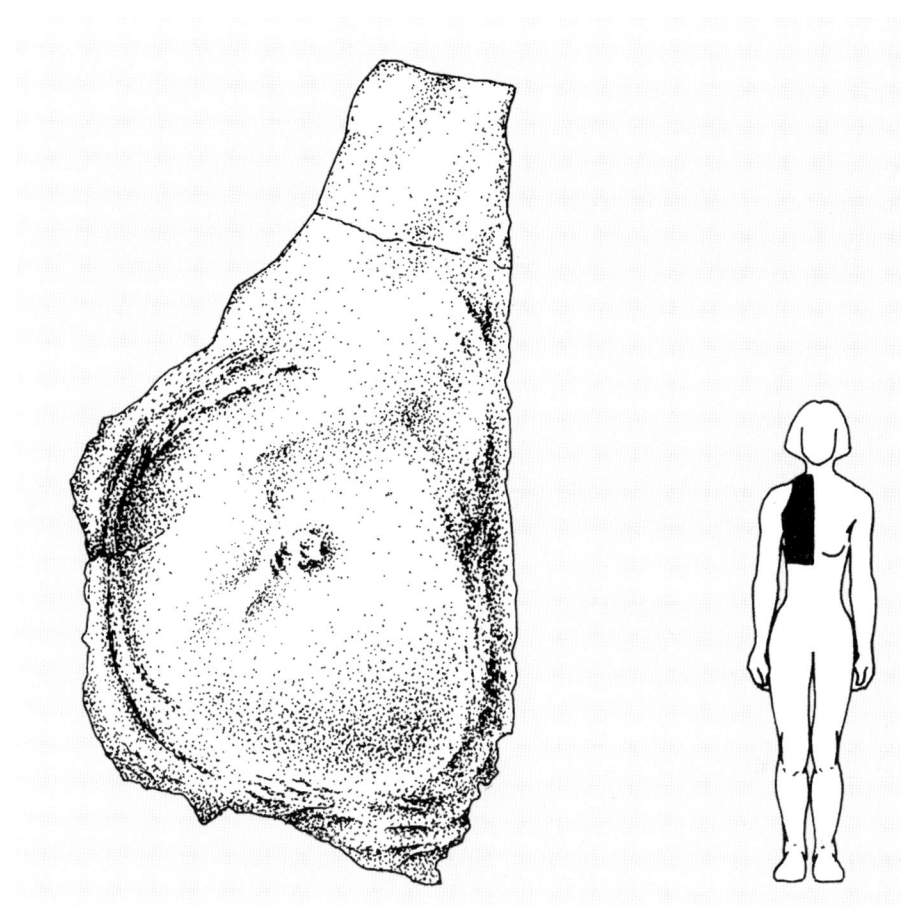

Hunteburg, Kr. Osnabrück

Während Baggerarbeiten im Großen Moor bei Hunteburg wurden 1949 zwei der eindrucksvollsten Moorleichen Niedersachsens angetroffen. Besonders bemerkenswert ist, dass beide Personen zusammen niedergelegt waren, da sonst in der Regel nur einzelne Moorleichen aufgefunden werden. Es handelt sich in diesem Fall um zwei Männer im Alter von etwa 15 bis 30 Jahren. Sie lagen beide linksseitig dicht nebeneinander – jeder für sich in eine große Decke eingehüllt. Nur sehr selten sind Tote im Moor so sorgfältig und geradezu fürsorglich behandelt worden. Mitgefundene Heideblüten verweisen auf eine Niederlegung im Spätsommer oder zu Herbstbeginn und verstärken den Eindruck, es habe sich um ein kultisches Opfer gehandelt. Die beiden Männer waren auf der Mooroberfläche niedergelegt, also nicht eingegraben.

Wegen der Störungen durch den Bagger in der Kopf- und Halspartie ließ sich die Todesursache der beiden Männer nicht mehr feststellen. Doch wird wie bei den meisten anderen bekannten Moorleichen kaum an einen natürlichen Tod gedacht werden dürfen, da sie dann auf einem der zeitgleichen Gräberfelder bestattet worden wären.

Die Größe der Männer (1,85 bis 1,90 m), die gepflegten Finger- und Fußnägel sowie die gestutzten Bärte deuten darauf hin, dass beide aus einem gehobenen gesellschaftlichen Milieu stammen. Dafür sprechen auch die kostbaren Wolldecken, die jeweils für sich gewebt, mit Kanten in fester Brettchenwebertechnik versehen und mit zierenden Fransen ausgestattet waren.

T. C.

Datierung: Vorrömische Eisenzeit (4./3. Jh. v. Chr.)
Verbleib: (Leihgabe im Kulturgeschichtlichen Museum Osnabrück)
Literatur: W. D. Asmus, S. Schneider und G. Asmus, Auffindung und Bergung der Moorleichen im Großen Moor bei Hunteburg, Kr. Wittlage. Die Kunde NF 6, 1955, 37 ff.; W. van der Sanden, Mumien aus dem Moor, Amsterdam 1996

Links: Torfblock nach der Öffnung 1949
Rechts: Beide Moorleichen ausgewickelt
(Fotos: Niedersächsisches Landesmuseum, Urgeschichtsabteilung, Hannover)

Präparat der Moorleichen von Hunteburg, Kr. Osnabrück

Um den Befund dauerhaft zu sichern, haben die Restauratoren am Landesmuseum Hannover (Reuter und Kuntsch) ein Gipsmodell erstellt, das die Fundsituation originalgetreu wiedergibt. Die Mäntel sind aufgedeckt und geben den Blick frei auf die Leichen. Die Körperumrisse sind durch die teilweise aufgeplatzte Haut erkennbar. Die Knochen waren nur teilweise erhalten. Auf diese Weise ist der Befund trefflich erhalten und dokumentiert worden, in dieser Form einmalig.

R. B.

Verbleib: Niedersächsisches Landesmuseum Hannover, Urgeschichtsabteilung (Leihgabe im Kulturgeschichtlichen Museum Osnabrück)
Modell 1949
Lit.: Wie vorstehend

Foto: Niedersächsisches Landesmuseum, Urgeschichtsabteilung, Hannover

8. Idole

Von Torsten Capelle

Heidnische Opferplätze und Heiligtümer anderer Art aus ur- und frühgeschichtlicher Zeit sind – wenn nicht durch markante Geländeformationen erkennbar – heute nur noch durch Bodenaufschlüsse festzustellen. Zur Zeit ihrer Nutzung müssen sie aber zum Teil mit geradezu zentralörtlicher Funktion weithin als Bezugspunkte für kultisch-religiöse Handlungen sichtbar gewesen sein. Als Aufgehendes werden Bauten und andere Einrichtungen dazu gehört haben können. Welcher Art diese gewesen sind, wissen wir leider nicht.

In der schriftlichen Überlieferung wird in der Frühzeit (etwa bei Tacitus gegen Ende des 1. Jahrhunderts) in der Regel nur von natürlich hervorgehobenen Plätzen wie heiligen Hainen und Seen gesprochen, und erst in der Spätzeit um die Jahrtausendwende werden regelrechte Tempel (z. B. von Adam von Bremen für Uppsala) erwähnt. Durchweg handelt es sich aber bei solchen Nennungen um Berichte von Außenstehenden, die solche Plätze selbst nicht gesehen haben. Erst mit der nachwikingischen Sagaliteratur Islands stehen einige wenige einheimische Zeugnisse dafür zur Verfügung, die räumlich und zeitlich jedoch nicht mehr in das hier behandelte Thema einbezogen werden, zumal sie keine Gültigkeit für die gesamte germanische Welt haben.

Was auch immer sichtbar zu Kultplätzen gehört haben mag – es ist zerfallen, vernichtet oder im Erdboden verborgen. Vor allem wird das auf die vielerorts mit Gewalt betriebene christliche Mission zurückzuführen sein, da die systematische Zerstörung heidnischer Anlagen doch stets wieder geradezu ein missionarisches Erfolgserlebnis gewesen sein muss.

Lange ist daran gezweifelt worden, ob zur religiösen Welt der Germanen auch Bildnisse gehört haben. Als Gewährsmann für deren Fehlen wurde immer wieder Tacitus herangezogen, der im Kapitel 9 seiner Germania sagt: „Übrigens glauben sie, dass es der Hoheit der Himmlischen nicht entspreche, die Götter in Tempelwände einzuschließen oder sie irgendeiner menschlichen Gestalt nachzubilden, Haine und Waldwiesen weihen sie ihnen und nennen mit den Namen von Göttern jenes Abgeschiedene, das sie nur in ehrfurchtsvoller Ahnung schauen." Doch scheint Tacitus mit dieser Aussage ausnahmsweise einmal nicht ganz richtig informiert gewesen zu sein. Denn inzwischen gibt es eine ganze Reihe mehr oder weniger menschengestaltiger Holzfiguren (nicht dagegen solche aus Stein), die mehrfach auch in gesicherter Verbindung mit Kultplätzen angetroffen worden sind.

Diese Figuren werden am besten neutral als Idole im Sinne eines religiös bestimmten Bildwerkes oder eines Kultbildes bezeichnet. Andere zuweilen auftretende Benennungen wie Götterbild – in polytheistischen Religionen durchaus vorkommend – oder Götze – seit Martin Luther ein falscher Gott oder Abgott – wirken zunächst zu eingeengt. Doch können besondere Merkmale an einzelnen Figuren sowie auffallende Fundsituationen dazu beitragen, den eventuellen Kult um den bildlichen Stellvertreter eines höheren Wesens genauer zu erhellen.

Für in Frage kommende Idole ist die Quellenlage in ganz besonderem Maße von den jeweiligen lokalen Erhaltungsbedingungen abhängig, da die Fundstücke während ihrer Funktionszeit als freistehende Monumente in der Regel über lange Zeit der Witterung ausgesetzt waren und nur in den seltensten Fällen fürsorglich geschützt deponiert worden sein werden. Feuchtgebiete – vor allem Moore – sind daher diejenigen Areale, aus denen die überwiegende Menge der Exemplare stammt. Manche mögen ursprünglich mit mehr oder besser erkennbaren Details ausgestattet gewesen sein, als es die nunmehr noch zur Verfügung stehende Überlieferung manchmal unscheinbar wirkender Holzstücke erahnen lässt. Dabei ist vor allem an eine mögliche heute vergangene zusätzliche Bemalung zu denken, wobei die Farbe nicht nur zur Akzentuierung von bereits herausgeschnitzten Einzelheiten gedient haben muss, sondern auch als eigenständiges Ausdrucksmittel – etwa zur Angabe von Kleidungsstücken oder Attributen – Verwendung gefunden haben kann.

Erste Anzeichen für aufgestellte Holzfiguren gibt es bereits aus der Steinzeit. Doch erst seit der ausgehenden Bronzezeit werden aussagefähigere Beispiele vor allem in Nord- und Nordwesteuropa greifbar. Einige besonders eindrucksvolle von diesen seien im Folgenden in einer knappen Auswahl vorgestellt.

Aus dem Aukamper Moor bei Braak in Schleswig-Holstein stammt ein Figurenpaar der jüngsten Bronzezeit, jedoch leider ohne Fundzusammenhang. Die beiden jeweils nahezu 3 m hohen Eichenholzfiguren, die aus umgedrehten Astgabelungen gearbeitet wurden, repräsentieren mit deutlich angegebenen Geschlechtsteilen eine Frau und einen Mann. In beiden Fällen bildet der eigentliche Stamm den schmalen rundlichen Rumpf mit konisch eingezogenem Hals. Beiderseitige Zapflöcher in den Schulterbereichen zeigen, dass ursprünglich auch eingesteckte Arme dazugehört haben müssen. Für das weibliche Bild mit kleinen, aber betont hervorgeschnitzten Brüsten wurde ein Rohstück gewählt, dessen als Beine abzweigende Äste eine geschwungenere und etwas breitere Hüftpartie ergaben. Der ovale Kopf mit markant geschnitzten Gesichtszügen wird von einer flachen Knotenfrisur bekrönt. Der frisurlose Kopf des Mannes ist etwas rundlicher; sein Gesicht wird durch eine breitere Nase und verbundene Augenbrauen betont. Bei beiden Figuren wurden die vorgefundenen natürlich gewachsenen Formen der Rohstücke in die Gestaltung der Bilder einbezogen, doch sind die zusätzlich geschnitzten Veränderungen so umfangreich, dass hier bereits echte Holzskulpturen, das heißt geschnitzte Bildwerke, entstanden sind. Sie bildeten ohne Zweifel ein überdimensionales zusammengehöriges Paar, das an Ahnen- oder Götterpaare denken lässt, und sie werden schon aufgrund ihrer Größe weithin sichtbar aufgestellt gewesen sein.

Um ein Figurenpaar handelt es sich auch bei zwei aus Bohlen gefertigten Gestalten – ein 105 cm hoher Mann und eine 95 cm hohe Frau –, die im Wittemoor im nordwestlichen Niedersachsen gefunden wurden. Sie waren nach Erfüllung ihrer Funktion sorgfältig niedergelegt worden, um einer entweihenden Zweckentfremdung vorzubeugen. Beide sind gesichtslos (vielleicht waren sie ursprünglich mit Farben ausgeschmückt) und nur durch wenige Schnitte zu menschenförmigen Stelen geformt. Ehemals standen sie beiderseits des Anfanges eines Bohlenweges der vorrömischen Eisenzeit, der durch eine sicher gefährliche Furt führte. Ähnlich späteren Brückenheiligen werden sie dort zum Schutz des schwierigen Weges und zu-

gunsten einer sicheren Überquerung aufgestellt gewesen sein.

Seit 1880 ist bereits eine beim Torfstechen nahe dem Rand des Broddenbjerg Moores in Jütland gefundene, noch aufrecht stehende männliche Eichenholzfigur aus einer natürlich gewachsenen dreifachen Astgabel als Ausgangsmaterial bekannt. Sie stand neben einem künstlich angelegten Steinhaufen, und ihr zugeordnet waren mehrere Tongefäße der vorrömischen Eisenzeit. Die Figur hat eine Höhe von 88 cm. Ein nahezu rechtwinklig abzweigender starker Ast ist als 28 cm langer Phallus belassen worden. Zwei weitere von einer kräftigen Hüftverbreiterung ausgehende Äste bilden die leicht gekrümmten Beine. Andere Zweige sind sorgsam entfernt worden, das heißt Arme waren hier nie vorgesehen. Das geradezu grimmig wirkende Gesicht

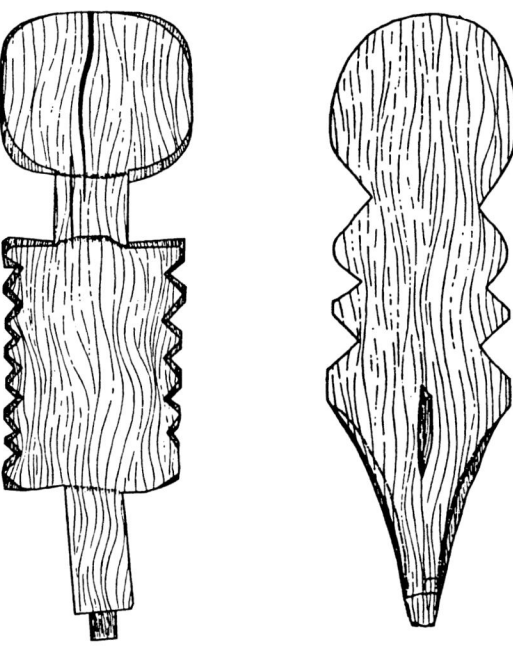

Kultfiguren aus dem Wittemoor

198

wird durch einen spitzen Bart betont. Hier ist ganz offensichtlich nicht nur ein gesichtsähnliches Bild angestrebt worden, sondern ein ganz bestimmtes Bild aus der Vorstellung des Schnitzers entstanden. Ihm genügte die Hervorhebung des für ihn Wesentlichen, das heißt von Phallus und Gesicht, um dieses männliche Bild der Fruchtbarkeit – dem offensichtlich Speisegaben in Gefäßen dargebracht wurden – zu kennzeichnen.

Sehr aufschlussreiche Befunde gibt es dann noch aus der römischen Kaiserzeit. Der wohl reichste Figurenfundplatz ist der Opferkomplex von Oberdorla bei Mühlhausen in Thüringen, der als ein zentralörtliches Heiligtum gedient haben muss (vergleiche zu solchen Orten Beitrag 6. über Mooropferplätze). Hier sind nicht nur mehrere Beispiele anthropomorph gestalteter Hölzer freigelegt worden, sondern vor allem im äußeren Erscheinungsbild sehr stark von-

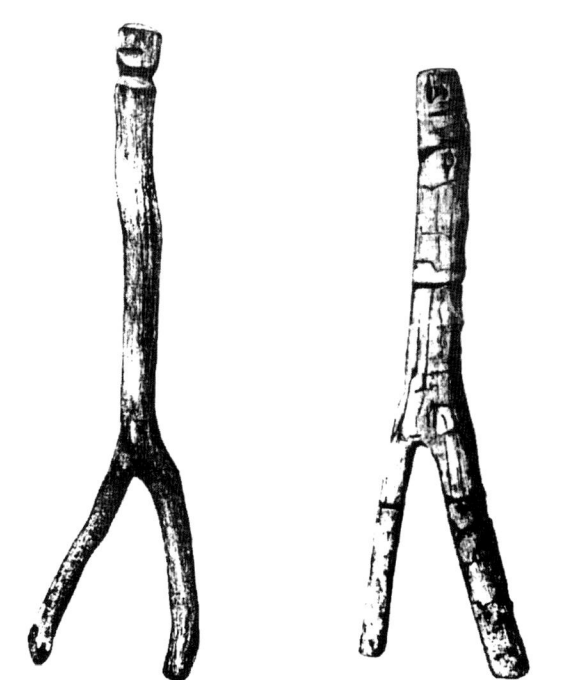

Figuren aus Oberdorla

einander abweichende Exemplare, bei denen zum Teil die Natur die grobe Form vorgegeben hat, zum Teil aber auch eine vollständige Bearbeitung des Rohmaterials vorgenommen worden ist. Die größten Figuren sind hier zwei aus Astgabeln gefertigte Exemplare (112 cm und 138 cm) mit nur schwach herausgearbeiteten Kopfpartien. Vollständig rekonstruierbar war eine 30 cm hohe weibliche Figur aus einem Kantholz mit birnenförmig modelliertem Kopf sowie Brüsten und Armen im Flachrelief. Eine weitere zerschlagene Figur stand ursprünglich in einem kleinen abgesonderten Opferbereich, zu dem außer Tongefäßen und aufgeschlagenen Haustierknochen (um an das Mark zu gelangen) auch die verstreuten Skelettteile eines etwa 15jährigen Mädchens gehörten (vergleiche Beitrag 7. über Moorleichen). In Oberdorla müssen also an verschiedenen Stellen Holzfiguren als Bezugspunkte für Opfergaben aufgestellt gewesen sein.

Auch aus Nordeuropa gibt es mehrere kaiserzeitliche, jedoch nicht in Gruppen aufgestellte Figuren, von denen einige ohne Zweifel mit Opferungen in Zusammenhang gestanden haben. Das gilt für kleine Plätze wie Spangenholm und Rebild im Norden Jütlands ebenso wie für die großen Waffenopferkomplexe von Ejsbøl und Nydam im Süden Jütlands. Auch bei diesen handelt es sich eher um Holzstelen als um Plastiken.

Vollständig anderer Art ist schließlich noch die eindrucksvollste Holzfigur, die allerdings schon aus der Völkerwanderungszeit stammt. Sie wurde gut 75 m vom festen Ufer entfernt etwa 50 cm unter der Oberfläche im schützenden Torf des Moores von Rude Eskildstrup auf der dänischen Insel Seeland noch aufrecht stehend angetroffen. Ein Zapfen an der Unterseite zeigt an, dass sie beim ‚Einsatz‘ auf einem Träger befestigt gewesen sein muss. Diese 42 cm hohe vollplastische männliche Figur ist in der ungewöhnlichen sitzenden Haltung dargestellt. Der überproportional große, leicht trapezoide Kopf wird vor allem durch das weit vorgeschobene breite Kinn geprägt. Die Frisur reicht über die Ohren hinab. Das Gesicht wird durch starke Nase, schmale Augenschlitze, gewölbte Backen und Schnauzbart bestimmt. Die auf dem Schoß zusammengeführten Hände halten einen leider unbestimmbaren kissenförmigen Gegenstand. Besonders auffallend ist ein drei-

Holzfigur von Rude Eskildstrup.
H. 43 cm (nach Capelle)

rippiger konischer Halskragen (große goldene Vergleichs-
stücke dazu gibt es als drei südschwedische Depotfunde,
vergleiche dazu Beitrag 6 b. über Ringsymbole und Ringopfer), der wohl als kennzeichnendes Attribut verstanden
werden darf.

Der Mann von Rude Eskildstrup ist in seiner detaillierten
Gestaltung eine konsequente Weiterführung der früheren
Menschenfiguren, zu dem allenfalls der oben genannte

Mann von Broddenbjerg aufgrund der Gesichtsformung
schon einen teilweisen Vergleich erlaubt. Im Gegensatz zu
den älteren Figuren weist diejenige von Rude Eskildstrup
mehrere wesentliche Unterschiede auf: Sie ist sitzend dargestellt, sie ist offensichtlich bekleidet, und sie ist mit zumindest einem Attribut ausgestattet. Ihre Besonderheiten haben dazu geführt, sie als ‚thronende‘ Gottheit zu bezeichnen.

Jüngere Beispiele heidnischer germanischer Idole sind,
obgleich mehrfach bis in das hohe Mittelalter hinein in zeit-
genössischer Literatur erwähnt, nicht mehr im Original erhalten. Sie werden den verschiedenen christlichen
Missionswellen zum Opfer gefallen sein.

Manche der genannten (und auch andere) Figuren werden über lange Zeit hin sichtbar aufgestellt gewesen sein.
Dafür spricht in einigen Fällen die chronologische Streuung
der zugehörigen Fundkomplexe. Die vielfach stark stilisier-
ten und schematisierten Bilder sind oft ausgezeichnet durch
die Einbeziehung vorgegebener Naturformen sowie durch
eine lediglich rohe Bearbeitung, wobei eine größere Sorgfalt zuweilen nur dem Gesicht zuteil wurde, dem Rumpf
oder den Beinen dagegen kaum. Es sind sowohl männliche
als auch weibliche Figuren vertreten mit zum Teil geradezu
‚sakralerotischem‘ Charakter.

Vielfach sind die menschengestaltigen Holzfiguren pau-
schal als Götterbilder angesprochen worden oder gar als
Götter selbst. Vor allem diejenigen in Mooren ließen sich
angeblich zwanglos als Fruchtbarkeitsgötter auffassen.
Doch wird das kaum gerechtfertigt sein, zumal der Versuch,
in der Antike namentlich überlieferte Götter mit erhaltenen hölzernen Bildnissen zu konfrontieren und damit letztere zu identifizieren, bisher in keinem einzigen Fall gelungen ist. Vielmehr werden sie eher Stellvertreter als
Abbilder höherer Wesen dargestellt haben, denen Gaben
dargebracht wurden. Sie waren in wesentlichen Zügen von
der Natur vorgegebene Kultbilder, die anonym bleiben.
Das trifft auch für den so ausdrucksvollen Mann von Rude
Eskildstrup zu, bei dem sonst am ehesten an eine bestimmte
Personifizierung gedacht werden könnte. Fest steht lediglich, dass diese Figuren alle eine wichtige Rolle an Opfer-
plätzen und vielleicht auch an anderen Heiligtümern eingenommen haben, wo sie im Dienst von Kult und Religion
gestanden haben.

Literatur

G. Behm-Blancke, Gesellschaft und Kunst der Germanen – Die Thüringer und ihre Welt. Dresden 1973

J. Brøndsted, Nordische Vorzeit III: Eisenzeit in Dänemark. Neumünster 1963

T. Capelle, Anthropomorphe Holzidole in Mittel-und Nordeuropa. Lund 1995

W. Capelle, Das alte Germanien – Die Nachrichten der griechischen und römischen Schriftsteller. Jena 1937

B. Coles, Antropomorphic Wooden Figures from Britain and Ireland. Proceedings of the Prehistoric Society 56, 1990, 315–333

H. R. E. Davidson, Scandinavian Mythology. London 1969

P. V. Glob, Schläfer im Moor. München 1966

M. Mackeprang, Menschendarstellungen aus der Eisenzeit Dänemarks. Acta Archaeologica 6, 1935, 228–249

Aukamper Moor bei Braak, Kr. Ostholstein

Vom Aukamper Moor stammen zwei nahezu 3 m große menschengestaltige Figuren aus Eichenholz. Beide wurden jeweils aus einer umgedrehten Astgabel gestaltet, d. h. die natürlich vorgegebene Form bestimmte im Wesentlichen ihr Aussehen. Zapflöcher in den Schulterbereichen zeigen, dass ursprünglich auch eingesteckte Arme dazugehört haben müssen.

Für das weibliche Bild mit kleinen Brüsten wurde ein Rohstück gewählt, dessen als Beine abgezweigte Äste eine geschwungene und etwas breitere Hüftpartie ergaben. Der Kopf der Frau ist annähernd oval. Das flächige Gesicht wird geprägt durch einen tief eingekerbten spitzovalen Mund, eine flache breite Nase und kreisrunde Augenlöcher, die durch eine seichte Kerbe als gemeinsame Augenbraue verbunden sind. Das Haar ist als flacher Knoten oben auf dem Kopf angegeben.

Der Kopf des Mannes ist rundlicher, und eine Frisur ist hier nicht erkennbar. Auch er hat einen tiefen spitzovalen Mund und runde Augenlöcher, doch werden letztere hier durch eine stärkere und damit markantere gekrümmte Augenbraue verbunden, und die flache Nase ist trapezoid nach unten verjüngt.

Beide Figuren bilden ohne Zweifel ein überdimensionales zusammengehöriges Paar, das an ein Ahnen- oder Götterpaar denken lässt. Doch ist leider nichts über die ehemalige Aufstellungsweise bekannt.

T. C.

Datierung: Frühe vorrömische Eisenzeit (um 400 v. Chr.)
Verbleib: Schleswig-Holsteinisches Landesmuseum Schleswig
Literatur: H. Schwabedissen, Die Bedeutung der Moorarchäologie für die Urgeschichtsforschung, Offa 8, 1949, 46 ff.; T. Capelle, Anthropomorphe Holzidole in Mittel- und Nordeuropa. Lund 1995

Foto: K. Elle

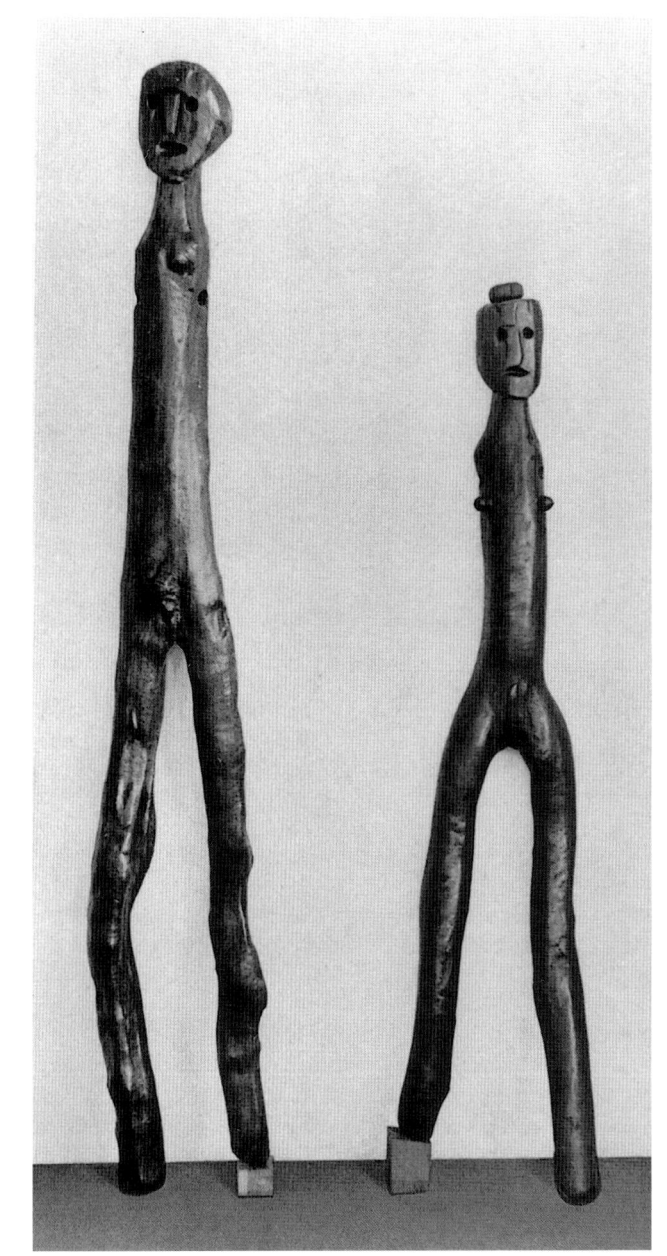

Wittemoor, Ldkr. Wesermarsch

Beiderseits eines eisenzeitlichen Bohlenweges im Wittemoor wurden insgesamt fünf mehr oder weniger menschengestaltige Holzidole gefunden, von denen drei (an der Ostseite) lediglich stelenartig sind, während die beiden ehemals am Beginn des Weges (an der West- und Ostseite) stehenden Figuren deutlich als Mann und Frau zu erkennen sind. Diese, mit Höhen von 105 bzw. 90 cm, sind aus 3 bis 7 cm starken Eichenbohlen gefertigt. Da Gesichter nicht angegeben sind, wird vielleicht an eine ursprüngliche zusätzliche Bemalung zu denken sein. Dieses Figurenpaar hat den Zugang zur Moorüberquerung markiert. Alle fünf, vorwiegend durch den scheibenförmigen Kopf bestimmten brettartigen Figuren vom Wittemoor, die gewiss – im äußeren Erscheinungsbild ähnlich wie spätere Brückenheilige – zum Schutz des schwierigen und gefahrvollen Weges und zugunsten einer sicheren Überquerung wirksam sein sollten, sind absichtlich mit der Auflassung des Weges aus ihren Verankerungen gelöst und niedergelegt worden. Als die gesamte Anlage ihre Funktion verlor (vermutlich weil das Moor zu stark gewachsen war), war demnach auch deren sichernde Aufgabe erfüllt, und sie sollten nicht mehr für eine profane Zweckentfremdung zur Verfügung stehen.

T. C.

Datierung: Mittlere vorrömische Eisenzeit (300 – 200 v. Chr.)
Verbleib: Staatliches Museum für Naturkunde und Vorgeschichte Oldenburg
Lit.: H. Hayen, Hölzerne Kultfiguren am Bohlenweg XLII (lp) im Wittemoor (Gemeinde Bern, Landkreis Wesermarsch), Die Kunde NF 22, 1971, 88 ff.; T. Capelle, Anthropomorphe Holzidole in Mittel- und Nordeuropa, Lund 1995

Abb. nach Hayen, 1971

Maiden Castle (Foto: R. Busch, 1985)

Maiden Castle – Querschnitt durch die Grube mit Grab
aus dem 2. Jh. v. Chr. (nach Mortimer Wheeler)

1 m

9. Bauopfer

Von Torsten Capelle

Im ersten Buch der Könige (XVI, 34) steht: „Zur selben Zeit baute Hiel von Bethel Jericho wieder auf. Es kostete ihn seinen erstgeborenen Sohn Abiram, als er den Grund legte, und seinen jüngsten Sohn Segub, als er die Tore einsetzte, nach dem Wort des Herrn, das er geredet hatte durch Josua, den Sohn Nuns." Und in der Novelle ‚Der Schimmelreiter' von Theodor Storm heißt es gegen den Willen von Hauke Hayen zum Bau des besonders gefährdeten Deiches: „soll Euer Deich sich halten, so muß was Lebiges hinein!" und etwas später in Ergänzung dazu: „Ein Kind ist besser noch; wenn das nicht da ist, tut's auch wohl ein Hund!"

In beiden Fällen wird von Menschenleben als Bauopfern gesprochen. Das Wertvollste war demnach gerade gut genug, um zukünftige Sicherheit zu gewährleisten und Unheil abzuwehren. Schon in der literarischen Überlieferung ist die Spannweite solcher Maßnahmen, die auch in der volkskundlichen Forschung geläufig sind, sehr groß. In der Archäologie reicht sie beiderseits sogar noch darüber hinaus. Allerdings sind nicht alle entsprechenden Befunde aus dem nordwesteuropäischen Raum gleichermaßen spektakulär.

So fand sich in der jungsteinzeitlichen Siedlung Troldebjerg auf der dänischen Insel Langeland in einem der Hausfußböden eine flache Grube, in der ein geschliffenes Flintbeil mit der Schneide nach oben steckte; daneben stand ein kleines Tongefäß. Als äußerlich vergleichbares chronologisches Extrem dazu kann ein Befund von Wentorf bei Lauenburg gelten, der trotz seiner späten Datierung in seinem Erscheinungsbild durchaus archäologisch ist: Hier wurde beim Abbruch einer um 1800 gebauten Rauchkate unter dem aus Feldsteinen gefügten Herd eine jungsteinzeitliche Axt gefunden, die sicher dort mit gezielter Absicht deponiert worden war. Solche als Donnerkeile bezeichneten Funde der Neuzeit sind verschiedenenorts belegt; sie wurden in der Regel als effektiver Schutz gegen einen Blitzeinschlag angesehen.

Die überwiegende Menge der Befunde, die als Bauopfer bezeichnet werden können, stammt jedoch aus einem Zeitraum, dessen Beginn mit der frühen Eisenzeit ange-

setzt werden kann. Von da ab sind sie bis in christliche Zeit hinein anzutreffen, doch fehlt eine zur Unterstützung der Interpretation heranziehbare schriftliche Parallelüberlieferung, so dass man ausschließlich auf archäologische Befunde angewiesen ist.

Generell wird zu unterscheiden sein zwischen dem Hausopfer als Resultat einer häuslichen Opfergemeinschaft innerhalb eines bestehenden Baues, welches das leibliche Wohlergehen der Bewohner fördern sollte, und dem Bauopfer, das während der Errichtung eines Bauwerkes erfolgte. Das Bauopfer hat dabei entweder den Zweck gehabt, das zugehörige Bauwerk selbst in seiner Substanz zu schützen oder aber dessen Bewohner vor äußerem beziehungsweise materiellem Schaden zu bewahren. Durchweg handelt es sich dabei um einmalige Niederlegungen, die stets das Erscheinungsbild eines – allerdings nicht vorübergehenden – Versteckes haben. Welche Deutung – ob Hausopfer oder Bauopfer – jeweils in Frage kommt, kann nur aus der Lage innerhalb des Hauses erschlossen werden. Besonders exponierte Stellen sind dabei der Platz unter dem Herd, unter der Schwelle der Eingangstür sowie an oder unter einer Wand. Diese Stellen werden später während der Nutzungszeit des Hauses normalerweise nicht mehr sichtbar und zugänglich gewesen sein. Bauopfer sind aber nicht nur auf Häuser allein beschränkt. Sie können ebensogut in Verbindung mit Wällen (vgl. Mauern von Jericho und Deichbau) und anderen schützenswerten Bauwerken auftreten, doch sind solche Fälle in der Minderzahl. Nur zwei Beispiele seien dafür genannt.

In der gewaltigen Festungsanlage von Maiden Castle im südlichen England wurde an der Nahtstelle zwischen dem ältesten Wall und dem ersten Ausbauwall das Grab eines 22 bis 30 Jahre alten Mannes aus dem 2. Jahrhundert v. Chr. angetroffen. Die Beisetzung muss unmittelbar vor der Aufschüttung des Ausbauwalles erfolgt sein, da die Grabgrube in den Fuß des ältesten Walles eingetieft wurde. Ohne Zweifel handelt es sich dabei um ein ‚foundationburial', also um ein Grab, das aus Anlass der Begründung des neuen Wallabschnittes an einem besonders gefährdeten Punkt zu dessen Sicherung angelegt wurde.

Wesentlich jünger, aber dennoch vergleichbar ist der Befund unter dem karolingischen Wall auf dem Domhof zu

Münster in Westfalen, der für den neuen christlichen Vorort mit Bischofsitz errichtet wurde. In gesichertem Bezug zu dem darüber aufgeschütteten Wall wurde hier die gemeinsame Beisetzung eines Pferdes und eines Hundes in Ost-West-Richtung ergraben, die „als alte Opfergaben dem neuen siegreichen Gott dargebracht worden sind, um Segen und Heil für den Bestand des zum Schutz der neuen civitas errichteten großen Befestigungswalles und damit für die neue Stadt selbst zu erwirken" (W. Winkelmann). Beide Opfertiere fügen sich gut in die sächsische Tradition ein, wie sie mehrfach auf Gräberfeldern belegt ist (siehe Beitrag 10. zu Tiergrab und Pferdeopfer und Beitrag 12. zu kultischen Handlungen bei den Sachsen).

Eindeutig in ihrer Bestimmung sind auch die vielen Bauopfer, die in oder an Häusern beobachtet worden sind. Sie stammen vorwiegend aus der ausgehenden vorrömischen Eisenzeit und insbesondere aus der römischen Kaiserzeit, doch sind bemerkenswerte Beispiele auch noch weit später aufzuzeigen. Durchweg sind sie leichter zu beobachten als bei Wallanlagen, da Häuser im Gegensatz dazu in der Regel vollständig ausgegraben werden. Daher sei von diesen eine etwas größere Auswahl vorgestellt.

Unmittelbar mit der Errichtung von Gebäuden hängen solche Befunde zusammen, bei denen Lebewesen oder andere Gaben in, an oder unter Wänden niedergelegt wurden. So wurden bei dem ältesten Haus aus der jüngeren vorrömischen Eisenzeit in Ezinge in den Niederlanden zwischen der Flechtwand und den äußeren Dachstützen die Skelettteile von einem Pferd, einem Rind und einem Hund angetroffen, die wohl von einer Sodenwand oder -packung als zusätzliches wandbildendes Element und als Schutz gegen Geruchsbelästigung überdeckt gewesen sind. Auf der kaiserzeitlichen Wurt Feddersen Wierde nördlich von Bremerhaven war in der Phase 1 b direkt an der Längswand des Hauses 2 ein noch nicht ein Jahr altes Kind beigesetzt worden, und in Horizont 4 war am Haus 20 in der gleichen Lage nahe dem Seiteneingang eine erwachsene Person (vermutlich ein Mann) bestattet worden. Bei letzterem deuteten die an den Oberkörper gedrückten Beine auf Gewalteinwirkung hin. Da Gräber von Menschen üblicherweise sonst nicht in den Wohnhäusern selbst oder in unmittelbarer Hausnähe zu liegen pflegen, kann in beiden Fällen durchaus

an ein Opfer in Verbindung mit dem jeweiligen Hausbau gedacht werden. Dafür sprechen weiterhin die unnatürliche Lage des einen Skelettes sowie die Tatsache, dass es sich bei dem anderen Skelett um ein kleines Kind handelt: Gerade Kinder sind auch sonst als bevorzugte Bauopfer mehrfach mit Sicherheit nachzuweisen.

Sogar in den beiden ältesten noch aus Pfostenbauten bestehenden karolingerzeitlichen Phasen der Kirche von Tostedt nahe Harburg ist jeweils in der Flucht unter der Nordwand in gleicher Lage ein Kind begraben worden. Da der Ort zu dieser Zeit noch nicht als Friedhof diente, kann es sich dabei nicht um Spuren eines üblichen Begräbnisplatzes handeln. Vielmehr werden die beiden Kinder als heidnische Bauopfer zu verstehen sein, die hier wohl ohne Wissen der christlichen Priester eingebracht worden sind.

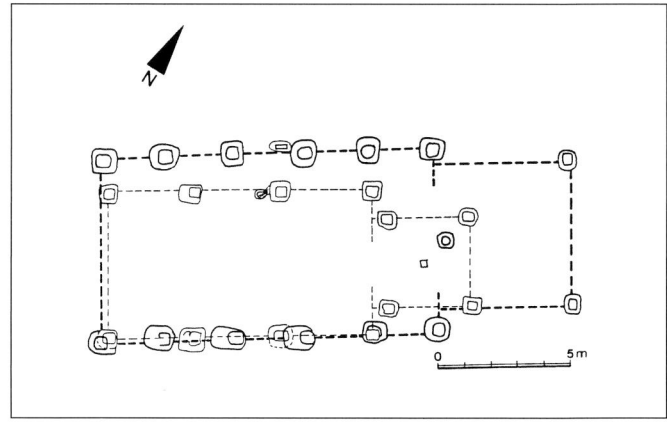

Grundriss der Kirche von Tostedt (nach Drescher)

Neben solchen Beispielen, die vermutlich unmittelbar zum langfristigen Erhalt des betroffenen Bauwerkes beitragen sollten, gibt es auch andere bevorzugte Plätze für die Anlage von Opfern in Verbindung mit Bauten. Eine besonders exponierte Stellung haben dabei diejenigen, die in den Eingangsbereichen von Häusern entdeckt werden und die dort wahrscheinlich gewöhnlich einen Schutz des Zuganges bewirken sollten. Solche sind vor allem aus der römischen Kaiserzeit belegt.

So wurde in Kablow und in Frankfurt-Kliestow, beide in Brandenburg, jeweils direkt unter der Schwelle eines Hauses ein Hund beobachtet. Dasselbe traf auch zweimal zu auf der bereits genannten Wurt Feddersen Wierde nördlich von Bremerhaven. In allen vier Fällen lagen die Hundegräber in Längsrichtung unter den Schwellen, und sie waren damit auf diese bezogen. Sie müssen also vor der endgültigen Fertigstellung der Bauten beziehungsweise der Eingänge angelegt worden sein. Da es sich bei den Tieren stets um vollständige Hundeskelette handelte, wird ihnen an dieser Stelle wohl eine Wächterfunktion zugedacht gewesen sein. Das trifft wohl auch zu für einen Befund in Ginderup im nördlichen Jütland, wo dem gleich links neben dem Eingang niedergelegten Hund sogar ein Speisegefäß zugeordnet war, damit er sich für seine Aufgabe stärken konnte.

Ebenso spektakulär wie die Befunde in den Eingängen sind diejenigen, die unter dem Herd als dem Zentrum des Hauses angetroffen werden. So stand in einem Haus in Østerbølle in Nordjütland ein Gefäß mit Getreide unter dem Herd, und nicht weit entfernt in Nørre Fjand waren unter der Lehmverkleidung in der Steinpackung des Herdes zwei kleine Tongefäße (ursprünglich wohl mit Speiseinhalt) eingebunden.

Verschiedenartig sind dagegen die Opfer unter Herden in den großen Bauten auf der Feddersen Wierde. In einem Fall stand auch hier (Horizont 2, Haus 12) ein Gefäß – allerdings mit nicht mehr analysierbarem Inhalt – in einem sorgfältig angelegten Hohlraum unter dem Herd. Unter einer anderen Herdpflasterung aus Stein, Lehm und Tonscherben (Horizont 2, Haus 10) war in einer runden Grube ein Kleinkind in sitzender Stellung beigesetzt worden. Und unter dem Herd der sogenannten Versammlungshalle (Horizont 5) fand sich ein vollständiges Schweineskelett, das gezielt unter dem Ort der späteren Speisezubereitung eingegraben worden war.

Seit langem bekannt ist weiterhin das Bauopfer unter dem mitten im Raum angelegten Herd eines merowingerzeitlichen Hauses auf der Wurt Hessens bei Wilhelmshaven. Hier fand sich das Skelett eines in Stoff eingewickelten Kleinkindes im Alter von etwa sechs Monaten. Im Rahmen des Opfervorganges war das Kind in liegender Stellung mit einer Wollschnur erdrosselt und zusätzlich auch noch er-

dolcht worden. Dieser Befund ist damit einer der wenigen Fälle, bei dem tatsächlich einmal nähere Aufschlüsse über die mit der Opferung verbundenen Praktiken vorliegen. Er zeigt zugleich durch die gezielt vollzogene doppelte Tötung, dass die Vorstellung einer fürsorglichen Bestattung des Kleinkindes im Schutz des Hauses zumindest bei einem solchen Befund nicht zutreffen kann.

Eine abweichende Lage hat innerhalb dieser Gruppe von Opfern in Häusern der Befund unter einem Fußboden auf der Wurt Tofting in Schleswig-Holstein (Wohnplatz III, Hausrat 1). Unter dem Mittelgang des Stallteiles war dort ein Holztrog deponiert worden (vielleicht hatte er zuvor als Wiege gedient), in dem das Skelett eines etwa zehn Monate alten Kindes lag; am Kopfende stand eine Tasse. Dieses Grab aus dem 3. Jahrhundert n. Chr. ist auch deshalb bemerkenswert, weil zu dieser Zeit sonst in Schleswig-Holstein die Leichenverbrennung geübt wurde.

Schließlich seien aus ehemaligen Brunnen noch zwei Beispiele genannt. In beiden Fällen können sich die Opferungen aber nicht auf die Brunnen selbst als Leben spendende Quellen bezogen haben (vergleiche Beitrag 4. zu Quell- und Brunnenopfer), da sie durch die Opferung dafür unbrauchbar wurden. Sie sind vielmehr mit deren sekundärer Verwendung nach dem Versiegen oder der Auflassung als Wasserlieferanten in Verbindung zu bringen.

Ein Brunnen auf der oben genannten Wurt Tofting enthielt das Skelett eines nur wenige Monate alten Kindes. Nach dem Versenken des Leichnams war der Brunnen zugeworfen worden. Der Herd des darüber errichteten Hauses ist dabei unmittelbar über dem Brunnen plaziert worden, so dass der Bezug zu dem Kinderopfer unverkennbar wurde.

Etwas anders war die Situation in dem wikingischen Lager Trelleborg auf der dänischen Insel Seeland. Hier fanden sich die Skelette zweier Kinder im Alter von vier und sieben Jahren in einem Brunnen. In der Zuschüttung dieses Brunnens war offensichtlich ganz gezielt der Firstständer eines großen Hauses verankert worden.

Nicht nur für die hier lediglich in einer sehr knappen, aber anschaulichen Auswahl vorgestellten Befunde, sondern generell gilt, dass es nur sehr schwer ist, irgendwelche verbindlichen Regelmäßigkeiten festzustellen, da jede Situa-

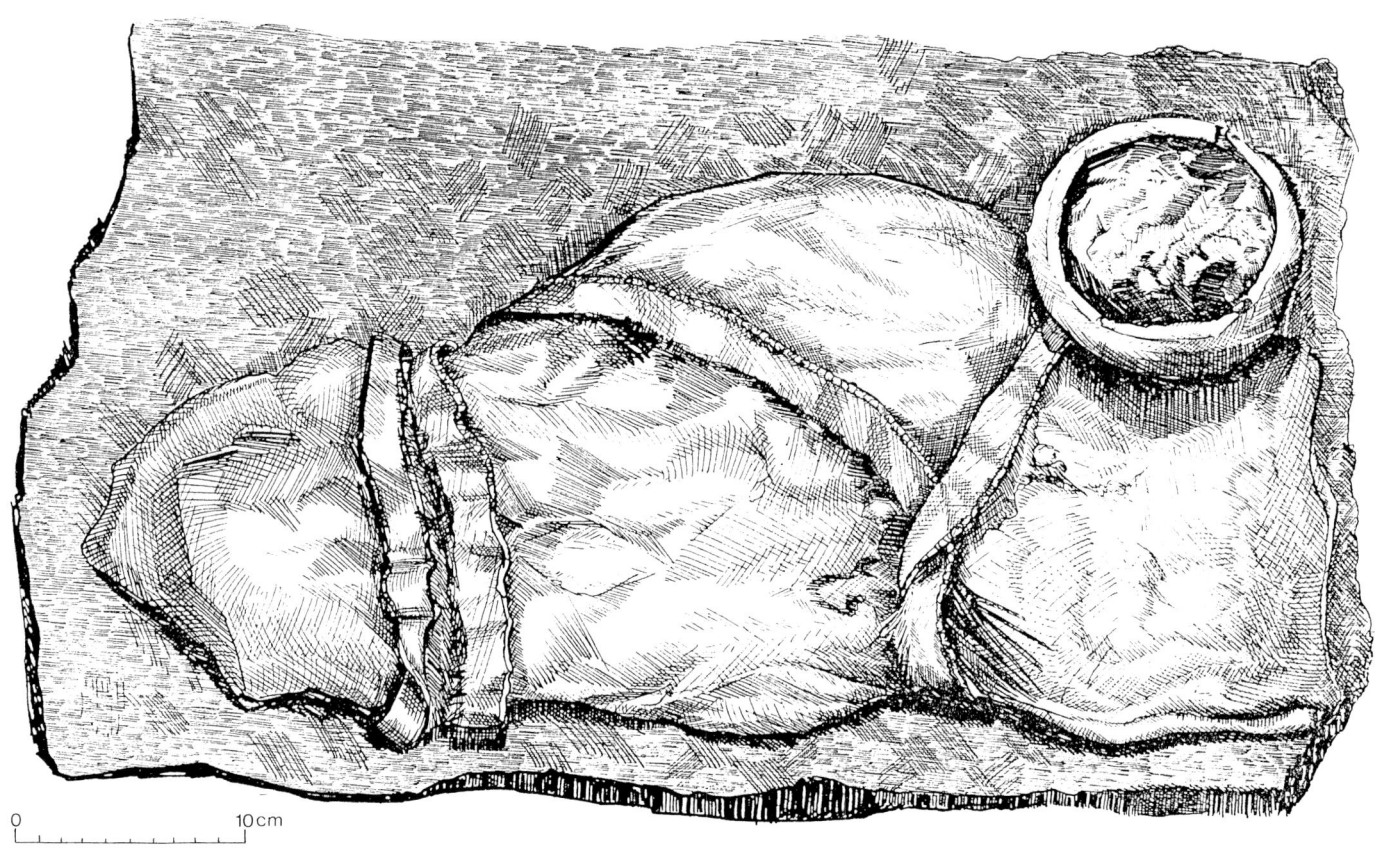

Bauopfer unter dem Herd eines Hauses auf der Wurt Hessens (nach Karl Schlabow)

tion auch durch lokale Besonderheiten bestimmt worden sein wird. Vor allem gilt das natürlich in Bezug auf die Motive, die hinter den jeweiligen Opferungen standen, da der archäologische Befund in der Regel nur mit dem Schlussakt der zugehörigen Handlungen konfrontiert.

Ausnahmslos handelt es sich bei allen – auch den nicht angeführten – in Frage kommenden Bauopfern um nicht wiederholte einmalige Niederlegungen mit nur einer einzigen Opfergabe (abgesehen von Beigefäßen, die aber zeitgleich zu einem dargebrachten Lebewesen gehörten), deren Platz nach der Errichtung des betreffenden Bauwerkes

nicht mehr zugänglich war und die damit gleichsam ohne Möglichkeit einer Nachbesserung oder Aufwertung versiegelt worden waren, um ungestört auf Dauer ihre positive Wirkung ausüben zu können. Vielleicht sollten sie, ähnlich wie bei den Azteken später überliefert, eine Art ‚Seele‘ oder ‚Herz‘ des Bauwerkes bilden. Mehrfach war dabei wie bei anderen Opferkategorien das höchste Gut, nämlich ein junger Mensch, zur Opferung ausgewählt worden, während sonst übliche Opfergaben wie Waffen, Schmuck, Gold und anderes mehr (vergleiche dazu Beitrag 6. zu Mooropferplätzen) dafür nicht in Frage kamen.

Als Motive für solche heidnischen Praktiken, deren Adressaten leider anonym bleiben, lassen sich beim derzeitigen Forschungsstand nur wenige Momente wahrscheinlich machen: Dass mit den Hundeopfern unter den Schwellen die Vorstellung einer Wächterfunktion einherging, wird kaum zu bezweifeln sein, zumal vor allem große Hunde dafür ausgewählt wurden; dass die Opferung von Haustieren oder Gefäßen mit Speisen unter dem Herd mit dem Wunsch verbunden war, die Nahrungsmittel mögen nie versiegen, ist naheliegend; und dass Opferungen im Zusammenhang mit Wänden oder dachtragenden Pfosten wohl die Bausubstanz sichern und das Haus vor Schaden bewahren sollten, ist anzunehmen. Weitere Erkenntnisse werden vorerst aber noch zukünftigen Beobachtungen vorbehalten bleiben müssen.

Literatur

T. Capelle, Eisenzeitliche Bauopfer. Frühmittelalterliche Studien 21, 1987, 182–205

H. Drescher, Tostedt – Die Geschichte einer Kirche aus der Zeit der Christianisierung im nördlichen Niedersachsen bis 1880, Materialhefte zur Ur- und Frühgeschichte Niedersachsens, Heft 19. Hildesheim 1985

W. Haarnagel, Die Grabung Feddersen Wierde – Methode, Hausbau, Siedlungs- und Wirtschaftsform sowie Sozialstruktur. Wiesbaden 1979

E. Hoffmann-Krayer und H. Bächthold-Stäubli (Hrsg.), Handwörterbuch des deutschen Aberglaubens 1. Berlin/Leipzig 1927: Bauopfer

T. Makiewicz, Concerning Sacral Meaning of the so-called Dogs Graves. Folia Praehistorica Posnaniensia 6, 1994, 157–173

M. Rech, Zu den ältesten Bauopfern in Mittel- und Nordeuropa. In: Festschrift für H.Müller-Karpe, hrsg. von A. Jockenhövel. Bonn 1995, 17–34

Bauopfer eines Kindes auf der Wurt Feddersen Wierde, Ldkr. Cuxhaven

Auf der Wurt Feddersen Wierde wurden im Siedlungsverband mehrfach Kinder- und Erwachsenengräber beobachtet. Im Siedlungsbereich sind sie alle als Sonderbestattungen zu verstehen, da reguläre Beisetzungen im Wohn- und Lebensraum nicht üblich waren. Nur aus dem Fundkontext erklärt sich ihre Bedeutung. Nicht immer ist dieser klar zu definieren. Wir wählen ein Beispiel, um dieses zu erläutern.

Der Ausgräber W. Haarnagel schrieb zu dem Befund aus dem Jahr 1970, den wir hier betrachten wollen:

„Ein Kinderskelett wurde in der Flachsiedlung der Siedlungsphase 1 b freigelegt. Es lag in einer flachen Grube, die eine Länge von 0,68 m und eine Breite von etwa 0,30 m aufwies. Die Grube war unmittelbar an der südlichen Längswand des Hauses 2 ausgehoben worden. Die Knochen, vor allem die Schädelkalotte, waren hauchdünn, so dass das Skelett nicht geborgen werden konnte. Durch sorgfältige Präparation konnte es aber völlig freigelegt werden. Dabei zeigte sich, dass die Schädelkalotte eingedrückt war, und dass Hand- und Fußknochen sowie Zähne nicht vorhanden waren. Die Länge des Skeletts betrug 46–48 cm. Das Kind war demnach, als es beigesetzt wurde, jünger als ein Jahr. Vermutlich war es nur wenige Monate alt, wie es vor allem aus dem völligen Fehlen der Zähne zu schließen ist. Die Grube war von Ost nach West gerichtet, wobei der Schädel im Westen lag. Von einer Unterlage oder von Textilien, in die das Kind eingehüllt gewesen sein könnte, fehlt jede Spur. Es wäre aber denkbar, dass diese vergangen sind."

Das Skelett ließ eine Todesursache nicht erkennen, d.h. rituelle Tötung kann nicht unterstellt werden; demnach bleibt die Frage des Menschenopfers offen. Hingegen ist die Zurichtung des Skelettes (fehlende Knochenpartien) und die Lagebezogenheit auf das Gebäude ein sicherer Hinweis auf ein Bauopfer, ganz gleich, ob das Kind eines natürlichen Todes gestorben war und sekundär Verwendung fand, oder intentionell sein Tod herbeigeführt wurde.

Auf jeden Fall muß die Errichtung des Hauses und die „Beisetzung" des Kindes in einem Sinnzusammenhang gesehen werden. Wir gehen nicht fehl, hier ein Bauopfer zu postulieren, zumal die pietätvollere Behandlung des Kindesopfers aus der Wurt Hessens einen entsprechenden und weitgehenden Interpretationsspielraum zulässt.

R. B.

Datierung: 1. Jahrhundert n. Chr.
Verbleib: Nds. Landesinstitut für hist. Küstenforschung, Wilhelmshaven
Lit.: W. Haarnagel, Die Grabung Feddersen Wierde, Wiesbaden 1979, 230

Foto: R. Busch

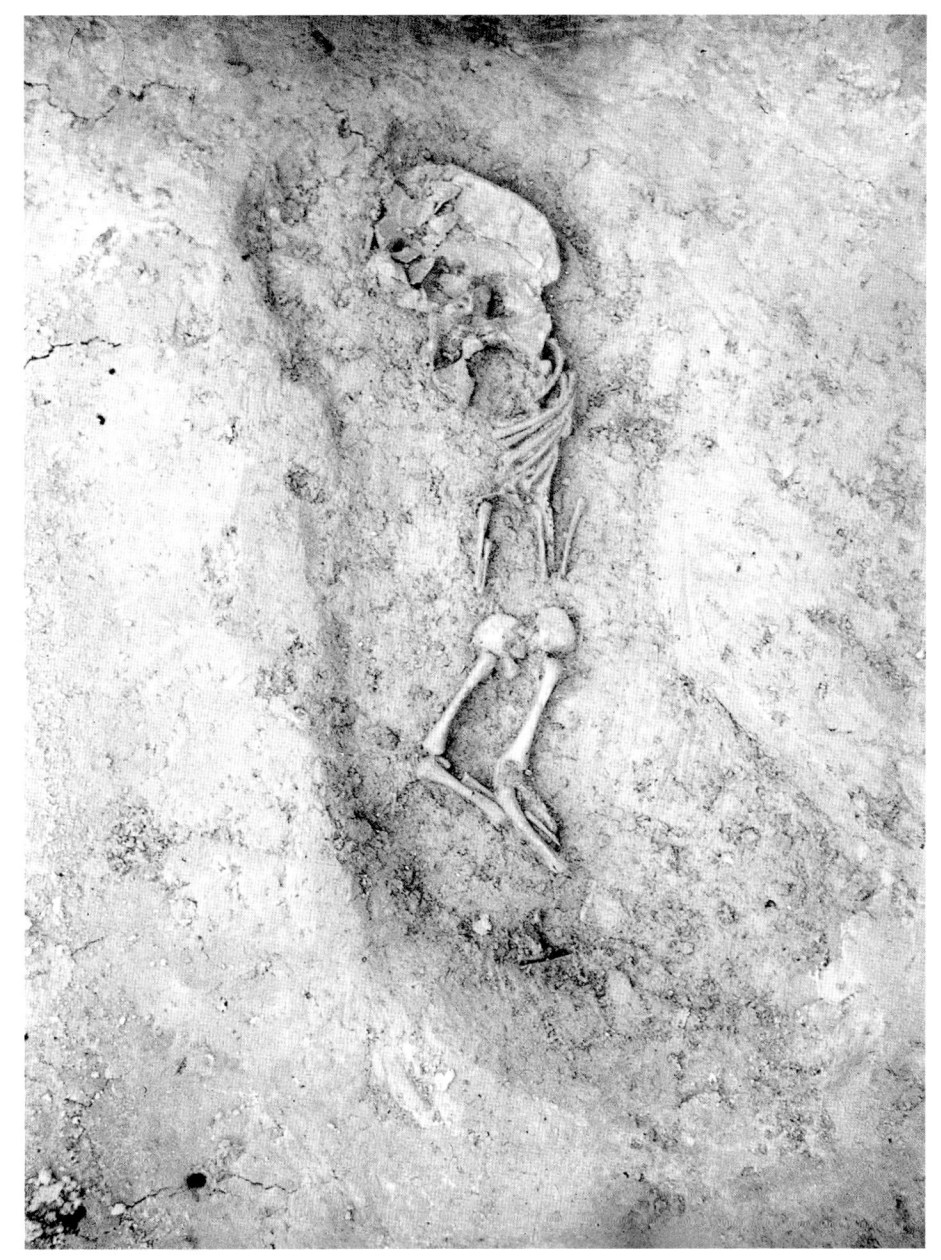

10. Tiergrab und Pferdeopfer

Von Ralf Busch

Hingegen ist es eine germanische Besonderheit, auch auf Vorzeichen und Hinweise von Pferden zu achten. Auf Kosten der Allgemeinheit hält man in den erwähnten Hainen und Lichtungen Schimmel, die durch keinerlei Dienst für Sterbliche entweiht sind. Man spannt sie vor den heiligen Wagen.
(Tacitus, Germania, Kap. 10)

Vol und Wodan fuhren zu Holze.
Da ward dem Balders-Fohlen sein Fuß
    verrenkt.
Da beschwor ihn Sinthgunt. Sonne ihre
    Schwester.
Da beschwor ihn Frija. Valla ihre Schwester.
Da beschwor ihn Wodan, er der's wohl
    konnte.
Wie die Beinrenke, so die Blutrenke.
So die Gliedrenke:
Bein zu Beine. Blut zu Blute.
Glied zu Gliede, wie denn sie geleimt sei'n.
(2. Merseburger Zauberspruch)

Schon seit der Jungsteinzeit werden Tieropfer und -gräber beobachtct. Pferd und Rind, Hirsch und Hund wurden dabei verwendet, nur selten das Schwein. Besonders zahlreich treten diese Erscheinungen bei den Germanen in der Römischen Kaiserzeit auf, verdichten sich noch bei den Sachsen und Wikingern. Dabei zeigen sich deutliche Zuordnungen zu menschlichen Gräbern und Bauten, so dass von Fall zu Fall auch von Bauopfern zu sprechen ist. Insofern kann dieses Phänomen also ganz unterschiedlichen Bedeutungsinhalt aufweisen. Bei den Bauopfern sind oft nur einzelne Partien (Schädel und Extremitätenenden) niedergelegt worden. So haben sich zahlreiche Befunde ergraben lassen, die als Speiseopfer anzusprechen sind, also der Fleischverzehr Teil der Opferung darstellt.

Besonders vielfältig sind die Sitten in Verbindung mit dem Pferd zu beobachten, wenn wir es im Grabkontext auffinden.

Pferde können in eigenen Grabgruben liegen und sind dann mehr oder weniger deutlich auf eine in der Nähe befindliche Männerbestattung bezogen. Das Pferd – meistens handelt es sich um eines, aber seltener sind auch Mehrfachbestattungen vorhanden – kann aber mit dem Toten in eine gemeinsame Grabgrube gelegt worden sein. Dann handelt es sich um Reitergräber, was auch die Waffenbeigaben der Krieger unterstreichen. Ohne Zweifel muss das Pferd während des Bestattungsritus getötet worden sein und fungiert als Beigabe einer Kriegerschicht, wie es J. Oexle für die Merowingerzeit herausgearbeitet hat. Aber dem wird nicht gerecht, dass wir bereits aus der Germania des Tacitus auch einen kultischen Zusammenhang bei den Germanen überliefert finden. Selbst in dem spät aufgezeichneten 2. Merseburger Zauberspruch (10. Jahrhundert) scheint das noch durch.

Bei der großen geographischen Verbreitung der Pferdegrabsitte (in Nord- und Mitteleuropa) ist es nicht verwunderlich, dass wir unterschiedliche Gesittungen beobachten, pauschale Verallgemeinerungen also nicht angesagt sind.

Dem verstorbenen Krieger und seinem getöteten Pferd ist gelegentlich auch noch ein Hund beigegeben worden. So finden wir im Grab des Toten eben jene Tiere, die ihm im Leben persönlich nahe standen und übrigens wegen dieser Wertschätzung als Speise selten oder wie beim Hund gar nicht dienten. Auf den gotländischen Bildsteinen des 8. Jahrhunderts finden sich eben diese beiden Tiere als die Begleiter des Verstorbenen nach Walhall.

Totenausstattung und damit Grabbeigabe sind aber auf das Jenseits gerichtet, das dem Göttlichen nahe tritt. Somit verwischen sich Begriffe wie Beigabe und Opfer und setzen einen breiten gedanklichen Spielraum frei.

Literatur
H. Jankuhn, Archäologische Beobachtungen zu Tier- und Menschenopfern bei den Germanen in der Römischen Kaiserzeit. Nachr. d. Akad. d. Wiss. Göttingen, I. Phil.-Hist. Kl. 1967, Nr. 6
M. Müller-Wille, Pferdegrab und Pferdeopfer im frühen Mittelalter; mit einem Beitr. von H. Vierk. Ber. ROB 20–21, 1970–71, 119–248
J. Oexle, Merowingerzeitliche Pferdebcstattungen Opfer oder Beigabe? Frühmittelalterl. Studien 18, 1984, 122–172

Dreifach-Pferdebestattung aus Wulfsen, Ldkr. Harburg

Bei der Freilegung eines spätsächsischen Körpergräberfriedhofes mit SN-Körperbestattungen und jüngeren in WO-Ausrichtung wurde eine Grube mit drei Pferdebestattungen freigelegt. Beigaben waren nicht vorhanden, auch ließ sich diese Grabgrube keiner Körberbestattung zuordnen.

Die Pferde lagen auf der linken Seite, die Schädel waren an die Grabgrube leicht erhöht angelehnt. Die Extremitäten waren angewinkelt. Ihr Alter liegt bei 5–7 Jahren. Zwei Pferde sind als Hengste bestimmt, das dritte Skelett ist möglicherweise als Stute anzusprechen.

Pferde-Dreifachbestattungen waren bis dahin noch nicht aus dem nordöstlichen Niedersachsen bekannt, wohl aber aus Mühlhausen und Griefstedt (Thüringen) sowie Beckum (Westfalen), wogegen Einfachbestattungen auch in unserer Region mehrfach belegt sind.

Die Körpergröße (Widerristhöhe) zwischen 130 bis 140 cm liegt im Bereich der seinerzeit üblichen Norm.

Der Grabungsbefund wurde en bloc geborgen und konnte soweit in situ erhalten bleiben.

Das Präparat steht hier als Beispiel für Pferdebestattungen auf spätsächsischen Gräberfeldern. Da kein unmittelbarer Bezug zu einem Kriegergrab erkennbar ist, vermögen wir nicht zu entscheiden, ob der Beigabencharakter stärker zu bewerten ist als die Möglichkeit eines Opfers.

R. B.

Datierung: Spätsächsisch
(um 700 v. Chr.)
Verbleib: Helms-Museum,
Hamburg
Lit.: C. Ahrens, Ein neues spätsächsisches Gräberfeld mit Dreifach-Pferdebestattung bei Wulfsen, Kreis Harburg. Hammaburg NF 2, 1975, 119–124

Foto: nach Ahrens, 1975

Pferdeopfer auf der Reichenstraßeninsel in Hamburg

Die Reichenstraßeninsel wurde von zwei Armen der Bille umflossen, die sich in die Alster ergießen. Südlich und unterhalb des Geländesporns, der die Hammaburg einnahm, war hier in der Marsch bereits im 9. Jahrhundert gesiedelt worden. Der Anstieg des mittleren Tidenhochwassers, wohl infolge der Eindeichungen an der Unterelbe, erforderte eine Landaufhöhung, die nach Ausweis der dann folgenden Neubebauung bald nach 1180 erfolgte. Das muss in einem Zuge durchgeführt worden sein und stellt eine bedeutende Bauleistung dar. Etwa 850 000 Kubikmeter Erde mussten transportiert und verfestigt werden! Dieser Maßnahme eine Weihe zu geben, war naheliegend. Bei den Ausgrabungen auf Fundplatz Hamburg-Altstadt 77 fand sich dann auf der Reichenstraßeninsel an der Basis der Aufhöhung in der Tat eine Opfergrube, in der sorgsam ein Pferd niedergelegt worden war, unter dem sich noch in einer kleinen Eintiefung, die mit Textil ausgepolstert war, Reste von Hühnereiern befanden. Das Pferd war sorgsam mit Zweigen abgedeckt, also zeremoniell eingebracht, wie es von einer profanen Kadaverbeseitigung nicht zu erwarten steht. Das Alter des männlichen Pferdes betrug 4 bis 4,5 Jahre, die Widerristhöhe lag bei 140 cm. Schnittspuren an verschiedenen Knochen bezeugen, dass dem Pferd das Fell abgezogen war.

Man muss also mit einer intentionellen Deponierung in Form eines Bauopfers rechnen und dies geschah in Sichtweite des Marien-Domes! Das erinnert sehr stark an das Bauopfer eines Pferdes, begleitet von einem Hund, bei der Errichtung der karolingischen Wallanlage in Münster, allerdings ziemlich genau 400 Jahre früher.

Dagegen haben die mittelalterlichen Funde von Pferden aus London, dessen Entwicklung sich in mancherlei Hinsicht mit Hamburg vergleichen lässt, keinen entsprechenden Befund geliefert.

So steht der Bauopferfund aus Hamburg für seine Zeit einmalig dar, deutet aber auf die Tradierung heidnischer Sitte bis in christliche Zeit.

Der Befund konnte nicht in situ geborgen werden, so dass er hier nur fotografisch dokumentiert werden kann.

R. B.

Datierung: Nach (um) 1180
Verbleib: Helms-Museum, Hamburg
Lit.: R. Busch, Stadtarchäologie in Hamburg – Eine Bilanz im Jahre 1995. Lübecker Kolloquium zur Stadtarchäologie im Hanseraum I, Lübeck 1997, 171–180; C. Clark (Editor), The Medieval Horse and its Equiment. London: HMSO 1995; T. Lüdecke, Stade und Hamburg. Maritime Topography and the Medieval Town, Kopenhagen 1999, 95–108; W. Winkelmann, Ausgrabungen auf dem Domplatz in Münster. Beiträge zur Frühgeschichte Westfalens. Münster 1984, 70–88

Foto: J. Peters

11. Runen

Von Klaus Düwel / Peter Pieper

Runenzeichen und Runenschrift sind die für Germanen charakteristischen Kommunikationsmittel nach den sprachlichen Verständigungsmöglichkeiten. Wann genau und wo diese Zeichen entstanden sind, wird nach wie vor diskutiert. Die älteste Überlieferung um 200 n. Chr. konzentriert sich auf Norddeutschland, Südjütland und die dänischen Inseln Seeland und Fünen. Hier kann auch im Verlauf des ersten nachchristlichen Jahrhunderts die Runenschrift entstanden sein. Ihr liegt eine Anregung von außen zugrunde, ein mediterranes Alphabet. Wegen des römischen Einflusses im Barbaricum kommt dafür am ehesten das lateinische Alphabet in Betracht. Frühe Funde aus dem ältesten Verbreitungsraum zeigen auch Fundstücke derselben Art, einmal mit Runen, das andere Mal mit römischen Kapitalbuchstaben beschrieben.

Die Runenschrift ist im Gegensatz zu den mediterranen Schriften nicht in alphabetischer Ordnung überliefert, sondern in einer abweichenden eigenen Anordnung, beginnend mit den Runen für die Laute **f u th ar k** und deshalb auch das Futhark genannt. Diese ältere Runenreihe findet sich im 5. und 6. Jahrhundert auf der im Grab von Kylver (Gotland) gefundenen Steinplatte und auf einigen Goldbrakteaten. Goldbrakteaten haben vielfach etwa die Größe eines 5 DM-Stückes, zeigen Bilddarstellungen aus der Götterwelt (Wotan/Odin und Tötung Baldrs nebst der Regenerationsthematik) und sind – zum körpernahen Tragen als Amulett – mit einer Öse versehen.

Abweichend vom lateinischen ABC hat jede Rune einen Namen, der mit dem jeweils entsprechenden Lautwert beginnt: **f** = germanisch *fehu* „‚Vieh‘, Fahrhabe, Besitz“, **u** = *uruz* „Ur, Auerochs“, **þ** = th (stimmloses *th* wie in englisch *thin*) = * *þurisaz* „Riese“, **a** = *ansuz* „Ase“, **r** = *raido* „Ritt, Wagen“, **k** = *kaunan?* „Geschwür, Krankheit“ usw., am Ende *oþalan* oder *oþilan* „ererbter Besitz“.

Man nimmt an, dass diese Runennamen von Beginn an vorhanden waren und Merkzwecken, also als memoriertechnisches Mittel, dienten. Gelegentlich begegnet uns eine einzelne Rune, die als Begriffsrune steht und dann mit ihrem Runennamen aufgelöst wird. Die Schriftrichtung ist anfangs beliebig von links nach rechts oder von rechts nach links, vereinzelt auch in der Form, wie der Ochse das Feld pflügt (*boustrophedon*). Aber schon früh setzt sich die Rechtsläufigkeit durch. Einzelne Runen können zu Binderunen an einem gemeinsamen Stab vereinigt werden, z. B. ᚺ = ᚺ + ᚨ = **ha**. Sie stehen manchmal auf dem Kopf (Sturzrune), und ebenso kann eine einzelne Rune gegen die Schriftrichtung laufen (Wenderune). Vereinzelt kommen auch Spiegelrunen ᚦ = ᚱ z. B. auf Schildfesseln aus Illerup vor. Die Runenschrift ist eine epigraphische Schrift, sie dient zur Aufschrift (Epigraphie) auf verschiedene Materialien, wie Holz, Knochen (Bein), Metall, Stein. Beschreibstoffe aus organischem Material sind leicht vergänglich und bleiben nur unter günstigen Bedingungen, etwa in Mooren, erhalten. Runen stellen ein Kommunikationsmittel dar, das grundsätzlich zur profanen, alltäglichen Verständigung unter Menschen, aber auch im religiösen, sakralen Bereich zu Anruf und Beschwichtigung göttlicher Wesen im Kult geeignet ist. Darüber hinaus kann mit Hilfe von Runen auch eine magische Absicht verfolgt werden. Sie sollen dann zwanghaft auf Geister und Dämonen wirken, indem sie diese entweder abwehren oder herbeirufen. Die Runen vermögen diese magische Wirkung wohl nicht aus sich selbst heraus zu vollbringen, auch wenn die Runenreihe oder auch nur ihr Beginn allein auf einem Gegenstand vorkommen kann und eine derartige Inschrift meist als eine magische aufgefasst wird. In der Regel bedarf es bestimmter Formeln und Wortkombinationen bis hin zu einer verstehbaren Aussage, um eine Inschrift als eine magische charakterisieren zu können. Im Einzelfall ist es schwierig, die verschiedenen kommunikativen Gebrauchsweisen voneinander zu trennen, sie mögen auch schon im Prozess des Entstehens nicht streng geschieden sein. Das gilt genauso für die Objekte selbst: Ein Goldbrakteat, eine kunstvoll gearbeitete Gürtelschnalle oder ein reich verzierter Hals- oder Fingerring können in gleicher Weise als Schmuck wie als unheilabwehrendes Amulett fungieren, abhängig von der jeweiligen Gebrauchssituation.

In einer archaischen Kultur, die von der Äußerungsform „Mündlichkeit“ geprägt ist, bedeutet Schrift gewiss etwas

Außergewöhnliches, sowohl Furcht als auch Ehrfurcht erregendes. Nicht ohne Grund spricht man von der „Macht der Schrift in Glauben und Aberglauben." Wie für viele Kulturen gilt auch für die germanische, dass die Schrift von den Ratern, den Göttern stammt, wie es auf dem schwedischen Stein von Noleby (6. Jahrhundert) zu Beginn einer längeren Inschrift heisst: „Eine Rune (eine geheimnisvolle Kunde) male ich, eine von den göttlichen Mächten stammende." Ein Mythos schreibt Odin die Findung und Erfindung der Runen zu, als er, neun Nächte am windigen Baum (Weltesche) hängend, sich selbst geweiht, die Runen schreiend aufnahm (,Reden des Hohen', Hávamál Str. 138 f. in der älteren Edda). Und die für den heutigen Leser in naivem Stolz erscheinende Inschrift „Runen schreibe ich" (Brakteat von Sievern, wegen der Bilddarstellung „Männerkopf im Profil" als A-Typus bezeichnet) sowie die machtvoller wirkende „Ich der Glanzäugige weihe die Runen. Lauch (= Gedeihen)" auf dem Brakteaten von Nebenstedt I (wegen der menschlichen Ganzfigur als B-Typus bezeichnet) sind ebenfalls Zeugnisse für diese ,Macht der Schrift'.

In den meisten Fällen sind Lesung und Deutung der Runeninschriften problematisch und umstritten. Es handelt sich um eine bodenständige, nicht von einer Außensicht, wie bei den Berichten antiker Autoren, geprägte Überlieferung. Und es ist eine originale, d. h. keine kopiale wie bei Handschriften. Gebrauch und Beschädigung, dazu die Schäden, die im Verlauf jahrhundertelanger Lagerung im Erdreich entstehen (Korrosion), beeinträchtigen nicht nur die Objekte selbst, sondern besonders auch die auf ihnen meist fein eingetragenen Runen. So stellt oft schon eine verbindliche Lesung ein Problem dar. Für eine Deutung fehlen in vielen Fällen Kenntnisse der Kulturgewohnheiten und -eigentümlichkeiten, die es erlauben, den ,Sitz im Leben' einer Inschrift festzustellen. Mangels anderer Quellen kann auch die Sprache der Fundregion nur über jüngere Zeugnisse erschlossen werden (Rekonstruktion). Die ältesten Inschriften kennen kaum Trennungszeichen, so dass die Abteilung in Einzelwörter innerhalb einer umfangreicheren Inschrift fraglich sein kann. Allerdings zeigt die ältere Überlieferung in den meisten Fällen Einwortinschriften, für die eine Deutung als Name in verschiedenen Funktionen

üblich ist. Es darf also nicht überraschen, wenn verschiedene Deutungszugriffe versucht werden und selten, auch bei eindeutiger Lesbarkeit, eine allgemein akzeptierte Deutung vorliegt.

Die älteste Überlieferung von Gegenständen mit einzelnen Runen und zusammenhängenden Runeninschriften beruht wesentlich auf zahlreichen Moorfunden: Thorsberg in Angeln, Nydam in Südjütland, Illerup in Ostjütland, Vimose auf Fünen. Sie illustrieren bereits die möglichen Verwendungsweisen und Funktionen von Runen und Runeninschriften. Für ihre Deutung ist wichtig, wie die Gaben von Waffen und anderen Gegenständen interpretiert werden. Handelt es sich um Opfer- oder Weihegaben, oder sind mit den Niederlegungen magische Wirkungen beabsichtigt gewesen? Im Wesentlichen hat sich die Auffassung durchgesetzt, die Kriegsbeute eines besiegten Feindes sei den (siegverleihenden) Göttern geopfert worden, wenngleich Opfergaben zu bestimmten Zeiten bei verschiedenen (Kult-)Anlässen nicht ausgeschlossen werden können.

Aus dem Thorsberger Moor sind u.a. ein römischer Schildbuckel mit der gepunzten Besitzerinschrift AEL(IVS) AELIANVS sowie ein germanischer, stark deformierter und damit unbrauchbar gemachter Schildbuckel mit einer Runeninschrift aus der Zeit um 200 n. Chr. zu Tage gekommen. Die linksläufig eingeritzte Runenfolge **aisgʀh** ist in dieser Form unverständlich. Ergänzt man Vokale und Wortteile und versteht man **h** als Begriffsrune, die mit dem Runennamen germanisch *haglaz*, *haglan* „Hagel, Verderben" aufgelöst wird, ergeben sich verschiedene Lösungen mit folgenden Inschriftentypen: Besitzerangabe, Waffenname, Siegwunsch, Runenmeisternennung. Lediglich ein Vorschlag geht von den vorhandenen ersten fünf Runen aus *aisk-z* ($z = r$), einer Substantivbildung zu einem Verbum, dem deutsch *heischen* entspricht. Auch hier stellt **h** eine Begriffsrune dar: „Sucher von Hagel", also ein Waffenname, der die Funktion der Waffe, den Hagelschauer der Speere, bzw. jeder anderen Wurf- oder Schusswaffe, auf sich zu ziehen, ins Wort fasst.

Eine ganz neue Sicht, die die bisherigen Deutungen ausschließt, erbringt eine genaue Beobachtung der Ritzung, die auf dem Rand angebracht worden ist, aber gerade weiterlaufend ein wenig auf den Buckel ausgreift. Dieser Befund zeigt an, dass die Runen erst nach der Zerstörung des Schildbuckels angebracht worden sind. In diesem Fall muss eine andere Deutung versucht werden. Sie könnte in folgende Richtung gehen: Ist die Ergänzung *ais(i)g(a)r* „der Rasende, Wütende" erlaubt, würde die Kennzeichnung einer Gotteskonzeption entsprechen, wie sie für Odin, zu germanisch *woþ* „Wut" gehörig, aus literarischen Quellen bezeugt ist. Das schließende **h** könnte wiederum für „Hagel, Verderben" stehen, und damit die satzmäßige Aussage: „Der Wütende, der Rasende [ist] Verderben [den Feinden]" bilden. Denkbar wäre dann, dass der absichtlich zerstörte (kultisch unbrauchbar gemachte) Schildbuckel kurz vor der Niederlegung als Opfergabe für einen errungenen Sieg mit dem Namen der Gottheit und der Angabe ihrer Hilfe versehen wurde. Eine solche Opfergabe, bei der Runen eine Rolle spielen, ließe sich im Rahmen einer kultischen Handlung vorstellen.

Einen ganz anderen Eindruck vermitteln die Funde von Waffenteilen mit Runeninschriften aus dem Moor von Illerup, ebenfalls um 200 n. Chr. datiert. Hier sind auch römische Schwertklingen gefunden worden, die Herstellerstempelungen aufweisen, z. B. ACRISSIM MA(nus) „Hand des A." Unter den Runenobjekten interessieren besonders zwei Lanzenspitzen mit der linksläufigen Inschrift **wagnijo**, einmal gestempelt, einmal eingeritzt (wie auch auf einem später gefundenen Exemplar aus Vimose). Drei Deutungsmöglichkeiten werden diskutiert. 1.) Männername, wobei offen bleibt, ob es der des Waffenschmiedes, Besitzers oder Runenmeisters ist. 2.) Eine „Fabrikationsmarke" wie bei den römischen gestempelten Klingen. 3.) Eine magischpoetische Speerbezeichnung „die Laufende, Fahrende" (zu deutsch „Wagen"), womit die Funktion der Waffe, nämlich auf das (feindliche) Ziel zuzulaufen, angegeben würde. Für diese Möglichkeit spricht, dass weitere Beispiele für diesen Typ der magisch-poetischen Speer-bzw. Lanzenbezeichnung, sogar zeitlich benachbart, vorhanden sind: „Erprober" (Øvre Stabu, Norwegen), „Zielreiter" (Kowel, Ukraine) und „Renner" (Dahmsdorf, Mark Brandenburg). Als Objekt dieser Waffenhandlungen kann man sich jeweils die gegnerischen Verteidigungswaffen und deren Träger, also die Gegner, vorstellen.

Aus dem Illerup-Fund stammen auch drei Schildfesseln, die am Handgriff eines Schildes angebracht waren: 1.) Schildfessel 1 aus Bronze zeigt in Runen den Männernamen *swarta* „der Schwarze", wohl den des Eigentümers. 2.) Schildfessel 2 aus Silber trägt die Herstellerinschrift *Niþijo tawide* „N. machte." Besonders diese Inschrift bezeugt, dass die Runenschrift von Anfang an auch für profane Zwecke verwendet worden ist. 3.) Schildfessel 3, ebenfalls aus Silber, ist mit dem zusammengesetzten Männernamen *laguþewa* beritzt, mit den Gliedern „See" und „Diener", aber problematisch in Bildung und Funktion. Die Inschriften wurden bei den insgesamt neun Objekten aus Illerup wahrscheinlich dort eingetragen, von wo die besiegten Angreifer stammten, aus westschwedischem Gebiet, aus dem Raum nördlich von Schonen bis zum Oslofjord.

Aus Vimose, dem „Weihemoor" auf Fünen, stammen drei Runenobjekte: die schon genannte Lanzenspitze sowie ein vollständiger zweilagiger Knochenkamm, der die bisher älteste archäologisch auf 150/60 n. Chr. datierte Inschrift aufweist: **harja**, ein Männername, und zwar Kurzname von Zusammensetzungen mit *hari-* „Heer" etwa in der Bedeutung „Krieger". Als weitere Objekte kommen dazu: ein Beschlag für eine Schwertscheide, eine Schnalle und ein Hobel, auf dem unter anderem **talijo** „Hobel" steht.

Schließlich findet sich Runen auf den beiden Seiten eines Ortbandes aus Bronze, mit dem der unterste Teil einer Schwertscheide aus organischem Material verstärkt wurde: Seite A in zwei gegenständigen Zeilen (rechtsläufig) **mariha** und (linksläufig) **iala**, Seite B (rechtsläufig) **makija**. Dafür liegen drei Deutungen vor: 1.) „Dem Mær [gab] Alla [dieses] Schwert" (mit Ergänzung des Verbums), 2.) „Den Berühmten (Schwertname) besitzt (mit Umstellung **hai** zu **aih**) Alli als Schwert" oder ganz ähnlich 3.) „Das Schwert Mær besitzt Alla." Keine dieser Deutungen kommt ohne Eingriffe oder Ergänzungen aus, so dass sie unsicher bleiben.

Aus dem Moor von Nydam sind schon seit langem Pfeilspitzen bekannt. Auf einer von ihnen ist **lua** zu lesen, eine weitere (mit **la**) kam bei neueren Grabungen hinzu. Eine größere linksläufige Inschrift wurde 1993 auf einem Axtstiel entdeckt. Auf der einen Seite steht der Name *Wagagastir*, dessen zweites Glied „*-gast*" in dem Namen *Hlewagastir*

(„der berühmte Gast/Fremdling") auf dem goldenen Horn von Gallehus vorkommt. Die längere Inschrift beginnt mit **alu**, dem eine unklare, möglicherweise auf Kampf oder Weihe zielende Passage folgt. Mit dem sog. Zauberwort **alu**, das mehr als zwanzig Mal in der älteren Runenperiode belegt ist, kommt wohl wieder Magie ins Spiel, zumal wenn eine anagrammatische Umstellung in **lua** hinzukommt. Deutungsversuche schwanken zwischen „Abwehr, Schutz", „Bier" und „Zauber".

Neben den Moorfunden spielen für die frühe Runenüberlieferung in Gräbern gefundene Grabbeigaben eine Rolle.

Aus Grab 1 von Værløse (bei Kopenhagen), dem Grab einer 20–35 jährigen Frau, stammt eine silberne Rosettenfibel, die auf dem Nadelhalter zwischen tremolierten Randlinien die rechtsläufigen Runen **alugod** und eine Swastika (Hakenkreuz), ebenfalls in Tremoliertechnik eingetragen, zeigt. Auch dies stellt ein Zeugnis für **alu** dar. Fraglich ist aber, ob **alu** selbständig steht oder als Bestandteil eines Namens, wobei der Vokativ erwogen wird. Das endungslose *-god* hat man auch anders zu erklären versucht (endungsloser westgermanischer Nominativ, unvollständiger Frauen- (**alugod[o]**) oder Männername (**alugod[ar]**), ja selbst eine Begriffsrune **d** und Ersetzung durch den Runennamen *dagar (Godagar)* wurde erwogen). Ungeklärt ist die Frage, ob die Swastika (meist als Heilszeichen aufgefasst) in den Kontext der Runen einbezogen werden darf oder nicht. Diese Inschrift bietet ein anschauliches Beispiel für das Dilemma, dass man die Runen zweifelsfrei lesen, eine plausible Deutung aber dennoch nicht finden kann.

Aus Himlingøje, einem Gräberfeld der jüngeren römischen Kaiserzeit von großer Bedeutung nicht zuletzt wegen der darin sich spiegelnden internationalen Beziehungen, sind zwei runenführende Gräber bemerkenswert. Ein bereits 1835 ergrabenes Frauengrab (Bestimmung aufgrund des Inventars) erbrachte eine ursprünglich vergoldete Bügelfibel aus Bronze. Auf dem Fuß steht *Hariso*, der Name der Besitzerin. Allerdings kann auch ein westgermanischer Männername nicht ausgeschlossen werden.

Die zweite Fibel aus dem Grab einer 40–50 jährigen Frau kam erst 1949 zu Tage. Es handelt sich um eine silberne Ro-

settenfibel, ein Typ, von dem inzwischen fünf runenberitzte Exemplare bekannt sind. Die Inschrift auf dem Nadelhalter verläuft von links nach rechts und ist bis auf die erste Rune eindeutig **widuhudar** zu lesen. Einer runischen Schreibregel (vor Dental kann Nasal entfallen) entsprechend, stellt man *widu-* „Wald" und *-hu(n)dar* „Hund" her. Ob davor noch Runen gestanden haben, lässt sich nicht sagen. Was ist ein „Waldhund"? Im Vergleich zu einer anderen Runeninschrift *Widugastir* „Waldgast" (wiederum mit dem Zweitglied *-gastir*) kann ein Männername vorliegen. Aber auch als Umschreibung für „Wolf" lässt sich die Inschrift erklären. „Wolf"bezüge stehen bei anderen Namen (Widukind) und in literarischen Quellen (Vǫlsunga saga) im Hintergrund. Deshalb hat man nicht nur einen profanen Männernamen (Schenker der Fibel?) erwogen, sondern auch an den Funktionsnamen eines Runenmeisters gedacht, der Verbindung mit außermenschlichen Mächten gehabt haben mag. Da es sich um das Grab einer Frau aus der höchsten Oberschicht handelt, kann sie auch über einen Runenmeister verfügt haben, wie das inschriftlich für den Stein von Rosseland (6. Jh.) „Ich der Eril von Agilamundo" (Frauenname) bezeugt ist.

Vor der Jahrtausendmitte begegnen die ersten Runeninschriften auf dem Kontinent mit der silbernen Scheibe aus einem Kriegergrab von Liebenau (Ldkr. Nienburg, Niedersachsen) Ende des 4. Jahrhunderts und dem Schemel aus dem Bootgrab bei Wremen (Ldkr. Cuxhaven, Niedersachsen), das in die Jahre nach 430 zu datieren ist.

Weser-Runenknochen

Als der Fälschung dringend verdächtig wurde lange Zeit ein Komplex von sieben Tierknochenartefakten und -fragmenten angesehen, den das Staatliche Museum für Naturkunde und Vorgeschichte in Oldenburg zwischen 1927 und 1928 erwarb. Drei dieser Knochen tragen voraltsächsische Runeninschriften, ein Fragment trägt runenartige Zeichen bislang unklarer Bedeutung, die restlichen drei zeigen Bilddarstellungen bzw. -details, wie sie von den runentragenden Stücken bekannt sind.

Während die vier Runenknochen auch in den Tiefen ihrer Gravuren unverkennbare Verwitterungsspuren aufweisen, die zudem als künstlich nicht herstellbar, also auch als nicht fälschbar zu gelten haben, handelt es sich bei den drei runenlosen Exemplaren eindeutig um Fälschungen: Hier wurde altes (subfossiles) Material in neuerer Zeit (rezent) graviert.

Da aber alle sieben Stücke von ein und demselben „Vertrauensmann" des Museums eingeliefert wurden, stellt sich die Frage, warum dieser sowohl Originale als auch Fälschungen nach Oldenburg übermittelte. Seine Motive lassen sich aus dem Studium des dortigen Museumsarchivs rekonstruieren: 1.) Als mutmaßlicher Finder der Originale erkannte er offenbar recht bald die Bedeutung seiner Fundstücke. 2.) Um nicht Gefahr zu laufen, seine Schätze unter Wert zu verkaufen, fertigte er nach dem Vorbild der Darstellung auf einem der drei Runenknochen eine – allerdings gründlich missverstandene und daher schlechte – Kopie zu dem Zweck, vorsichtshalber erst einmal den Marktpreis der Originale zu ermitteln. 3.) Danach veräußerte er die drei echten Runenknochen einzeln – obwohl sie ursprünglich zu nur einem Fundverband gehört haben müssen –, wodurch sich ihre Vergütung steigern ließ. Das Bruchstück mit den runenartigen Zeichen gehört übrigens nicht in diese Gruppe, die – gemäß den Radiocarbondaten (^{14}C) – aus der Zeit der ausgehenden Römischen Kaiserzeit / beginnenden Völkerwanderungszeit (400 ± 50 A. D. cal) stammt. 4.) Nachdem unserem archäologischen Hobbysammler die Originale ausgegangen waren, wollte und konnte er freilich nicht auf seine bewährte Geldquelle (das Oldenburger Museum) verzichten, zumal er sich in argen finanziellen Nöten befand; darum produzierte er weiter Fälschungen, nämlich a) die beiden Knochenfragmente mit Bildeinzelheiten, die er von den Originalvorlagen der drei Runenknochen „abkupferte" und b) eine ganze Anzahl „mittelsteinzeitlicher" (mesolithischer) Flintartefakte.

Letztere wurden von der Fachwelt alsbald beargwöhnt, was zu einem jähen Ende der Finderkarriere unseres „Vertrauensmannes" führte.

Der Vergleich zwischen alt beritzten Runenknochen einerseits und länger bodengelagerten, aber neu beritzten, runenlosen Knochen andererseits ermöglichte in diesem

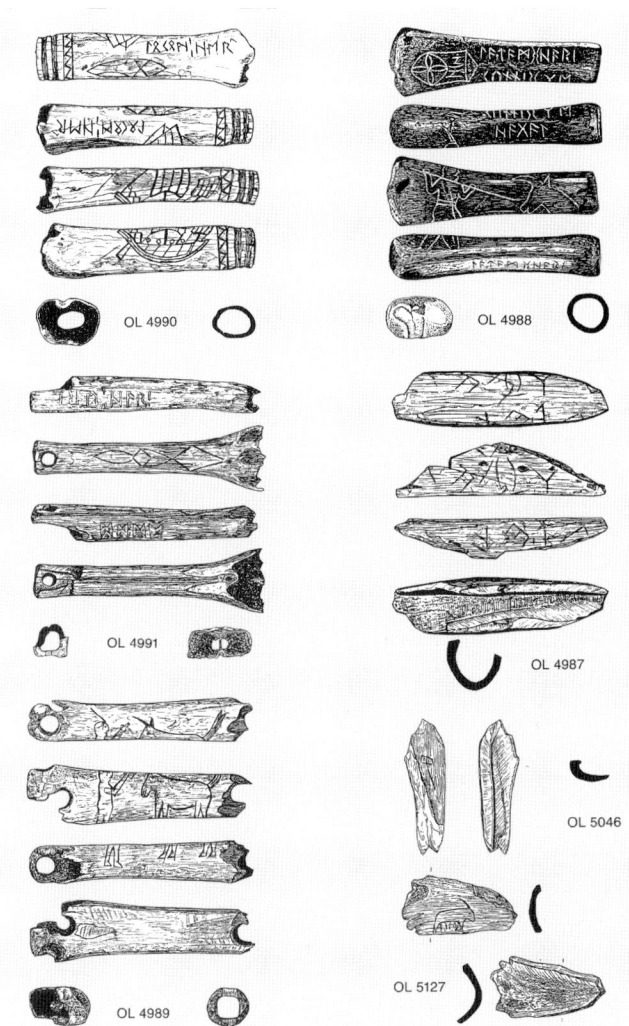

Weser-Runenknochen (nach Pieper 1991)

Fall eine differentialdiagnostische Trennung zwischen Originalen und Fälschungen durch Einsatz moderner kriminaltechnischer Verfahren (z. B. Auflichtmakroskopie, Lichtschnittmikroskopie etc.).

Zu den Inschriften bietet der Pieper 1989 folgende Lesungsvorschläge:

1.) **lokom : her** (= „Schauen (vgl. *lugen*, engl. *look*) wir hier (*-her/-hin*, engl. *here*), wozu als Objekt wohl die Darstellung eines römischen Handelsschiffes zu ziehen ist, das vielleicht symbolisch für ein ganzes Flottenkontingent oder einen römischen Hafen (oder mehrere Häfen?) stehen mag.

2.) **latam : ing : hari**
   kunni : ing : we
   hagal
   (= „Wir, Inghari (= Personenname), aus dem Geschlecht des Ingwe (*-Freyr* = der dritte nordische Hauptgott neben Odin und Thor), wollen (los-)lassen Hagel (= Verderben!)
   oder:
   Wir wollen (los-)lassen (den) Inghari aus dem Geschlecht des (Gottes) Ingwe (zum) Verderben!

3.) **ulu : hari**
   dede
   Uluhari (Ulls-Krieger, vgl. oben Ings Krieger) tat (machte/erließ o. ä. ergänze „dieses"). *Inghari* und *Uluhari* könnten dabei in einem vergleichbaren Familienzusammenhang stehen, wie *Hildebrand* und *Hadubrand* (Sohn und Vater) im ‚Hildebrandslied'.

Die naturwissenschaftliche Datierung der Knochen weist deutlich auf den zeitlichen Horizont der angelsächsischen Invasion im damaligen Britannien nach dem Abzug der römischen Truppen, die gegen den Gotenkönig Alarich 410 n. Chr. im Heimatland benötigt wurden. Die neuen Landnehmer im nachmaligen „England" waren die sagenhaften Heerführer „Hengist" (= *Hengst*) und „Horsa" (= *Stute*, vgl. engl. *horse*), deren Namen allgemein nicht als Personennamen, sondern als kultische Decknamen aufgefasst werden.

Ingwe (= *Yngvi* u. dgl. *-Freyr*) war vermutlich ein alter Schwertgott, der in der Wikingerzeit lediglich noch als Schutzgott des Handels und der Fruchtbarkeit (Darstellungen mit erigiertem Phallus) verehrt wurde. Zur Zeit der

römischen Autoren Plinius und Tacitus wird ihm eine zentrale Rolle im Kult der nordseeanwohnenden Germanenstämme bescheinigt, die als *Ingvaeones/Ingaevones* bezeichnet werden. Als Stammvater begründet er die Ahnenliste aller skandinavischen Könige (= Ynglinger) der Vendel- und Wikingerzeit.

Der Gott *Ull(r)* war der Patron der Skiläufer und Bogenschützen. Nach Ansicht einiger Forscher waren *Ing* (*-we/-o/ -uz* etc.) und *Ull(r)* die nordischen Dioskuren, also das göttliche Zwillingspaar, auf die in den Runeninschriften der Weserknochen Bezug genommen wird. Tatsächlich ist der Mittelfußknochen *(Metatarsus)* des kleinwüchsigen Rindes mit der Inschrift *Ulu : hari : dede* wie ein Schlittknochen – Vorläufer unserer Schlittschuhe – einseitig abgeflacht und mit einem Bohrloch versehen.

Die Konstellation *Kunni : Ing(we)* lässt darüber hinaus Überlegungen aufkommen, wie der Titel „König" entstand und etymologisch zu erklären sein mag.

Bisherige Erklärungen, wie **kunni** = „Geschlecht" + *-ing* als patronymisches Suffix (also vaterweisender Wortanhangsbestandteil) sind dabei wenig plausibel, da doch jeder, der einem Geschlecht entspringt, zwangsläufig auch einen Vater haben muss.

Fasst man dagegen den Bestandteil *Ing* nicht nur als Suffix (= Anhängsel), sondern als Determinativ (= Bestimmungselement) auf, wäre die Ableitung (aus dem) Geschlecht des (Gottes!) *Ingwe* (*-Freyr*) einleuchtender. Hier ist also noch viel zu forschen und die Vorarbeit soll Ansätze bieten, den einen oder anderen Aspekt gründlicher zu durchleuchten!

Zu den interessantesten kontinentalen Runeninschriften gehört die feuervergoldete Bügelfibel aus Silber von Beuchte (Ldkr. Goslar, Niedersachsen). Sie entstammt dem Frauengrab einer kleinen, aus insgesamt neun Gräbern bestehenden Familienbegräbnisstätte. Auf der Rückseite der Beuchter Fibel befinden sich zwei Runeninschriften, die im Zeitraum zwischen 500 (Entstehung) und 550 n. Chr. (Niederlegung) eingeritzt worden sind.
Dazu sind weitere Einritzungen (sanduhrartiges Zeichen) zu sehen, die aber wohl mit den Runen nichts zu tun haben. Die Zeile B am oberen rechten Rand der Kopfplatte lautet **buirso**, ein möglicherweise verschriebener Name *Buriso*

(zu „Bauer" wie in „Vogelbauer"), der wie *Hariso* auf einen Mann oder eine Frau bezogen werden kann (der Runenmeister oder die Bestattete?). Zeile A läuft am linken Rand der Kopfplatte entlang und besteht aus dem Anfang der Runenreihe **fuþa** gefolgt von den Runen **z** (ᛉ) und **j**. Eine erste Deutung ging von einem Eintrag der Runen für die lebende Trägerin aus, der der Runenmeister seinen Namen und die übrigen Runen geritzt hatte, und zwar den Anfang der Runenreihe im Dienste der Magie, da keinem praktischen Bedürfnis dienend, danach die (aufgelösten) Begriffsrunen **z** „Elch" („Abwehr"?) und **j** „gutes Jahr", um darüber hinaus noch besondere Wünsche auszudrücken.

Bei wiederholter genauer Untersuchung des Originals zeigte sich, dass trotz bemerkbarer Abnutzungsspuren an der Fibel, als Folge langen Gebrauchs, die Runen keinen abgegriffenen, vielmehr einen recht frischen Eindruck machten, so als ob sie erst kurz vor der Niederlegung der Fibel eingraviert worden seien. Dieser Befund wurde durch weitere Beobachtungen bestärkt: Der Ritzer hat beim Gravieren der „Besenrune" ᛉ eine im Material vorhandene Beschädigung geschickt umgangen und dadurch eine etwas ungewöhnliche Form der Rune produziert, so dass er anfangs als ungeübter Runenritzer charakterisiert werden konnte. Wenn aber die Runen erst kurz vor der Niederlegung der Fibel als Beigabe in das Frauengrab geritzt wurden, dann muss ihre Deutung notwendiger Weise eine andere sein, als wären sie für die lebende Trägerin eingetragen.

Wie auf der Steinplatte von Kylver (Gotland), auf der das ganze ältere Futhark eingeschrieben worden ist, soll selbst das bruchstückhaft zitierte Futhark eine Störung des Grabes verhindern. Dabei spielt weniger der Gedanke an Grabräuber eine Rolle als vielmehr die Vorstellung, dass jede Störung eines Grabes ein Wiedergehen des oder in diesem Fall der Toten in Gang setzen kann. Die Furcht vor dem Wiedergänger aber prägte, wie literarische und archäologische Quellen (Pfählen, Zerstückeln, Verbrennen eines Leichnams) bezeugen, das religiöse Denken im Heidentum. Die Runenschrift wird hier, wie auch sonst bei Alphabetzauber zu beobachten, zu totenmagischen Zwecken eingesetzt. Auch dies ein weiteres Zeugnis für die „Macht der Schrift in Glauben und Aberglauben."

Literatur

A. Bertholet, Die Macht der Schrift in Glauben und Aberglauben. Berlin 1949

K. Düwel, Runen als magische Zeichen, in: P. Ganz (Hrsg.), Das Buch als magisches und als Repräsentationsobjekt. Wiesbaden 1992, 87–100

Ders., Runeninschriften auf Waffen, in: R. Schmidt-Wiegand (Hrsg.), Wörter und Sachen im Lichte der Bezeichnungsforschung. Berlin/New York 1981, 128–167

Ders., Runeninschriften als Quellen der germanischen Religion, in: H. Beck u. a. (Hrsg.), Germanische Religionsgeschichte. Quellen und Quellenprobleme. Berlin/New York 1992, 336–364

Ders., Runenkunde 3. Aufl. Stuttgart 2000

W. Krause (mit Beiträgen von H. Jankuhn), Die Runeninschriften im älteren Futhark. Göttingen 1966

M. Stoklund, Die Runen der römischen Kaiserzeit, in: U. Lund Hansen, Himlingøje-Seeland-Europa. Ein Gräberfeld der jüngeren römischen Kaiserzeit auf Seeland, seine Bedeutung und internationalen Beziehungen. Kopenhagen 1995, 317–346

P. Pieper, Die Runenstempel von Spong Hill: Pseudorunen oder Runenformel?, in: Neue Ausgrabungen und Forschungen in Niedersachsen 17, 1986, 181–200

Ders., Die Weser-Runenknochen. Neue Untersuchungen zur Problematik: Original oder Fälschung. Oldenburg 1989

Ders., Die Weser-Runenknochen. In: Bodenfunde aus der Wesermarsch, Archäologische Mitteilungen aus Nordwestdeutschland, Beiheft 5, 1991, 73–78

Ders., „Fluchweihe" oder „Weihefluch": Imitative Kampfesmagie bei den Germanen nach dem Zeugnis von Runeninschriften, in: Studien zur Sachsenforschung 13, 1999, 303–324

Die Runenfibel von Beuchte, Ldkr. Goslar

Aus dem kleinen Körpergräberfriedhof von Beuchte stammt aus einem Frauengrab (Grab Nr. 1) eine Bügelfibel aus Silber mit Tierstilverzierung. Sie ist in der 1. Hälfte des 6. Jahrhunderts angefertigt worden, vielleicht in einem frühen Abschnitt. Nach Ausweis der weiteren Grabbeigaben erfolgte die Bestattung um die Mitte des 6. Jahrhunderts.

Auf der Rückseite befinden sich drei Einritzungen, zwei davon in Runen:

Zeile A: Fu þ ar (ältere Runenreihe) und angeschlossen die Runen z und j.
Zeile B: buirso (Personenname; darunter ornamentale Einritzung)
Zeile C: Ein geometrisches Muster.

Während die Fibel starke Abnutzungen aufweist, was für eine lange Benutzungsdauer spricht, sind die Einritzungen frisch und zeigen noch Grat. Das spricht dafür, dass die Inschriften und das geometrische Muster erst angebracht wurden, als die Fibel ins Grab gelegt wurde. Die Bedeutung der Inschriften kann nur von daher interpretiert werden. Ob der Name die Grabeignerin oder den Runenritzer bezeichnet, sei dahingestellt und der Sprachforschung zu diskutieren überlassen. Magische Inschriften aus Furcht vor Wiedergängern könnten aber eine Rolle bei der Anbringung solcher Inschriften gespielt haben; ein anderer Sinnzusammenhang ist jedenfalls nicht erkennbar. So wird Magie ein Teil des Kultes, der über die Bestattung hinaus wirken soll. Das wäre eine besondere und späte Form des Totenkultes, der das Jenseits im Auge behält.

R. B.

Datierung: Späte Völkerwanderungszeit (1. Hälfte 6. Jahrhundert)
Verbleib: Braunschweigisches Landesmuseum, Abt. Vor- und Frühgeschichte, Wolfenbüttel
Lit.: W. Krause u. F. Niquet, Die Runenfibel von Beuchte, Kreis Goslar. Nachr. d. Akad. d. Wissenschaften Gött., I. Phil. Hist. Kl. 1956, Nr. 5; K. Düwel, Runeninschriften als Quelle der germanischen Religionsgeschichte. Germanische Religionsgeschichte, Quellen und Quellenprobleme. Ergänzungsbd. zum Reallexikon der Germanischen Altertumskunde Bd. 5, 1992, 336–364; G. Haseloff, Die Germanische Tierornamentik der Völkerwanderungszeit. Vorgesch. Forsch. 17 II, 1981, 501–505

Runenfibel von Beuchte.
Links: Rückseite der Fibel mit graphischer Hervorhebung der Einritzungen
(Fotos: K. Elle)

12. Kultische Handlungen bei den Sachsen der späten Merowinger- und Karolingerzeit

Von Friedrich Laux

Den schriftlichen Quellen der fränkischen und angelsächsischer Geschichtsschreibung lassen sich nur vereinzelt Hinweise auf das kultische Brauchtum der Sachsen in der Zeit zwischen 700 und 900 n.Chr. entnehmen. Diese Quellen müssen zudem als sehr einseitig gewichtet angesehen werden, da dort die Sachsen als „heidnische" Gegner erscheinen, die so unberechenbar sind, dass man ihnen die christliche Heilslehre allein durch das Schwert nahebringen konnte. Viele Angaben scheinen zudem nur formelhafte Feststellungen („topoi") zu sein, deren Wahrheitsgehalt mehr als zweifelhaft ist.

Einige Einblicke vermittelt jedoch das „Altsächsische Taufgelöbnis", das im Canum Collectio Dionysiana erhalten blieb, eine Sammlung von z.T. auch älteren Vorlagen, die um 800 n. Chr. in den Klöstern von Hersfeld oder Fulda unter angelsächsischem Einfluss zusammengetragen wurde. Darin findet sich ein Frage-Antwort-Gespräch zwischen einem Priester und einem Täufling; wobei letzterer allem Teufelswerk und Teufelswort entsagt, darunter auch „Donar und Wodan und Saxnot und all den Unholden, die ihre Genossen sind". Darauf erfolgt der feierliche Schwur, an den dreifaltigen Gott zu glauben. Von Interesse ist, dass unter den heidnischen Gottheiten, denen abgeschworen werden mußte, nur männliche Götter vertreten sind und dass Wodan/Odin, der Göttervater, erst an zweiter Stelle genannt wird, dagegen Donar/Thor den ersten Platz einnimmt.

Wo diese Götter verehrt wurden, darauf könnten die Reichsannalen zum Jahre 772 n.Chr. vielleicht eine Antwort geben. „Damals hielt der milde König Karl eine Versammlung in Worms und begab sich von hier erstmals nach Sachsen, eroberte die Eresburg, gelangte bis zur Ermensul, zerstörte dieses Heiligtum und brachte das Gold und Silber, das er dort fand, mit. Und es gab eine große Trockenheit, so dass es dort, wo der Ermensul stand, an Wasser fehlte. Während der vorgenannte ruhmreiche König dort zwei oder drei Tage bleiben wollte, um dieses Heiligtum gänzlich zu zerstören, und sie kein Wasser hatten, da stürzten plötzlich durch die Gnade Gottes um Mittag, als das ganze Heer an einem Bachlauf ruhte, ohne dass irgend jemand etwas wußte, Wasser in solcher Fülle daher, daß das ganze Heer genug hatte. Dann kam der genannte König an die Weser." Nach diesem Bericht zu schließen, kannten die Sachsen Heiligtümer von einiger Größe, denn sonst könnte hier kein Heer lagern, und Karl benötigte auch nicht mehrere Tage, um es zu zerstören. Das Heiligtum lag am Oberlauf eines Baches oder an einer Quelle, die plötzlich trockenfiel und dann wieder – vielleicht nach einem Wolkenbruch – mit Wasser gespeist wurde. In dem ebenfalls erwähnten, gehorteten Gold und Silber aus dem Heiligtum darf man wohl dort deponierte Opfergaben sehen. Bei der Ermensul könnte es sich um einen „heiligen Baum" handeln, ähnlich der dem Wodan geweihten Eiche, die der angelsächsische Mönch Winfried/Bonifatius im niederhessischen Geismar schlagen ließ, um aus dem Holz eine dem Petrus geweihte Kapelle zu errichten. Wo die Ermensul gelegen hat, ist unklar, doch es muss zwischen der Eresburg, dem heutigen Obermarsberg, und der Weser lokalisiert werden.

Um ein anderes Heiligtum könnte es sich bei dem Versammlungsort der Sachsen in Markloh an der Weser handeln. Hier sprach 768 der angelsächsische Mönch Lebuin zu der sächsischen Stammesversammlung und predigte den Anwesenden das Christentum. Der Name Markloh läßt ebenfalls an einen Hain denken, an einen auch in religiöser Hinsicht wichtigen Ort, an dem nicht nur Versammlungen abgehalten und Gericht gesprochen wurde.

Die schriftlichen Quellen bleiben vage, keines dieser Heiligtümer konnte bisher aufgefunden bzw. ausgegraben werden. Da auch die Funde aus Mooren, Seen und Flüssen auszufallen scheinen – sieht man einmal von dem noch in das vorangegangene 6. Jahrhundert datierten goldenen Halsring aus einem Moor bei Hamburg-Schnelsen und jenem aus Mulsum, Ldkr. Cuxhaven, ab – bleiben als Quelle für weiterführende Aussagen nur die Gräberfelder und einige andere Beobachtungen.

Als gesichert kann angesehen werden, dass man auch in spätsächsischer Zeit mit einem Weiterleben nach dem Tode rechnete, denn zu dieser Vorstellung gehört, dass man die

Toten beerdigte und mit dem ausstattete, was sie für ein Leben im Jenseits benötigten.

Als beispielhaft für die religiösen Vorstellungen in der Zeit zwischen 700 und 900 sollen hier die Entwicklungen und die damit verbundenen Veränderungen im Bestattungswesen auf den Reihengräberfriedhöfen im Bardengau vorgestellt werden, zumal sich diese Abfolge im Großen und Ganzen auch auf allen anderen spätsächsischen Reihengräberfriedhöfen zwischen der Weser und der slawischen Grenze wiederholt.

Auf eine Phase mit Brandbestattungen zwischen Vier- und Fünfpfostensetzungen bzw. ohne eine derartige Umzäunung geht man um 700 n. Chr. ziemlich unvermittelt von dieser Bestattungssitte ab, um nun Süd-Nord ausgerichtete Körpergräber anzulegen. Dieser Wechsel war so radikal, dass man – ungewöhnlich genug – sich nicht scheute, die Gräber der eigenen Familienangehörigen aus der Phase der Brandgräber absichtlich zu zerstören, in dem man die Umhegungen gewaltsam einriss und den im Zentrum dieser Einfriedungen unter flachen Erdschüttungen liegenden Leichenbrand auseinanderriss und einplanierte, wobei gelegentlich Teile davon, aber auch einzelne angeschmolzene Beigaben in die nun offen stehenden Pfostenlöcher fallen konnten. Ein Bevölkerungswechsel hat jedoch nicht stattgefunden, denn bei den ältesten der Süd-Nord ausgerichteten Körpergräber wird die Sitte, sie mit einer Vierpfostensetzung zu umgeben weitergeführt, und auch in der Art und Qualität der Beigabenausstattung können keine Unterschiede zur vorangehenden Phase mit Brandbestattungen festgestellt werden. Die neu angelegten, Süd-Nord ausgerichteten Körpergräber überlagern nicht selten die Areale der vorangegangenen Brandgräberphase. Die reich mit Beigaben ausgestatteten, weit auseinanderliegenden Süd-Nord Gräber werden schon im beginnenden zweiten Drittel des 8. Jahrhunderts von weit auseinanderliegenden West-Ost ausgerichten Reihengräbern abgelöst. In der Zusammensetzung der Beigaben unterscheidet sich die ältere Phase der Körpergräber in West-Ost-Ausrichtung von den jüngeren nur bei den Beigabenausstattungen der Männer, da jetzt die Waffen, nämlich der Sax, die Lanze, Bogen und Pfeile sowie ein Schild, fehlen. Etwa um 800 n. Chr. geht man allgemein zur beigabenlosen Körperbestattung über.

Die nun flacher angelegten West-Ost ausgerichteten Körperbestattungen liegen nun auch in dichten Reihen beieinander. Einzelne Fibeln mit christlichen Symbolen sind die einzigen Fundstücke, die dann noch vereinzelt in die Gräber kommen. Um 900 enden die Reihengräberfriedhöfe einer nach dem anderen, und alle weiteren Bestattungen erfolgen nun ausschließlich bei den neu errichteten Kirchen.

Dieser wiederholte Wechsel im Bestattungsritus sowie in der Ausrichtung und Beigabenausstattung der Körpergräber kann nur auf Veränderungen im kultischen und religiösen Bereich zurückgeführt werden. So hängt das Ende der Belegung auf den Reihengräberfriedhöfen zweifelsfrei mit dem nun um 900 n. Chr. abgeschlossenen Aufbau der unteren Kirchenorganisation und der Beisetzung der Verstorbenen bei den neu erbauten Pfarrkirchen zusammen. Dies ist zugleich mit einer einschneidenden Veränderung der bisherigen kultischen Vorstellungen und Praktiken verbunden, denn vorher lag der Friedhof weit außerhalb der Siedlung, abseits der Lebenden, nun dagegen inmitten der Gemeinschaft bei der Kirche. In der Anlage der enger beieinanderliegenden West-Ost-Gräber mit fehlender oder nur spärlicher Beigabenausstattung, wie es für die Zeit seit 800 n. Chr. festgestellt werden kann, spiegelt sich ohne Zweifel die Übernahme christlicher Glaubensvorstellungen nach der vollzogenen Zwangstaufe am Ende der Sachsenkriege Karls des Großen wider.

Doch wie ist der Wechsel von reich ausgestatteten Süd-Nord Körpergräbern zu solchen in West-Ost-Richtung zu deuten? Zur Erklärung könnten vielleicht zwei auffällige Beobachtungen beitragen, die zeitlich mit diesem Wechsel einhergehen. Einmal hören die Waffenbeigaben unvermittelt auf, zum anderen auch die Pferdebestattungen. Hierin kann man nur eine schon lange vor den Eroberungszügen Karls des Großen erfolgte mehr oder weniger nur formale Übernahme christlicher Glaubensvorstellungen sehen, Vorstellungen, die durch wandernde und missionierende Mönche entlang der Hauptverkehrswege verbreitet wurden. Denn nicht zufällig erfolgte dieser Richtungswechsel im Westen, z. B. in Bremen-Mahndorf, früher (etwa um 700 n. Chr.) als in weiter östlich gelegenen Bereichen, etwa um 730 n. Chr. z. B. in Oldendorf, Gem. Amelinghausen,

Ldkr. Lüneburg, und Maschen, Gem. Seevetal, Ldkr. Harburg. Zu einigen abseits gelegenen Friedhöfen, wie z.B. in Wulfsen, Ldkr. Harburg, und in Ketzendorf, Stadt Buxtehude, Ldkr. Stade, gelangte christliches Gedankengut dagegen erst mit einer letzten Welle zur Zeit Karls des Großen.

Somit müssten eigentlich die Süd-Nord ausgerichteten Körpergräber und die noch älteren zwischen den Pfostensetzungen angelegten Brandbestattungen die Kult- und Glaubensvorstellungen aus spätsächsischer Zeit widerspiegeln. Mit archäologischen Mitteln fassbar wird allerdings nur die Sitte, den Verstorbenen zusammen mit seinem Pferd oder seinen Pferden (z.B. Dreifachpferdebestattung von Wulfsen, Ldkr. Harburg, Kat.-Nr. 10.1.), aber auch mit Hunden und einem Lockhirsch (z.B. Rullstorf, Ldkr. Lüneburg), und einmal auch mit einem Rind (Tangendorf, Gem. Toppenstedt, Ldkr. Harburg), beizusetzen. Da es sich bei den Pferden überwiegend um dreijährige Hengste handelt, muss offensichtlich noch eine andere Vorstellung dahinterstehen, als nur die Sitte, einen „Adligen" mit dem ihm zustehenden Reitpferd beizusetzen. Ein Hinweis auf rituelle Pferdeopfer verbunden mit kultischem Verzehr von Pferdefleisch – nachweisbar durch Schnittstellen an den Knochen der Pferde – konnte nicht beobachtet werden. Die Pferde wurden vor der Beisetzung erschlagen und im noch „warmen Zustand" in den Gruben niedergelegt.

Pferdebestattungen setzen im spätsächsischen Bereich zwischen Weser, Aller und Elbe erst während des 7. Jahrhunderts ein, um dann mit dem Aufkommen der frühesten West-Ost-Bestattungen bereits wieder kurz nach dem 1. Drittel des 8. Jahrhunderts n. Chr. zu enden. Pferde können auch brandbestatteten Männern zugeordnet werden, was eindrucksvoll ein Beispiel vom Reihengräberfriedhof beim Rehrhof, Gem. Amelinghausen, Ldkr. Lüneburg, belegt. Hier wurden im Zentrum eines von einer niedrigen Palisade umgebenen Hügels eine kastenförmige Verfärbung mit Leichenbrand, die Überreste des Toten und metallene Beigaben angetroffen. Auf der Westseite war unmittelbar vor dieser Palisade ein Pferd mit rückwärts gewandtem Kopf in Nord-Süd-Richtung bestattet worden. Beide Beisetzungen wurden – und das macht die Zusammengehörigkeit erst deutlich – von einem gemeinsamen Kreisgraben

umgeben (Abb. 1). Dass dies kein Einzelfall ist, zeigen entsprechende Bestattungen – menschlicher Leichenbrand einerseits und körperbestattetes Pferd andererseits – aus Rullstorf, Ldkr. Lüneburg, wo ebenfalls westlich von Pfos-

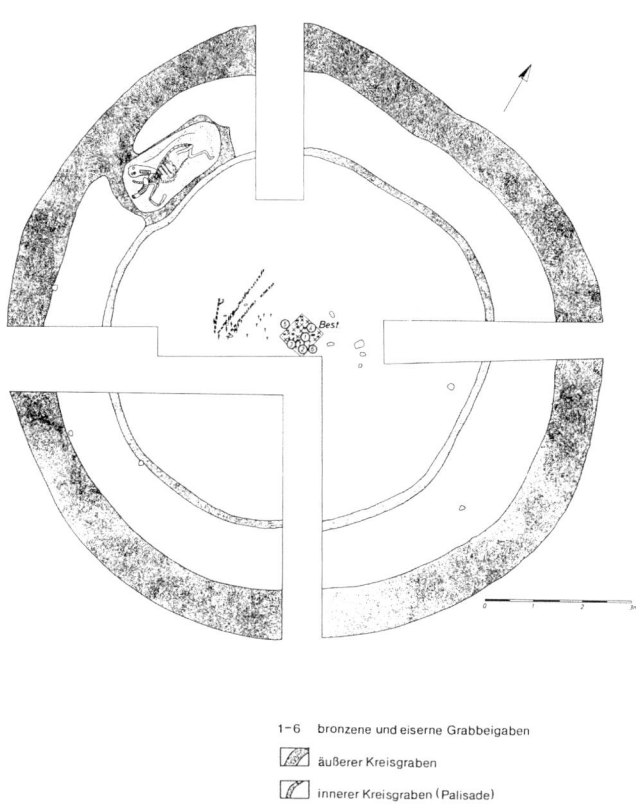

1–6 bronzene und eiserne Grabbeigaben

  äußerer Kreisgraben

  innerer Kreisgraben (Palisade)

  Holzkohle

  Leichenbrand

  Nägel

Abb. 1 Grabhügel 5 vom Rehrhof,
Gem. Amelinghausen, Ldkr. Lüneburg.
Gemeinsame Bestattung von einem brandbestatteten Reiter
mit seinem körperbestatteten Pferd. Die Zahlen-
angaben beziehen sich auf die wenigen erhaltenen Beiga-
ben, Schnallen, Beschläge und Riemenzungen
(nach Laux, 1980)

tensetzungen, die zu verpflügten Brandbestattungen gehören, Perdebestattungen vorgenommen wurden. Entsprechendes gilt für die großen Kreisgräben und quadratischen Gräben im Nordwesten dieses Gräberfeldes. Im Allgemeinen werden die den Süd-Nord ausgerichteten Körperbestattungen zugeordneten Pferde in gleicher Ausrichtung beigesetzt (Abb. 2), doch sind auch Pferdebestattungen in der abweichenden West-Ost-Ausrichtung bekannt, wie in Hittfeld-Karoxbostel, Ldkr. Harburg.

Welche Vorstellungen stehen hinter diesen Pferdebestattungen? Soweit die Beigaben überhaupt Aussagen zulassen, müssen die Pferdebestattungen jeweils Männern mit Waffenausstattungen zugeordnet werden. Der mit seinen Waffen beigesetzte Krieger benötigte offensichtlich sein Pferd, um so hoch zu Ross ins Jenseits, in Walhall, einzuziehen. Ein Bezug zum Wodan/Odin-Kult ist dabei nicht zu übersehen, denn der Tote wurde Teil des von Wodan angeführten berittenen Totenheeres, der Wilden Jagd. Es kann deshalb auch kein Zufall sein, dass etwa zur gleichen Zeit, als die Pferdebestattungen und Waffenbeigaben aufhören – dem auf archäologischem Wege fassbaren Ende des Wodan-Kultes – bei den Körperbestattungen ein Wechsel hin zur christlichen West-Ost Ausrichtung stattfindet.

Eine Erklärung für den um 700 n.Chr. erfolgten, ziemlich abrupten Wechsel von der Brandbestattungs- zur Körperbestattungssitte kann nicht gefunden werden, zumal sowohl die Sitte der Pferdebestattung als auch die Ausstattung der Männer mit ihren Waffen fortgeführt wird. Und dennoch muss es ein einschneidendes Ereignis gewesen sein, das zur Verwüstung der Gräber der noch brandbestatteten Vorfahren geführt hat.

Dies ist umso auffälliger, als auch Anzeichen für einen „Ahnenkult" erkannt werden konnten. Vielfach wurden nämlich die Reihengräberfriedhöfe und ihre Vorgänger, die Brandgräberfriedhöfe, am Fuße bzw. in unmittelbarer Nachbarschaft von älteren großen, zumeist bronzezeitlichen Grabhügeln angelegt, wie es Beispiele aus Oldendorf und Rehrhof, beide Gemeinde Amelinghausen, Ldkr. Lüneburg, Maschen, Gem. Seevetal, Ldkr. Harburg, Ketzendorf, Stadt Buxtehude, Ldkr. Stade, und Hamburg-Schnelsen belegen. Aber auch Megalithgräber dienten gelegentlich als Ausgangspunkt bei der Anlage von Reihen-

gräberfriedhöfen, wie es ein Befund aus Daerstorf, Gem. Neu-Wulmstorf, Ldkr. Harburg, verdeutlicht. Offensichtlich ist es das Grab der „Ahnen", in deren Schutz man sich begibt.

Noch deutlicher wird dies bei einem anderen Brauchtum. In einigen wenigen Fällen, so bei dem Steingrab am „Giebichtenstein" bei Stöckse, Ldkr. Nienburg, ferner bei jenen in Krelingen, Ldkr. Soltau-Fallingbostel, und in Schnakenbek, Kr. Hzgtm. Lauenburg, sowie in Hamburg-Fischbek konnten bei wissenschaftlichen Ausgrabungen in der Kammer selbst oder an ihrem ursprünglichen Standort Scherben aus frühgeschichtlicher Zeit geborgen werden.

Das teilweise zerstörte Steingrab „Teufelsbett" im Waldgebiet „Krähe" bei Stöckse, Ldkr. Nienburg, ist eine überbreite Kammer von 11,0 m Länge, deren sechs weit auseinanderstehende Wandsteinpaare ehedem mit fünf großen Decksteinen abgedeckt waren. Am Nordende der Kammer – hier ist der Abschlussstein offensichtlich schon in alter Zeit entfernt worden – fanden sich Scherben von bauchigen Gefäßen mit niedrigem, engem Hals und außer Schalen und Kümpfen auch Gefäße mit Wackelboden, dagegen keine Kugeltopfkeramik. Die Scherben datieren in das 8. und frühe 9. Jahrhundert n.Chr.

Auch bei dem teilweise zerstörten Steingrab bei Krelingen, Stadt Walsrode, Ldkr. Soltau-Fallingbostel, handelt es sich um eine große sechsjochige Kammer mit ehemals sechs einander gegenüberstehenden Wandsteinen, die allerdings mit ebensovielen Decksteinen abgedeckt war. Bei der 1968 vorgenommenen wissenschaftlichen Ausgrabung zeigte sich, dass einer der Decksteine schon in alter Zeit in das Innere der Kammer verrutscht ist und seitdem den Zugang versperrte. Im frühen Mittelalter ist von der Einsturzstelle dieses Decksteines her ein Schacht in das Innere der verfüllten Kammer vorgetrieben worden, der über das in der Tiefe liegende Steinpflaster hinaus bis in den gewachsenen Boden hineinreichte. Hier wurden die Scherben von etwa 20 frühmittelalterlichen Gefäßen geborgen. Der Ausgrabungsbefund macht deutlich, dass im frühen Mittelalter die Decksteine der Kammer begehbar waren, da man nur von hier aus ins Innere der mit Erde verfüllten Kammer gelangen konnte. Da die Scherben zuunterst in dieser verfüllten Störung lagen, können sie möglicherweise beim Verfüllen des Loches hierhin gelangt sein. Unter den Gefäßen finden sich sowohl solche mit Standboden, als auch solche – und diese wohl in der Überzahl – mit Wackelboden. Neben einer Terrine mit abgesetztem kurzem Hals, die noch in das ausgehende 8. Jahrhundert zu datieren ist, einen ebenso alten kugeligen Kumpf mit Stempelzier und einigen becherartigen Gefäßen handelt es sich überwiegend um eiförmige Gefäße mit Wackelboden, die in das 9. Jahrhundert zu datieren sind. Ausgesprochene Kugeltöpfe konnten unter den wenigen Gefäßen nicht erkannt werden. Das besagt, daß sich keine Gefäßformen aus der 2. Hälfte des 9. Jahrhunderts unter den geborgen Scherben befinden.

Noch komplizierter sind die Beobachtungen in Schnakenbek, Kr. Hzgtm. Lauenburg. Hier wurden im Zentrum eines Grabhügels von 30,0 m Durchmesser die Standspuren einer zerstörten Steinkammer angetroffen. Nur wenige Meter östlich davon lagen auf einem „sekundär hergestellten Plateau" zahlreiche Scherben von mittel- und spätslawischer Keramik, aber auch solche, die man der spätsächsischen Zeit und dem frühen Mittelalter zuweisen möchte. Die jüngsten der geborgenen Scherben, solche von Kugeltöpfen und Pingsdorfer Ware, datieren in das beginnende 12. Jahrhundert. Die gefundenen Scherben sprechen dafür, dass sie im Verlauf von etwa drei Jahrhunderten hierher gelangt sind.

Am besten erforscht und daher am aussagekräftigsten sind bislang die Fundstücke aus der Grabung an einem vollständig zerstörten Steingrab in der Fischbeker Heide bei Hamburg. Erhalten blieben nur noch das Steinpflaster des Kammerbodens und die Standspuren der neun Trägersteine und die beiden Eingangssteine. Direkt auf dem Steinpflaster fanden sich jungsteinzeitliche Scherben und, nur durch eine Humusschicht von diesen getrennt, Hunderte von frühgeschichtlichen Scherben. Nach den Randscherben zu urteilen und unter Berücksichtigung weiterer Kriterien wie Magerung, Oberflächenstruktur und Farbe handelt es sich um Scherben von mehr als 900 Gefäßen. Da nur wenige flache Standböden unter ihnen zu finden sind, wird es sich zumeist um Gefäße mit Wackelboden oder um Kugeltöpfe handeln, von denen viele eine einheitliche Größe besitzen. Da diese große Zahl von Gefäßen niemals in der kleinen vierjochigen Steinkammer gestanden haben können, und da

zudem in keinem einzigen Fall möglich war, aus den Scherben wieder ein vollständiges Gefäß zusammenzusetzen, können die Töpfe nur in zerscherbtem Zustand in die Kammer gelangt sein. Es handelt sich sowohl um spätsächsische Töpfe mit kurzem steilen Rand, als auch um verschiedene Formen von spätestsächsischen Gefäßen mit Wackelboden und frühen Kugeltöpfen, hinzu kommen Kümpfe, Schalen und Becher verschiedener Formen und Größen. Die Keramik muß in die Zeit von etwa 780 bis 900 n. Chr. datiert werden, wobei die jüngeren Gefäßformen im Fundmaterial bei weitem überwiegen. Der Befund ist eindeutig: In die Kammer gelangten nur Scherben. Einen Hinweis auf den Ablauf des Geschehens liefern die Beobachtungen aus der Kammer selbst. Im Laufe der Zeit ist nicht nur der Erdmantel und die Lehmabdeckung, die das Steingrab umhüllten, verwittert und abgeflossen, sondern auch das zwischen den Decksteinen befindliche Zwickelmauerwerk in das Innere der Steinkammer verstürzt. Dadurch entstanden zwischen den Decksteinen größere Lücken, durch die nicht nur Laub und Sand, sondern auch die Scherben der frühmittelalterlichen Gefäße ins Innere der Kammer fallen konnten. Da von jedem Gefäß nur einzelne Scherben ins Innere der Kammer gelangt sind, bliebe zu überlegen, ob die zugehörenden Gefäße nicht zuvor absichtlich auf den Decksteinen zerschlagen worden sind, wobei ein kleiner Teil der Scherben – wenn überhaupt – in die Kammer fallen konnte. Die übrigen Scherben blieben auf den Decksteinen der Kammer liegen oder am Fuße des Hügels, wo sie innerhalb weniger Jahre zerfielen. Man wird deshalb mit etwa 2000 Gefäßen rechnen müssen, die innerhalb von 120 Jahren auf die Decksteine der Steinkammer gestellt oder dort zerschlagen wurden.

Auffällig ist, dass dieses Brauchtum in allen vier vorgestellten Örtlichkeiten noch im ausgehenden 8. Jahrhundert einsetzt, dann aber unterschiedlich lange beobachtet werden kann. Im Westen, in Stöckse an der Weser und Krelingen in der südwestlichen Lüneburger Heide endet dieses Brauchtum noch vor dem Aufkommen der Kugeltöpfe, anders beim Steingrab in der Fischbeker Heide bei Hamburg, wo Kugeltöpfe noch reichlich vertreten sind, und in Schnakenbek im Lauenburgischen gar erst im beginnenden Hochmittelalter. Auch hier dürfte die von Westen nach

Osten fortschreitende Organisation der unteren Kirchen-organisation und der Ausbau der Pfarreien die entscheidende Rolle spielen. Das Ende der Belegung der Reihengräberfriedhöfe und die nun erfolgte Bestattung der Verstorbenen bei den jeweiligen Pfarrkirchen zeigt auf archäologischem Wege diesen Zeitpunkt an, an dem die Priester die ihnen anvertrauten und getauften Dorfbewohner von den heidnischen Kultplätzen fernhalten konnten und mussten.

Von den kultischen Handlungen, die sich bei den Steingräbern abspielten, zeugen noch heute Namen wie „Düvelssteene", „Teufels Backofen", „Teufelssteine", „Teufelsbett" usw. Derartige Bezeichnungen für Steingräber deuten auf christliche Einwirkung und Verdammnis hin. Allein schon durch die abschreckende Namensgebung sollte ein Besuch bei den Steingräbern als gefährlich dargestellt und damit verhindert werden. Aber warum dieser Aufwand? Eine indirekte Erklärung dafür kann eine weitere Namensgruppe für Steingräber geben, die sich um Bezeichnungen wie „Brutsteene", „Brutkamp", „Visbeker Braut und Bräutigam" gruppieren. Vielfach sind an diese Steinkammern bestimmte Sagen gebunden, so die Geschichte einer Braut, die einen ungeliebten Bräutigam heiraten sollte und auf dem Wege zur Kirche lieber zu Stein werden wollte, als sich in ihr Schicksal zu fügen. Der Wunsch ging in Erfüllung und der ganze Hochzeitszug versteinerte daraufhin. Andererseits gibt es auch den Brauch, dass ein jungvermähltes Paar an das Grab der „Ahnen" treten muss, um sich vorzustellen bzw. in die Sippe aufgenommen zu werden. Weiterhin muss es darum tanzen oder darüber springen, um so reichen Kindersegen zu erlangen. Dieser Brauch deutet darauf hin, dass die „Brautsteine" mit heidnischen Fruchtbarkeitskulten in Verbindung zu bringen sind. Dieses „unchristliche" Verhalten wurde von der Kirche verfolgt, die Orte, an denen diese Handlungen stattfanden, die Steingräber, mit einem entsprechendem Bann belegt.

Dieser kurze Überblick kann nicht vollständig sein, da das Thema selbst viel zu vielschichtig ist. Er soll lediglich einen Eindruck davon vermitteln, was schriftliche Quellen und archäologische Ausgrabungen zu diesem Thema beitragen können. In vielen Fällen sind zudem Deutungen nur mit Hilfe volkskundlicher Überlegungen möglich, da sich verschiedene der damals geübten kultischen Praktiken in der Volksüberlieferung noch bis in die Neuzeit erhalten haben.

Literatur

A. Angenendt, Die Christianisierung Nordwesteuropas. In: C. Stiegemann / M. Wemhoff (Hrsg.), 799, Karl der Große und Leo III in Paderborn. Kunst und Kultur der Karolingerzeit. Mainz 1999, 420–433

A. Genrich, Altsächsische Kriegergräber und Pferdebestattungen in Niedersachsen und ihre Bedeutung für die Religionsgeschichte. Nachrichten aus Niedersachsens Urgeschichte 28, 1959, 20–36

G. Isenberg, Die Christianisierung der kontinentalen Sachsen. In: C. Ahrens (Hrsg.), Sachsen und Angelsachsen. Hamburg 1978, 105–110

F. Laux, Das frühmittelalterliche Gräberfeld beim Rehrhof, Samtgemeinde Amelinghausen, Kr. Lüneburg (Niedersachsen). Studien zur Sachsenforschung 2, 1980, 203–214

F. Laux, Nachklingendes heidnischen Brauchtum auf spätsächsischen Reihengräberfriedhöfen und an Kultstätten der nördlichen Lüneburger Heide in frühchristlicher Zeit. Die Kunde N.F. 38, 1987, 179–198

F. Laux, Sächsische Gräberfelder zwischen Weser, Aller und Elbe. Aussagen zur Bestattungssitte und religiösem Verhalten. Studien zur Sachsenforschung 12, 199, 149–171

C. Liebers, Neolithische Megalithgräber in Volksglauben und Volksleben. Untersuchung historischer Quellen zur Volksüberlieferung, zum Denkmalschutz und zur Fremdenverkehrswerbung (Frankfurt/Main 1986).

R. Rau (Hrsg.), Quellen zur karolingischen Reichsgeschichte. Darmstadt 1968/1993

Abb. 2 Lage der Fundstücke in den Grabgruben der gemeinsamen Bestattungen von Ross und Reiter (Zeichnungen: E. Sánchez)

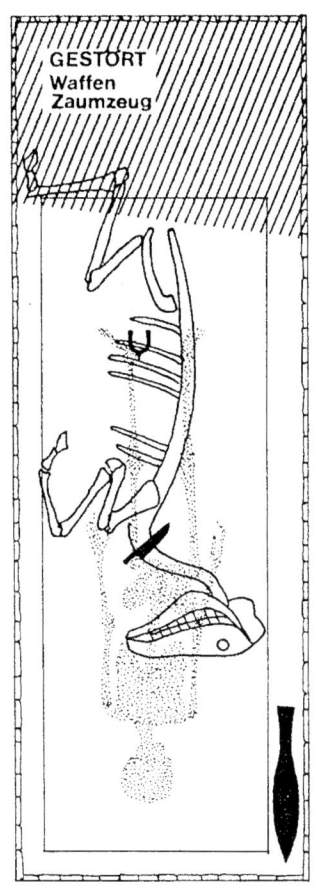

GESTÖRT
Waffen
Zaumzeug

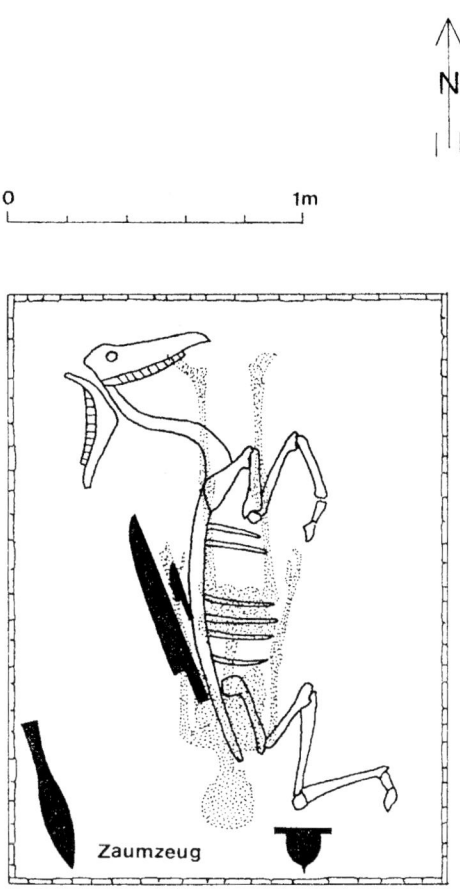

N

0   1m

Zaumzeug

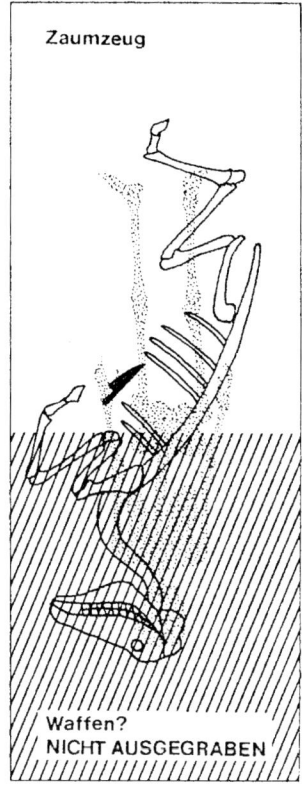

Zaumzeug

Waffen?
NICHT AUSGEGRABEN

237

Heidnisches Brauchtum in schon christlicher Zeit an einem Steingrab in der Fischbeker Heide bei Hamburg

Die Kammer des kleinen Steingrabes wurde im 19. Jahrhundert durch Steinsucher so nachhaltig zerstört, dass nur noch das Steinpflaster des Kammerbodens und die Standspuren der neun Trägersteine und der beiden Zugangssteine erkannt werden konnten. Auf diesem Steinpflaster fanden sich – durch eine Humusschicht von den jungsteinzeitlichen Scherben aus der Erbauungszeit der Kammer getrennt – Hunderte von frühgeschichtlichen Scherben, dagegen keine einzige im alten Zugangsbereich und am ehemaligen Hügelrand.

Nach den Randscherben zu urteilen und unter Berücksichtigung weiterer Kriterien wie Magerung, Oberflächenstruktur und Farbe handelt es sich um die Überreste von etwa 900 verschiedenen Gefäßen, von denen in aller Regel nur Einzelscherben vorhanden sind. Da von diesen Scherben nur wenige zu flachen Standböden gehören, muss es sich in der Hauptsache um Gefäße mit Wackelböden oder – noch häufiger – um solche mit Kugelböden (Kugeltöpfe) handeln. Die spätsächsischen Scherben des ausgehenden 8. Jahrhunderts n.Chr. gehören überwiegend zu Kümpfen und bauchigen Töpfen mit niedrigem, abgesetztem Rand, aber auch zu verschiedenen kleinen Schalen. Einzelne Scherben sind der slawischen Keramik des beginnenden 9. Jahrhunderts zuzuordnen, ebenso die nicht sehr zahlreichen sackförmigen Gefäße der spätestsächsischen Zeit. Jünger sind dann die Formen der Wackelbodengefäße und die große Menge der frühen Kugeltopfware. Keines der Gefäße ist wesentlich jünger zu datieren als in die Zeit um 900 n. Chr.

Durch die Ausgrabung ist gesichert, dass kein vollständiges Gefäß, sondern immer nur einzelne Scherben in die Kammer gelangt sind. Offensichtlich wurden die Gefäße auf den damals schon frei liegenden Decksteinen der Steinkammer zerschlagen. Im Laufe der Jahrtausende war nicht nur der Erdmantel und die Lehmabdeckung, die das Steingrab ehedem umhüllten, verwittert und abgeflossen, sondern auch das zwischen den Decksteinen befindliche Zwickelmauerwerk in das Innere der Steinkammer verstürzt. Durch die zwischen den Decksteinen entstandenen Lücken konnten nun zusammen mit Laub und Sand auch die Scherben der frühmittelalterlichen Gefäße ins Innere der Kammer fallen. Andere blieben auf den Decksteinen oder unten am Hügelfuß liegen und sind, da sie „Wind und Wetter" ausgesetzt waren, längst zerfallen.

Von Interesse ist, wieviele Gefäße auf den Decksteinen der Kammer zerschlagen worden sind, seien nun deren Scherben den Hügel heruntergefallen oder in die Kammer gelangt. Für eine überschlägige Rechnung erfasst werden können natürlich nur die Gefäße, von denen Scherben in der Kammer gefunden worden sind, nämlich etwa 900 Exemplare. Diese Zahl wird man sicher verdoppeln oder sogar verdreifachen müssen, um einen Annäherungswert zu gewinnen. Die Zahl

Foto: K. Elle

von 2500 Töpfen, die hier bei kultischen Handlungen eine Rolle gespielt haben, dürfte nicht zu hoch gegriffen sein. Diese große Zahl von Gefäßen deckt einen Zeitraum von etwa 120 Jahren ab, das heißt, etwa 20 Gefäße wurden im Jahr zum Fischbeker Steingrab gebracht.

Demzufolge muss hier mehrmals im Jahr ein Fruchtbarkeitsritus ausgeübt worden sein, dessen Details uns verschlossen bleiben. Da offensichtlich dabei Gefäße eine herausragende Rolle gespielt haben, wird man sie als Transportbehälter für „Speis und Trank" ansehen müssen, die bei Feierlichkeiten am Grab der „Ahnen" verzehrt oder geopfert wurden. Diese kultischen Feste bzw. Fruchtbarkeitsriten müssen den missionierenden Geistlichen von Anfang an ein „Dorn im Auge" gewesen sein. Deshalb fielen die Steingräber und auch diejenigen, die sich ihnen näherten, der christlichen Verdammnis anheim, ein Vorgang, der noch in der Namensgebung der Steingräber wie „Teufelssteine" oder „Teufels Backofen" zum Ausdruck kommt.

F. L.

Datierung: Spätsächsische Zeit (um 900)
Verbleib: Helms-Museum, Hamburg
Lit.: F. Laux, Nachklingendes heidnisches Brauchtum auf sächsischen Reihengräberfriedhöfen und an Kultstätten der nördlichen Lüneburger Heide in frühchristlicher Zeit. Die Kunde N.F. 38,1987, 179–198

13. Magie im Christentum

Von Ralf Busch

Zu den Verordnungen Karls des Großen für die Gebiete Sachsens (775–779) scheint so manches durch, was an heidnischen Bräuchen von den Sachsen geübt wurde. Die Verbote lassen erkennen, was übliche Sitte war. Dazu gehörte auch, Orte, die der alten Sitte vertraut waren, nicht mehr zu nutzen. Dennoch haben gerade dort sich christliche Zentren installiert. Frühe Kirchen entstanden an jenen Orten, an denen Menschen sich vorher einzufinden gewohnt waren.

Örtliche Kontinuität war eine Möglichkeit der Traditionsanbindung. Die Pfingstgottesdienste am Kleckener Steingrab (Ldkr. Harburg) stellen noch heute eine – unbewusste – Kontinuität dar, die den Teilnehmern nicht gegenwärtig ist. Aber das ist Realität. Daneben und überhaupt gibt es zahlreiche Sitten, die im Christentum fortlebten oder durch Umdeutung eingebunden wurden. Magische Vorstellungen, die sich z.B. in Runeninschriften in heidnischer Zeit niederschlugen, leben in Gesittungen weiter, wie es die Thebal-Ringe bezeugen. Dass diese gerade in der Oberschicht Wertschätzung fanden, mag verschiedene Gründe haben. Waren doch diese Ringe, deren Herstellung nur wenigen Eingeweihten in deren Bedeutung gegeben war, nur jenen Menschen zugänglich, die über die erforderlichen Mittel verfügten, also einer Oberschicht. Gerade diese war aber Träger des Christentums. Die Verwendung eines magischen Zeichens haben diese sicher nicht als unchristlich verstanden, lediglich als eine zusätzliche Versicherung ihres Anliegens.

Das liegt zwar fernab heidnischen Kultes, verkündet aber Traditionen über die Zeiten hinweg. So sind die hier gewählten Beispiele rar, aber sinnfällig. Sie zeigen auf, wie vorchristliches Denken in die neue Zeit integriert wird. So scheint eine ferne Welt in die Zeit des Mittelalters hinein.

Thebal-Ringe

Mit den 17 Fingerringen, die durch eine Inschrift THEBAL GVT GVTANI versehen sind, begegnet uns ein Ring, dessen Bedeutung in der Inschrift liegt (die variiert, aber im Kern auf diese zurückzuführen ist). Er besteht aus Gold oder Silber und ist in Frankreich, England, Irland, Deutschland und Dänemark verbreitet. Überwiegend gehören sie dem 12. Jahrhundert an. Sie sind innen rund, außen achteckig (in Dänemark neuneckig).

Drei Ringe stammen aus Gräbern:

Angers (Frankreich): Grab des Bischofs Ulger, gest. 1149
Königslutter (Ldkr. Helmstedt): Grab Kaiser Lothars, gest. 1137
Alt-Lübeck: Anonymes Grab, frühes 12. Jahrhundert.

Der Ring aus Königslutter bezeugt den ranghöchsten Träger eines solchen Ringes. Die Inschrift wird aus dem Aramäischen abgeleitet und bedeutet:

„Du magst / sie mag bringen / tragen gutes Los / Gutes Los für mich."

Die – magische – Beschwörungsformel diente vermutlich der Abwehr bestimmter Krankheiten, wie Krämpfe, Schlaganfall oder Gicht. Der magische Hintergrund dieses „Amulettes" ist damit gegeben.

R. B.

Berlin-Spandau (oben): Aus der Grabung auf dem Spandauer Burgwall, Gold
Datierung: um 1100
Verbleib: Museum für Vor- und Frühgeschichte Berlin (SMPK)

Königslutter (unten): Gold mit Nielloeinlage, Durchmesser innen bis 19,2 cm. Aus dem Grab Kaiser Lothars III. von Süpplingenburg im Dom zu Königslutter.
Verbleib: Braunschweigisches Landesmuseum, Wolfenbüttel
Datierung: Grablege 1137

Stäbchen aus Haselruten aus der Kirche in Hittfeld, Ldkr. Harburg

1984 entdeckte Pastor Hans Jürgen Wachs bei Sanierungsarbeiten an der Hittfelder Mauritius-Kirche in einem etwa 20 cm breiten Riss in der Außenmauer der nordöstlichen Chorwand vier Stäbchen aus Haselzweigen. Dieser Riss befand sich etwa 4,0–5,0 m über dem Boden und führte noch etwa 0,8 m in das Mauerwerk hinein. Nach 1749 wurde hier das Mauerwerk durch einen Pfeiler abgestützt.

Bei den vier zwischen 17,2 und 18,2 cm langen Stäbchen handelt es sich um ungeschälte, in der Mitte gespaltene Haselruten von mindestens zwei Zweigen. Keine dieser Ruten passt Bruch an Bruch aneinander, und es ist auch nicht das jeweils andere abgespaltene Teilstück vorhanden. Ein Ende weist eine Schnitt-, das andere eine Bruchstelle auf. Dies spricht dafür, dass die Haselzweige ehedem mindestens doppelt so lang waren und wenigstens einmal mit voller Absicht zerbrochen wurden. Die vier Stäbchen lagen in dem Spalt dicht beieinander quer zur Außenwand, waren demzufolge in den Spalt hineingeschoben worden. Zusammen mit den Ruten wurde „nestartig" aussehendes organischen Material beobachtet, vermutlich Büschel von Heidekraut, Material mit dem die Stäbchen vielleicht ursprünglich einmal zusammengebunden waren. Der Finder hatte den Eindruck, dass die Stäbe an einem Ende rötlich verfärbt waren, was jedoch heute nicht mehr nachgewiesen werden kann. Feine Kalk- oder Gipsspritzer auf den Stäbchen belegen, dass diese bei der Aufmauerung des Stützpfeilers schon an ihrem späteren Auffindungsort lagen.

Nicht nur die Haselrute, sondern auch die Haselnuss spielen im Volksbrauchtum sowie im Volksglauben eine große Rolle. Die Haselrute soll einerseits Kraft und Gesundheit vermitteln sowie als Wünschelrute zum Auffinden von Schätzen und Wasseradern dienen, wurde aber andererseits auch zum Bannen von Unheil genutzt und als Richterstab, der dann über dem verurteilten Deliquenten gebrochen wurde.

Als gesichert darf angesehen werden, dass die Stäbe aus Haselruten absichtlich an ihrem hochgelegenen Auffindungsort niedergelegt worden sind, einem Platz, den man beim Kirchgang im Auge hatte. Wann diese Deponierung vorgenommen wurde, ist nicht bekannt, doch muss es vor der Aufmauerung des Stützpfeilers geschehen sein. Offensichtlich ist aber nur ein Teil der Haselstäbe erhalten geblieben, denn, da keiner von den vorhandenen Bruch an Bruch mit einem anderen zusammenpaßt, fehlt offensichtlich jeweils die zweite Hälfte der Stäbe. Die Fundumstände, insbesondere die Höhe der Fundstelle, deuten darauf hin, dass diese Stäbe an ein Ereignis erinnern sollten, das nicht in Vergessenheit geraten durfte. Möglicherweise handelt es sich um einen Fall der mittelalterlichen Gerichtsbarkeit, über den das Gogericht in Hittfeld zu Gericht saß. Das Fundensemble erinnert an eine Vorschrift aus den karolingerzeitlichen fränkischen Volks-

Foto: K. Elle

244

rechten der „Lex Ribuaria", in dem „in circho et in hasla", auf Ring und Haselstab geschworen wurde. Die Heidekrautreiser könnten zu einem Ring geflochten gewesen sein, und die Haselruten sind dann – vielleicht in Folge eines Meineides – vor aller Augen gebrochen und zur Schau gestellt worden.

F. L.

Datierung: zwischen 1200 und 1700
Verbleib: Helms Museum, Hamburg
Lit.: H. Drescher, Einige besondere Funde aus den Kirchengrabungen in Hittfeld 1985/86. Hammaburg N.F. 10, 1993, 239–266, bes. 261 ff.

14. Der Obodritentempel von Parchim und die Kulthalle von Groß Raden

Von Horst Keiling

„Jeder Gau dieses Landes hat seinen Tempel und sein besonderes, von den Ungläubigen verehrtes Götzenbild" schreibt Thietmar von Merseburg (VI/23) über das Slawenland in seiner zeitgenössischen Chronik. Doch nur wenige Tempelanlagen konnten bisher von Archäologen zufriedenstellend ausgegraben werden, und nur in einzelnen Fällen sind die Namen der Tempelgottheiten überliefert. Anfangs haben die Westslawen wie ihre östlich wohnenden Verwandten ihre Götter in heiligen Hainen (Herrmann 1985, 310 ff.) verehrt und ihnen Opfer gebracht. Aus jungslawischer Zeit sind dagegen Tempelbauten in Holzkonstruktion errichtet worden. Ein solches Bauwerk, das aus dem 9. Jahrhundert stammt, wurde erstmals 1974 in **Groß Raden** bei Sternberg in Mecklenburg freigelegt (Schuldt 1976). Bei der Bergung waren zahlreiche Einzelheiten zu erkennen, die eine relativ gesicherte Gesamtrekonstruktion zuließen und eine Vorstellung von einem Slawentempel vermitteln.

Die sorgfältig aus eichenen Stabbohlen in Palisadenmanier gezimmerte Kulthalle von 7×11 Meter Ausmaßen (Schuldt 1988, 104) weist eine mit kopfartigem Abschluss versehene äußere Bohlenwand auf, die von eingefügten vierkantigen Eschenholzstangen unterbrochen wird, in der man symbolisch nebeneinanderstehende Figuren sehen kann. Nach innen schließt an die Blendwand in Abständen ein System aus Stützbohlen an. Die beiden 0,8 m breiten und offenbar 1,8 m hohen Türöffnungen sind gegenüberliegend an den Schmalseiten des Gebäudes angebracht und mit einer Türschwelle versehen, die keine Hinweise auf ein Scharnier erkennen ließ. Als Türpfosten hat man besonders kräftige Planken verwendet. Der Grundriss des Gebäudes war deutlich erkennbar, aber bei der Dachkonstruktion blieben doch einige Fragen ungeklärt (Schuldt 1976, 44; 1988, 104). Glaubte Schuldt anfangs noch, dass die Anlage oben offen war, so entschied er sich nach dem Auffinden von Dachlatten und einigen schindelartigen Hölzern sowie anderer Bauteile vom Gebälk später für ein Schindeldach.

Diese Bedeckung entsprach nach der Auffassung des Ausgräbers besser der Bedeutung des Bauwerkes.

Tragende Mittelpfosten ließen sich im Ausgrabungsplan zwar nicht direkt feststellen, doch eine 6 m lange, neben der Halle liegende Bohle glaubte der Ausgräber als Firstsäule betrachten zu können, was für die Rekonstruktion sehr wichtig war.

Mobiliar konnte auf der sandbeschichteten Innenfläche nicht nachgewiesen werden. Gefunden wurden lediglich sechs Pferdeschädel, ein tönerner Pokal seltener Form und zwei Lanzenspitzen. Auch ein außerhalb des Bauwerkes aufgefundener hölzerner Schildbuckel kann damit wohl in Verbindung gebracht werden. Ein vor dem Eingang liegender Rinderschädel hing sicherlich früher über dem Tor.

Der vom Hauptweg abzweigende sandbeschichtete Zugang, der zugleich Abgang war, wird von Stangen begrenzt, die durch kantige Eichenpfosten gehalten werden, und ein 0,6 m breiter Umgang mit Geländer von 1,2 m Höhe umgab die Halle. Kleinere Kopfstelen friedeten sowohl den Weg als auch das Bauwerk ein.

Ein zweiter Tempel ist auf dem zerstörten Objekt nach gleichen technischen Prinzipien zu bauen begonnen aber nicht vollendet worden.

Besonders auffällig ist, dass sich die Stabbohlenbauweise des Tempels technisch von den gleichaltrigen Flechtwerkhäusern der Siedlung, aber auch den Blockhäusern der jüngeren Phase, grundlegend unterscheidet. Nur ein Bauwerk der Siedlung ist so konstruiert.

Die Rekonstruktion der Tempelanlage (Abb. 1) wird seitdem allgemein als der für das Obodritenland typische Kultbau betrachtet (z.B. Herrmann 1985; Vána 1992). Durch die Freilegung eines anderen vergleichbaren Gebäudes auf obodritischem Gebiet im Jahre 1981 östlich von **Parchim** am ehemaligen Löddigsee[1] wird das bisherige Wissen über slawische Tempel noch erweitert. Hier wird erkennbar, dass Form und Gestalt des Bauwerkes offenbar Bezug zum Ablauf der damaligen Kulthandlungen hatten. Zum Groß Radener Tempel gibt es erstaunlich viele Beziehungen und

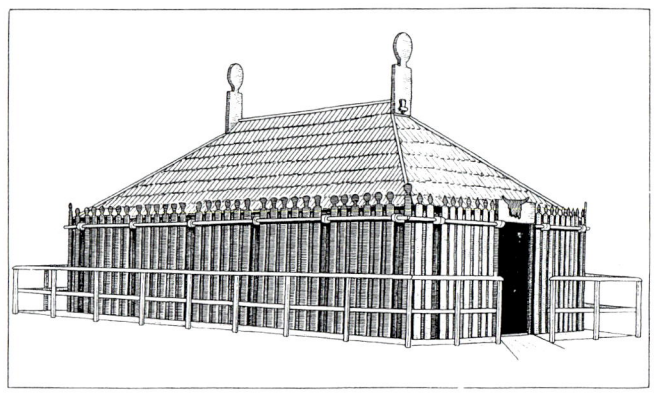

Abb. 1 Rekonstruktion der Tempelanlage Groß Raden
(nach E. Schuldt)

Übereinstimmungen, so dass der Gedanke naheliegt, dass derartige Kulthallen in jungslawischer Zeit im Obodritenlande nach festen Vorstellungen, vielleicht sogar auch Plänen errichtet worden sind.

In Parchim waren die Erhaltungsbedingungen wesentlich schlechter als in Groß Raden, denn die Kulthalle war innerhalb der Niederungsburg auf der höchsten Stelle, die im Jahresdurchschnitt trocken lag, errichtet worden, so dass das organische Material der Zersetzung unterlag. Deshalb wurde sie auch gleich zu Beginn der Ausgrabungen entdeckt. Nachdem nämlich Mitte Juli 1981 der Wasserstand im Gelände so stark angestiegen war, dass in den vollgelaufenen Grabungsschnitten am Burgzugang nicht weitergearbeitet werden konnte, wichen die Ausgräber auf diese links hinter dem Tor gelegene – etwa 25 m vom Hauptweg entfernte – Stelle aus. Hier kam in 20–30 cm Tiefe ein fast viereckiger Gebäudegrundriss mit dünner gestampfter Lehmschicht zum Vorschein, dessen Durchmesser 12,6×11,4 m betrug. Allerdings waren die Spitzen der Stabbohlen im Erdreich nur noch lückenhaft erhalten, und es war nicht eindeutig zu ermitteln, wie die Lücken zwischen den im Moor steckenden Spitzen entstanden sind, ob vielleicht zwischen den Eichenplanken Weichhölzer Verwendung gefunden hatten, die vergangen sind, oder ob eine Reihe von Bohlen bei der Zerstörung herausgezogen worden ist. Stellenweise

hatten die Ausgräber den Eindruck, dass die nicht erhaltenen Plankenspitzen aus Buche bestanden haben, worauf jeweils eine schwache bräunliche Verfärbung am Standort hindeutete. Es ließ sich auch beobachten, dass im Abstand von etwa einem Meter wiederholt eine Spitze aus Eichenholz erhalten war. Dass das Gebäude durch Feuer vernichtet wurde, konnte gesichert an den verkohlten oberen Enden der erhaltenen Bohlenspitzen nachgewiesen werden (Abb. 2).

Ein im nahegelegenen Moorbereich entdeckter Eichenbohlenrest mit kopfartigem Abschluss (Abb. 3) gibt uns einen Hinweis auf die Form des oberen Bohlenabschlusses. Die Bohlenwand dürfte damit sicherlich weitgehend der des Groß Radener Tempels entsprochen haben.

Der Zugang zu der Kulthalle erfolgte vom nahegelegenen Hauptweg aus und wird durch einen 2,85 m breiten, sandbeschichteten, eigenartig schräg auf das Westtor führenden Weg gebildet (Abb. 4), der sorgfältig mit im Moorboden befestigten Begrenzungsstangen versehen war. In der Mitte dieses Weges ließen sich Pfostenlöcher mit Verkeilsteinen nachweisen, die vermuten lassen, dass ähnlich wie in Groß Raden Stelen mit kopfartigen Enden aufgestellt waren. Sie stellten eine Art Wegeteilung dar. Ob die Steinansammlungen beiderseits des Weges zu gleich alten Podesten gehörten oder später dorthin gebracht wurden, lässt sich heute nicht mehr mit Bestimmtheit sagen.

Um das Bauwerk herum verlief ein bis zu 0,5 m breiter und mit etwa 0,2 m Sand beschichteter Umgang, dessen Begrenzungsstangen nur teilweise noch erhalten waren.

Abb. 2 Die gezogenen Eichenpfosten der beiden
Tempeltore von Parchim

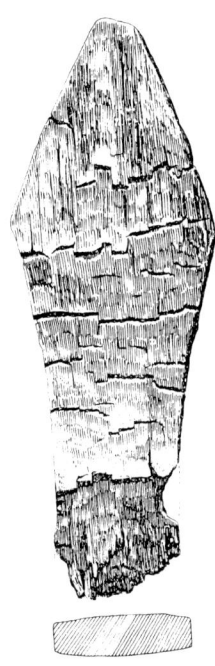

Abb. 3 Kopfrest einer Eichenplanke aus dem Moor nahe des Tempels von Parchim

Betrachtet man die Eingangssituation der Kulthalle genauer (Abb. 4), so ist eigentlich klar erkennbar, dass der Zugangsweg am Umgang des Bauwerkes endet. Während die rechte Seite direkt auf das Tor zuführt, scheint die linke Seite die Abgangsbahn vom Umgang darzustellen. Man konnte also auf der rechten Wegseite in das Tempeltor gehen, den Tempel – vorbei an „Altar" und Götterbildnissen – durchqueren und durch das gegenüberliegende Osttor wieder verlassen. Auf dem Sandumgang musste er linkerhand umrundet werden, um dann wieder auf dem geteilten Zugangsweg das Kultareal verlassen zu können. Auf der Südseite des Bauwerkes war ein Sandumgang nicht zu erkennen. Damit scheint geklärt zu sein, wie der Tempel in Verbindung mit den Kulthandlungen betreten und verlassen wurde. Es ist allerdings eigenartig und sicher nicht ohne

Bedeutung, dass beide Tempeltore jeweils nur eine Breite von 0,58 m hatten und von besonders kräftigen, sorgfältigen angespitzten Türplanken begrenzt waren, die beim Herausziehen noch bis zu 1,2 m tief im Boden steckten (Abb. 2). Die Spitzen der anderen Stabbohlen saßen nur 0,3 m tief. Da wie in Groß Raden auch hier keine Scharniervorrichtungen erkannt werden konnten, muss damit gerechnet werden, dass die Tore mit Hängeteppichen oder Stoffbahnen (Schuldt 1985, 102; 1988. 110) verschlossen waren.

Vor dem Osttor war die Moorabdeckung mit bis zu armstarken Hölzern noch gut erkennbar und die Sandbeschichtung des Umganges noch annähernd 0,3 m stark. Hier lagen auch noch Bauhölzer, und ein stehender Pfosten mit Verkeilsteinen in der Grubenverfärbung konnte in situ nahe dem Gebäude festgestellt werden. Auch in Groß Raden sind – wie oben erwähnt – kräftige Stabbohlen mit Kopfende außerhalb des Tempels beobachtet worden. An der Nordseite war in Parchim eine ebenfalls kräftige Spaltbohle schräg von außen auf die Wand des Kultbaues gerichtet. Wenn sie im Laufe der Zeit nicht in ihrer Lage verändert worden ist, müsste sie in etwa 1,65 m Höhe die Wand des Tempels erreicht haben. Sie hat mit Sicherheit zur Abstützung dieser Wand gedient bzw. das Umfallen der ganzen Nordwand verhindern sollen, denn deren Planken saßen nur sehr flach (etwa 0,3 m tief) im Boden. An der Oberfläche war die Wand auch nicht – wie an der Westseite, auf die gewiss damals schon ständig der Westwind einwirkte – mit Steinen befestigt. Ob das in Groß Raden angewandte Riegelstangensystem zur Ausrichtung und Verbindung der Wandplanken (Schuldt 1976, Abb. 20–28) angewandt wurde, darf bezweifelt werden. Jedenfalls sind derartige Hölzer nicht aufgefunden worden. Die Höhe der Parchimer Planken dürfte unter Berücksichtigung der Stützplanken im Norden auch 2–2,5 m betragen haben.

Der Tempel von Parchim war mit großer Sicherheit nicht mit einem Dachstuhl aus Holz versehen. Das Gewicht einer Dachkonstruktion, etwa wie sie für Groß Raden rekonstruiert worden ist, wäre für die Planken eine enorme Last gewesen und hätte die nur relativ flach im Boden steckenden Hölzer zudem tief in den weichen Mooruntergrund gedrückt. Im Inneren des Bauwerkes hätte es auch tragender

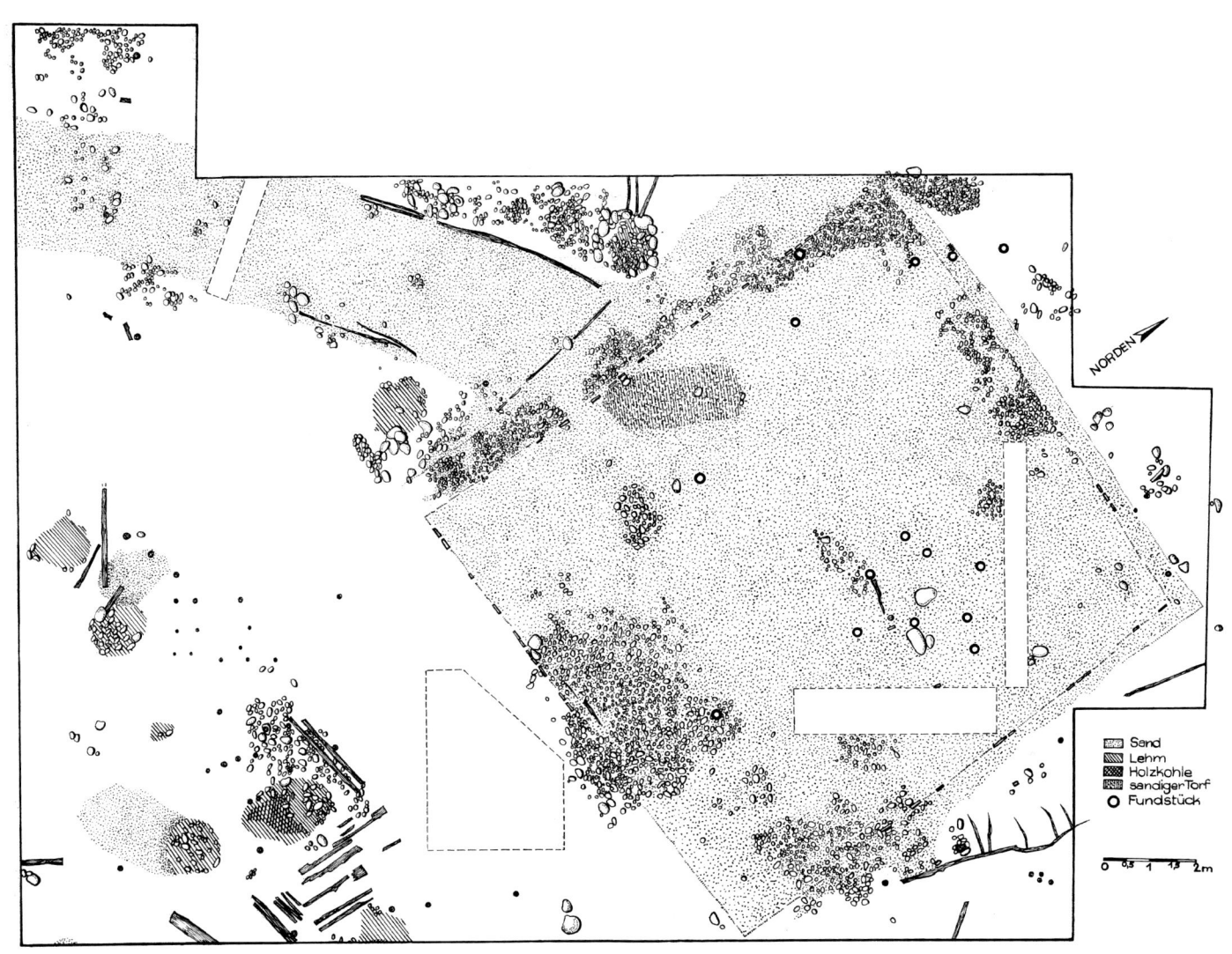

Abb. 4 Grundriss des Parchimer Tempels

Pfosten bedurft, die sich aber nicht nachweisen ließen. Hier waren zwar zwei Plankenstümpfe vorhanden, doch diese lagen dezentral im Nordostteil der Anlage in unmittelbarer Nähe der Reste einer Steinansammlung, die den Eindruck eines durch die Bodenbearbeitung zerrissenen Podestes (dabei zwei größere, oben abgeflachte Steine), einer Art Altar, machte. Wir vermuten, dass es sich bei ihnen um die unteren Spitzen von zwei Götterbildern handelt, deren Oberteile zerstört wurden. Sie standen mit den Breitseiten zum Eingang und waren versetzt angeordnet. Wir hatten seinerzeit gehofft, die Oberteile im nahegelegenen Moorbereich auffinden zu können, doch die neueren Grabungen des Landesamtes haben nichts dergleichen erbracht, und außerhalb des Walles hat man auch hier im Moor nicht weiter gesucht. Die „Stelenspitzen" standen also nördlich des Durchganges, durch den jeder Tempelbesucher gehen musste, um zum Osttor, dem Ausgang, zu gelangen.

Im Tempel traten darüber hinaus noch zwei Pfähle im „Altarbereich" (einer unter dem Steg auf Abb. 4 bzw. 6) auf. Es ist nicht ausgeschlossen, dass die Götterbilder auch von Stoffen, vielleicht sogar von Seiden, die ja in Wolin nachgewiesen wurden, umgeben waren und Pfähle als Stützen dienten.

Im Inneren des Tempels war links des Einganges eine in ihrer Bedeutung nicht zu klärende Verfärbung zu beobachten, und zu den Wänden hin lagen mehrfach pflasterartige Steinansammlungen. Fundmaterial trat auf der Fläche nur selten in Form einer Scherbe oder von Tierknochen auf. Fast alle Gegenstände aus dem Gebäude konzentrierten sich auf den Umkreis des „Podestes": zwei eiserne Lanzenspitzen (Abb. 5a), mehrere eiserne Messer, Reste eines eisernen Schlüssels und eines Nagels, das Bruchstück eines Glasfingerringes sowie Fragmente eines Gefäßes vom Teterower und eines weiteren vom Bobziner Typ (Keiling 1985, Abb. 9). Von besonderem Interesse ist das Bruchstück einer eisernen Kastrierzange (Abb. 5b), die den von den Römern benutzten Exemplaren (Kolling 1973, 353 ff.) ähnelt. Spricht dieser Fund doch dafür, dass auch in Parchim ein heiliges Pferd existierte, das Pferdeorakel gepflegt wurde und für den Kult vorgesehene Tiere kastriert worden sind. Übrigens wurden in der Niederungsburg und ihrem Umfeld auch zahlreiche Reste von sehr kräftigen Pferden (überwiegend von Hengsten) aufgefunden, und das für Pferde erforderliche Futtermittel, der Hafer, konnte in Form eines Depots nachgewiesen werden. Pferdezucht war offenbar hier ebenso wie an vielen anderen Tempelorten üblich. Was die beiden sowohl im Tempel von Groß Raden als auch in dem von Parchim gefundenen Lanzenspitzen (auch von Rethra, Arkona und Wolin wird eine heilige Lanze erwähnt! Filipowiak 1982, 117 f.) betrifft, so kann man sich deren kultische Verwendung nach der Beschreibung des Chronisten Saxo Grammaticus für Arkona auf Rügen auch gut im Obodritenlande vorstellen. Saxo (827) schreibt: „War nämlich beschlossen, gegen irgendein Gebiet Krieg zu führen, so pflegte man mit Hilfe der Tempeldiener eine dreifache Reihe von Lanzen vor dem Tempel anzuordnen, in jeder wurden zwei mit Spitzen in die Erde gesteckt und gegeneinander verschränkt. Die Reihen waren durch gleiche Entfernung voneinander getrennt. Während das geschah, wurde nach einem feierlichen Gebet das Roß vom Priester aus der Vorhalle gezäumt herangeführt. Falls es die vorgesetzte Reihe eher mit dem rechten als mit dem linken Fuß überschritt, wurde es als günstiges Vorzeichen des zu führenden Krieges angesehen; wenn es aber nur einmal den linken dem rechten vorsetzte, so wurde die Absicht über das anzugreifende Gebiet geändert, und nicht eher wurde das Schiffsunternehmen als sicher vorbestimmt, als bis hinter-

a)

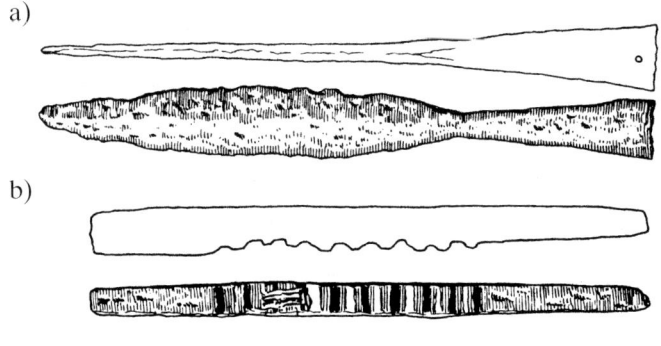

b)

Abb. 5a Eiserne Lanzenspitze
Abb. 5b Kastrierzangenfragment
aus dem Tempel von Parchim

251

Abb. 6 Die Tempelfläche während der Ausgrabung

einander drei Spuren des besseren Auftritts geschehen waren" (Schuldt 1976, 54 f.).

Thietmar von Merseburg beschreibt ein Pferdeorakel von Riedegost so „Dann bedecken sie (die Priester) die Lose mit grünem Rasen, stecken zwei Lanzenspitzen kreuzweise in die Erde und führen in demütiger Ergebenheit ein Roß darüber, das als das größte unter allen von ihnen für heilig gehalten wird; haben sie zunächst durch Loswurf Antwort erhalten, weissagen sie durch das gleichsam göttliche Tier nochmals. Ergibt sich beide Male das gleiche Vorzei-

chen, dann setzt man es in die Tat um" (Trillmich 1962, 267 f.).

Lanzenspitzen und Pferde hatten bei den Kulthandlungen der Slawen demnach große Bedeutung. Überlieferung und archäologische Befunde gestatten darüber hinaus noch weitere Aussagen. Der Tempel war bei den Westslawen der religiöse Mittelpunkt, wo man sich zu bestimmten Zeiten versammelte, wo man opferte und in dessen Umgebung man Feste feierte und auch Märkte abhielt. In Arkona gab es eine Art Erntedankfest, Vergnügungen, Feiern und Ge-

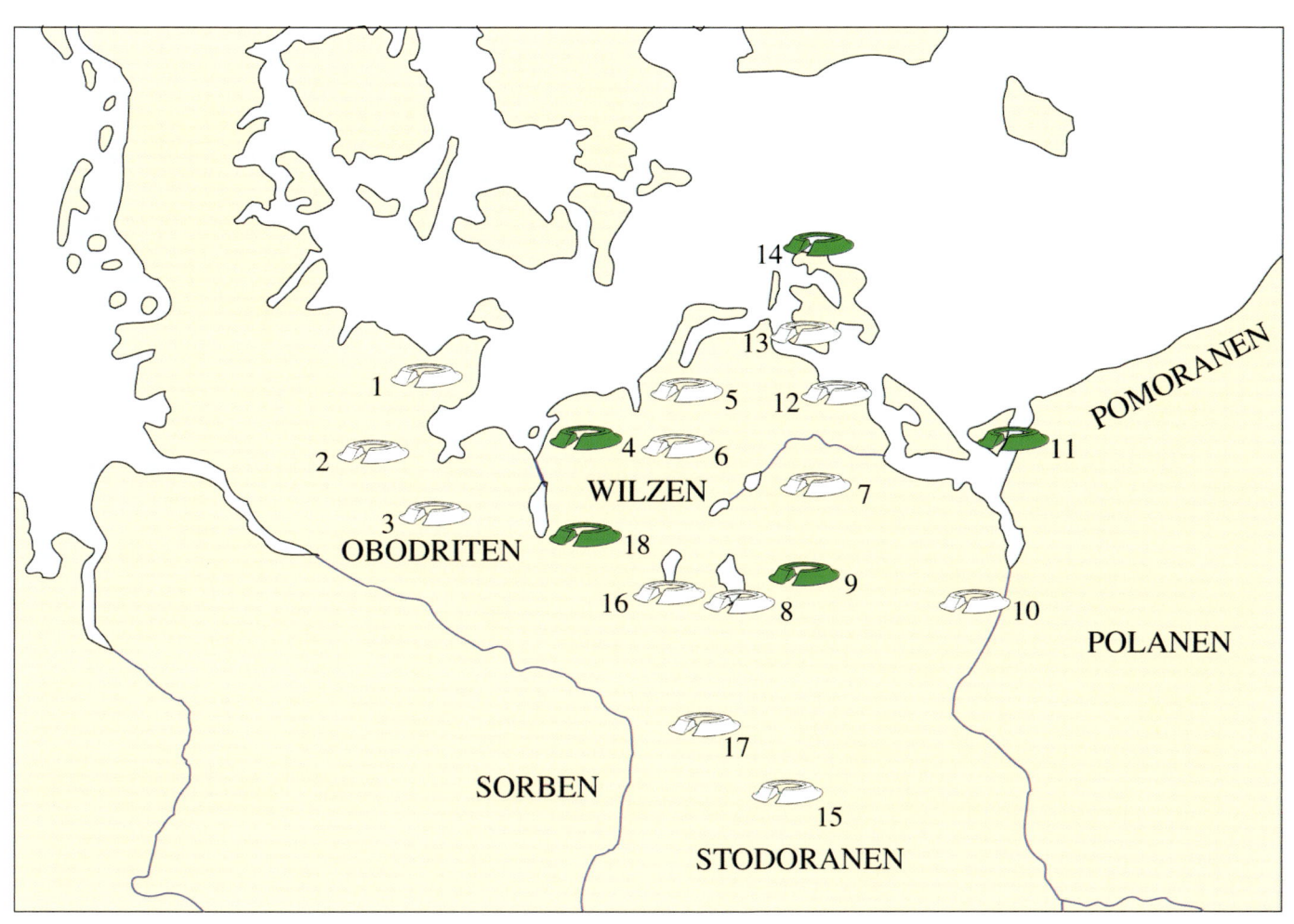

Abb. 7 Überlieferte und archäologisch nachgewiesene Tempelanlagen:

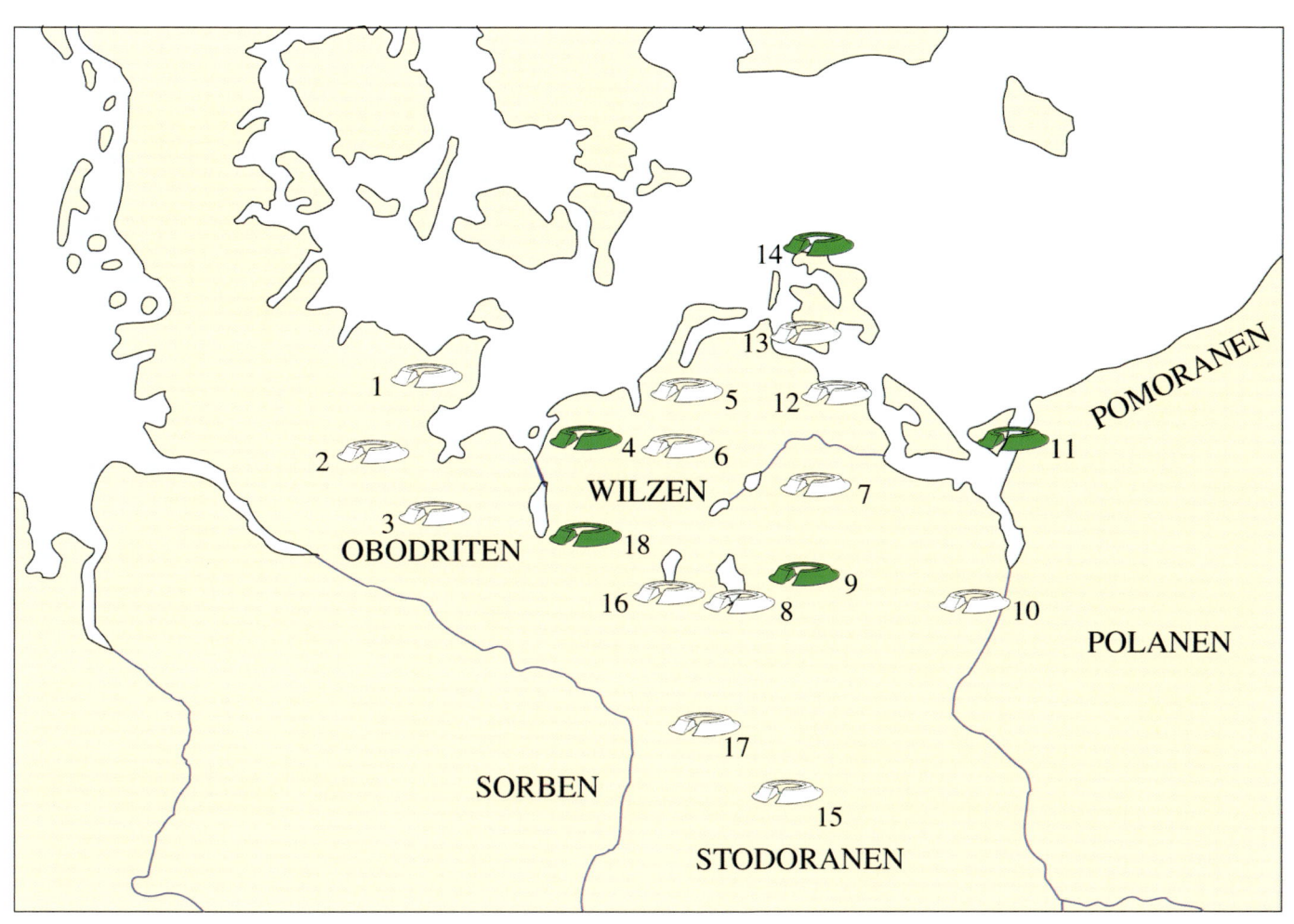 *Archäologisch nachgewiesene Tempelanlagen*

 Schriftlich überlieferte Tempelanlagen

1 Oldenburg, 2 Plön, 3 Ratzeburg, 4 Groß Raden, 5 Rostock,
6 Kessin, 7 Gützkow, 8 Rethra (nicht lokalisierbar), 9 Feldberg,
10 Stettin, 11 Wolin, 12 Wolgast, 13 Garz, 14 Arkona,
15 Brandenburg, 16 Malchow, 17 Havelberg, 18 Parchim

lage mit üppigen Speisen, Trank und Musik spielten also sicherlich auch in Parchim eine große Rolle (Keiling 1985, 161). Noch in der Stiftungsurkunde der Stadt durch Heinrich Borwin aus dem Jahre 1225/1226 wird das Gebiet als wüstes unwegsames, dem Dienste böser Geister geweihtes Land[2] beschrieben.

Zusammenfassend kann man feststellen, dass aus dem westslawischen Siedlungsgebiet zwischen Schleswig-Holstein und dem Odermündungsraum bisher etwa 18 historisch überlieferte oder archäologisch nachgewiesene Tempel und Kultstätten bekannt geworden sind (Abb. 7). Durch sie hebt sich das Siedlungsgebiet der Obodriten und Wilzen von den anderen slawischen Siedlungsräumen deutlich ab. Die aufgeführten Objekte dürften aber nur ein kleiner Teil der ursprünglich viel zahlreicheren Anlagen gewesen sein. Die beiden vollständig freigelegten und besonders aussagekräftigen Tempel von Groß Raden und Parchim liegen beide im Stammesgebiet der Obodriten. Beim Vergleich ergeben sich Übereinstimmungen, Gemeinsamkeiten und Besonderheiten, von denen einige hier noch einmal aufgeführt werden sollen:

1. Groß Raden ist im 9. Jahrhundert errichtet, sehr sorgfältig und ausschließlich aus Eichenholz gezimmert worden. Parchim wurde dagegen erst nach 1035 (dendrochronologisches Ergebnis nach Wrobel/Eckstein, Hamburg), also fast zwei Jahrhunderte später und weniger sorgfältig, vor allem nicht ganz gleichmäßig rechteckig, aufgebaut. Wichtige Teile stammen aus Eichenholz, aber auch Weichhölzer fanden Verwendung.

2. Beide Tempel sind Stabbohlenbauten. Sie besitzen einen mehr oder weniger rechteckigen Grundriss und zwei sich gegenüberliegende schmale Tore ohne Türangelvorrichtungen, einen sandbeschichteten Umgang und einen in zwei Bahnen geteilten Zugang vom Hauptweg her. Grundriss und Zugänge ergeben sich offenbar aus dem Ablauf der religiösen Handlungen.

3. Beide Anlagen sind in der Siedlung die einzigen in Stabbohlenbauweise errichteten Gebäude. Sie unterscheiden sich so von den dort üblichen Flechtwerkhäusern (Groß Raden) oder Blockhäusern (Parchim). Aus der Beschreibung der Zerstörung des Tempels von Arkona geht hervor, dass auch dieser ein Plankenbau war, und auch die Tempelecke von Wolin fügt sich gut ein (Filipowiak 1982, 109).

4. Die Tempel liegen in den Siedlungen nicht zentral, sondern am Rande und in der Nähe des Hauptweges unweit des Ein- oder Ausganges. In Arkona ist für den Tempel seit Schuchhardt (1926) eine zentrale Lage angenommen worden. Die These der Entdeckung des Tempelbereiches durch P. Herfert am Rande der Burg in der Nähe des Walles erfährt durch diese Beobachtung eine Stützung.

5. Der Standort des Tempels wurde offenbar als heiliges Areal betrachtet, denn nach der Zerstörung der Anlagen blieb dieser Platz stets unbebaut.

6. Neben dem Grundriss können die Plankenwände mit den kopfartigen Enden als gesicherter Bestand unseres Wissens gelten. Dagegen ist die Dachkonstruktion umstritten. Möglicherweise war gar kein Dach vorhanden, wie für Parchim von uns angenommen. Bei der Rekonstruktion der Kulthalle von Groß Raden gab es beispielsweise Probleme mit dem Abfluss des Regenwassers.

Die Erforschung der slawischen Tempelbauten Norddeutschlands steht noch am Anfang, und weitere Ausgrabungen werden zweifellos zur Klärung anstehender Fragen beitragen, wie das durch die Tempelburg von Parchim (Abb. 8) geschehen ist.

Abb. 8 Die obodritische Tempelburg von Parchim (gemalt von A. Dietzel)

Literatur

W. Filipowiak, Der Götzentempel von Wolin, Kult und Magie. Beiträge zur Ur- und Frühgeschichte II. Arbeits- und Forschungsberichte zur sächsischen Bodendenkmalpflege, Beiheft 17. Berlin 1982, 109–123

W. Filipowiak, Vineta. Ausgrabungen in einer versunkenen Stadt. Rostock – Stralsund 1986

J. Herrmann, Die Slawen in Deutschland. Berlin 1985

H. Keiling, Ein jungslawischer Siedlungsplatz am ehemaligen Löddingsee bei Parchim. Bodendenkmalpflege in Mecklenburg, Jahrbuch 1980, 121–138

H. Keiling, Ein jungslawischer Siedlungsplatz mit Flußübergang und Kultbau bei Parchim im Bezirk Schwerin. Society and trade in the Baltic during the Viking Age. Acta Visbyensia VII, 1985, 149–164

H. Keiling, Forschungsergebnisse von der slawischen Marktsiedlung Parchim (Löddingsee). Freie Lauenburgische Akademie für Wissenschaft und Kultur. Beiträge für Wissenschaft und Kultur Band 1, Neumünster 1994, 84–98, Umschlagbild

A. Kolling, Römische Kastrierzangen. Archäologisches Korrespondenzblatt 3, 1973

C. Schuchhardt, Arkona, Rethra, Vineta. Berlin 1926

E. Schuldt, Der altslawische Tempel von Groß Raden. Schwerin 1976

E. Schuldt, Groß Raden. Ein slawischer Tempelort des 9./10. Jahrhunderts in Mecklenburg. Berlin 1985

E. Schuldt, Der Holzbau bei den nordwestslawischen Stämmen vom 8.–12. Jahrhundert. Berlin 1988

W. Trillmich, Thietmar von Merseburg. Chronik. Darmstadt 1962

Z. Vána, Mythologie und Götterwelt der slawischen Völker. Die geistigen Impulse Ost-Europas. Urachhaus 1992

Abbildungsnachweis

Abb. 1 H. Keiling, Archäologisches Freilichtmuseum Groß Raden. Schwerin 1990, Abb. 14

Abb. 2 Privat

Abb. 3 H. Keiling, in Bodendenkmalpflege in Mecklenburg, Jahrbuch 1980, Abb. 9 m

Abb. 4 H. Keiling 1985, Abb. 7

Abb. 5 H. Keiling in: Ausgrabungen und Funde 29, 1984, Abb. 2a/b

Abb. 6 Privat

Abb. 7 nach J. Herrmann 1985, Abb. 154, umgezeichnet

Abb. 8 Bild von A. Dietzel, Dresden. H. Keiling 1994, Umschlag.

Anmerkungen:

1) Ausgrabung des Verfassers von 1981 bis 1992. Die örtliche Ausgrabungsleitung lag in den Händen meines Mitarbeiters Diethelm Becker, Wessin, der die Anlage gewissenhaft und mit Umsicht untersuchte und für die Dokumentation verantwortlich zeichnete. Dafür gilt ihm mein besonderer Dank.

2) Herrn Museumsleiter Kaelcke, Parchim, danke ich für den Hinweis auf die Literatur: J. Boesch, Parchim in seiner ersten Entwicklung, in: F. Wagner, Unsere Volksschule Bd. VIII 20a, S. 5.

Der Alten Teütschen

Opfer vnd Gottes-dienst.